Beck-Ratgeber
Reiserecht

Beck-Ratgeber Reiserecht

Reisevertrag, Checklisten, Mängel

von

Dr. Günter Mersson
Richter am Landgericht Bochum

Verlag C.H. Beck München
1998

Dieser Ratgeber wurde mit größter Sorgfalt, nach bestem Wissen und Gewissen erstellt. Gleichwohl übernehmen Verlag und Autor keinerlei Haftung für die Vollständigkeit und Richtigkeit der im Text und in Dateien enthaltenen Angaben, der zitierten Gerichtsurteile, der Beispiele, der in dem Werk enthaltenen Gesetzestexte und Listen, Tips und Adressen, für den Inhalt der Musterbriefe oder dafür, daß der mit dem Einsatz der Musterbriefe vom Verwender bezweckte Erfolg auch tatsächlich eintritt. Die Verwendung der Musterbriefe erfolgt ausschließlich auf eigenes Risiko des Verwenders. Die in diesem Werk enthaltenen Musterbriefe stellen Anregungen und Beispiele für den privaten Gebrauch dar. Es handelt sich um eine Auswahl ohne Anspruch auf Vollständigkeit.

Die in den Beispielen genannten Namen und Adressen sind Phantasie. Jede Übereinstimmung mit lebenden oder toten Personen, existierenden oder vormals existierenden Firmen ist zufällig und nicht gewollt.

Die Deutsche Bibliothek – CIP-Einheitsaufnahme

Beck-Ratgeber Reiserecht : Reisevertrag, Mängel, Zoll / von Günter Mersson. - München: Beck
ISBN 3-406-43481-9
Buch. 1998 brosch.
Diskette. 1998

ISBN 3 406 43481 9

Satz und Druck: Kösel, Kempten
Umschlaggestaltung: Bruno Schachtner Grafik-Werkstatt, Dachau
Gedruckt auf säurefreiem, alterungsbeständigem Papier
(hergestellt aus chlorfrei gebleichtem Zellstoff)

Einführung: Ihr Schlüssel zu diesem Buch

1. Reisen und Reiserecht

Sie haben den Spruch sicher schon einmal gehört: „Die Deutschen sind Weltmeister im Reisen." Tatsächlich ist es so, daß sich insbesondere während der Ferienzeit wahre Heerscharen von deutschen Touristen ins In- und Ausland begeben. Sie suchen Erholung oder Abenteuer, Ruhe oder quirliges Vergnügen, Sonne und/oder Schnee, Einsamkeit oder Rummel, Städte oder unbesiedeltes Land, Einkaufsmöglichkeiten oder feine Sandstrände und, und, und. Und die meisten Urlauber kommen auch zufrieden zurück. Allerdings gibt es – wie in jedem Bereich der Wirtschaft – auch in der Urlaubsbranche Fälle, in denen der Urlauber statt der oben genannten Erwartungen am Ort seiner Träume oder schon auf dem Weg dahin unangenehme Überraschungen erlebt: verspätete Beförderung, überbuchtes Hotel, Kleingetier in der Unterkunft, verdorbenes Essen, mangelnde Hygiene, Ausfall versprochener Leistungen usw. Nochmal: dies ist die Ausnahme. Aber wen sie trifft, der sollte wissen, wie er in diesen Fällen seinen Urlaub möglichst doch noch in die richtigen Bahnen lenken kann. Dabei hilft es, wenn der Reisende seine Rechte kennt. Und wenn alles nichts nützt und der Urlaub ganz oder teilweise verdorben war, gar abgebrochen werden mußte, kommt es darauf an, zu Hause innerhalb der richtigen Fristen unterschiedliche Rechte geltend zu machen, damit man unter dem Strich zumindest Geld zurückbekommt, in manchen Fällen sogar über das Gezahlte hinaus. All diese Punkte finden Sie in diesem Ratgeber behandelt. Darüber hinaus werden Fragen des Rücktritts vor Reisebeginn, der Reiseversicherungen, der konsularischen Hilfe für im Ausland in Not geratene Deutsche und viele weitere Themen besprochen, die Sie im einzelnen aus dem Inhaltsverzeichnis entnehmen können.

Der Ratgeber Reiserecht wendet sich in erster Linie, aber nicht nur, an die sogenannten „Pauschalreisenden". Zum Schutz der Pauschalreisenden hat der Gesetzgeber im Jahre 1979 durch das Reisevertragsgesetz die §§ 651a bis k in das Bürgerliche Gesetzbuch eingefügt. 1994 wurde (mit über einjähriger Verspätung) eine Richtlinie des Rates der Europäischen Gemeinschaften über Pauschalreisen in das deutsche Recht umgesetzt, was zu einer Überarbeitung und Erweiterung dieses Teiles des Bürgerlichen Gesetzbuches (jetzt §§ 651a bis 651l) führte.

Im Sprachgebrauch wird dieser Teil des BGB auch oft kurz als „das Reisevertragsgesetz" bezeichnet. Das Reisevertragsgesetz ist über weite Strecken „kodifiziertes Richterrecht". Das heißt, es enthält in Gesetzesform umgesetzte, von den Gerichten zuvor schon im Laufe der Jahre entwickelte Grundsätze. Ein ganz wesentlicher Gesichtspunkt des Reisevertragsgesetzes ist die Tatsache, daß für den Urlauber *ein* Ansprechpartner (kurz gesagt der, von dem der Urlauber etwas – meist Geld zurück – will) vorhanden ist, der in Deutschland vor einem deutschen Gericht nach deutschem Recht in Anspruch genommen werden kann; gleichgültig, ob der eigentliche Fehler der Reise in einem unsauberen Hotel im Ausland X, in verdorbenem Essen im Ausland Y oder in einem unpünktlichen Bus im Ausland Z zu sehen ist.

Das Reisevertragsgesetz war im Jahr 1980 auf immerhin bereits sechs Millionen Verträge anwendbar. Im Jahr 1992 ist in Deutschland die unvorstellbare Zahl von 25 Millionen Verträgen geschlossen worden, für die das Reisevertragsgesetz unmittelbar maßgebend war. Darüber hinaus haben die Gerichte im Laufe der Zeit das dem Urlauber sehr günstige Recht der Pauschalreisen nach und nach immer weiter ausgedehnt, selbst auf Fälle, für die das Gesetz zumindest seinem Wortlaut nach nicht gedacht war (siehe dazu „A. 2. Anwendbarkeit des Reisevertragsgesetzes"). Das Reisevertragsgesetz (und die Gerichte) verhelfen jedes Jahr Urlaubern in vielen tausend Fällen zu ihrem Recht. Dazu kommt mindestens die gleiche Anzahl von Fällen, in denen sich Reiseveranstalter und Reisender auch ohne Einschaltung der Gerichte geeinigt haben, zumeist auf die Rückzahlung eines bestimmten Geldbetrages. Die Chancen des Reisenden sind dabei um so größer, je mehr er seine Rechte kennt.

2. Zum Inhalt des Ratgebers und der Diskette

Der Beck-Ratgeber Reiserecht ist in drei Teile gegliedert.

Teil A befaßt sich mit dem Reisevertragsgesetz (d.h. mit den §§ 651a bis 651 l BGB). Als erstes finden Sie den Gesetzestext. Dieser ist *bewußt* an den Anfang gestellt, damit er auch gelesen wird. Das Gesetz ist die Verbriefung Ihrer Rechte. Es hat daher ein „Wegblättern" nicht verdient.

In den nachfolgenden Kapiteln können Sie dann Informationen über die Rechte und Pflichten der Reisenden, der Reiseveranstalter und der Reisebüros nachlesen, wobei an geeigneter Stelle immer wieder auf den Gesetzestext Bezug genommen wird. Dabei werden auch Beispiele gebracht, um die juristischen Informationen zu veranschaulichen. Außerdem sind dort auch für den Reisenden wichtige Urteile – unter Angabe der jeweiligen Fundstellen – eingearbeitet und ggf. auch ihrem wesentlichen Inhalt nach wiedergegeben.

Die Dateien des Teils A sind auf der beiliegenden Diskette unter „reise0X.doc" ff. gespeichert. „0X ff." steht für die fortlaufende Numerierung, die den Kapiteln im gedruckten Ratgeber folgt. Beispiel: Das Kapitel „A. 2. Anwendbarkeit des Reisevertragsgesetzes" ist auf der Diskette gespeichert als Datei „reise02.doc".

In Teil B finden Sie fertige Musterschreiben, entweder als Formulare oder als Beispielbriefe. Die Musterschreiben befassen sich nicht nur mit der Wahrnehmung Ihrer Rechte, sondern auch mit anderen Themen rund ums Reisen, z.B. Kataloganforderungen usw. Der Querstrich „/" steht dabei in den Formularen für mögliche Alternativen, zwischen denen Sie auswählen können. Bevor Sie einen – ggf. nach den Erfordernissen Ihres konkreten Falles in Ihrer Textverarbeitung abgewandelten – Brief unterschreiben, denken Sie immer daran, daß kein Muster Ihnen das eigene Denken abnehmen kann (und soll!). Überlegen Sie also, ob Sie alle Teile eines Musterbriefes verwenden wollen und/oder ob Sie nicht noch zusätzlich etwas hinzufügen müssen. Denn was Sie unterschreiben, ist immer Ihr eigenes Werk!

Die Dateien des zweiten Teils sind auf der beiliegenden Diskette unter „brief0X.doc" abgespeichert. Die Numerierung folgt der Reihenfolge im Buch.

Teil C rundet mit einigen weiteren Informationen rund ums Reisen den Ratgeber Reisen ab. Hier finden Sie unter anderem in einer kurzen Erläuterung des Konsulargesetzes Informationen über Ihre Möglichkeiten und Rechte für den Fall, daß Sie im Ausland in Not geraten, Informationen zum Thema Reisen und Zoll, zum Thema Reiseversicherungen, Checklisten zur Urlaubsvorbereitung und zur Mitnahme von Dokumenten, eine Liste der deutschen Botschaften und Konsulate, eine Liste zum Telefonieren von und nach Deutschland und weitere Themen und Listen, siehe hierzu im einzelnen das Inhaltsverzeichnis.

Die Dateien des Teils C finden Sie auf der beiliegenden Diskette unter „info0X.doc". Die Numerierung folgt auch hier wieder derjenigen im Buch.

Am Ende des Buches steht eine Stichwortliste zum schnellen Nachschlagen eines Themas. Auf der Diskette gelangen Sie durch Anklicken des jeweiligen Stichworts bequem in die jeweilige Datei; dies gilt auch für Querverweise in den Dateien, die Sie zu verwandten Themen bzw. weiterführenden Hinweisen leiten.

3. Reisen und Verständnis

Obwohl nicht unbedingt Gegenstand eines Reise*rechts*ratgebers, soll dem Thema „Reisen und Verständnis" doch eine kleine Bemerkung gewidmet werden.

Manche Reise wäre streßärmer oder gar völlig streßfrei, wenn man nicht überall die sprichwörtliche deutsche Gründlichkeit, deutsche Pünktlichkeit usw. erwarten würde. Natürlich: wenn Sie ein teures Luxushotel bezahlt haben, dann können Sie auch eine entsprechende Leistung verlangen, und dann sollten Sie auch – allerdings freundlich und höflich – darauf dringen, wenn es wider Erwarten nicht so sein sollte. Diese Fälle sind hier aber auch nicht gemeint. Es geht vielmehr darum, wie man im Urlaubsland mit zum Teil ganz alltäglichen Dingen umgeht. Sieht man auf dem Spaziergang an jeder Ecke die blätternde Farbe und die Löcher im Asphalt und den übervollen Papierkorb, oder sieht man die Schönheit der Landschaft jenseits der Straße und die Freundlichkeit und Eigenart der Menschen? Wenn Sie ein Stadtbild z.B. unansehnlich finden, führen Sie sich vor Augen, daß Sie nur einmal daran vorbeigehen, während andere dort aufgewachsen sind und ihr Leben lang dort wohnen müssen; und dann halten Sie sich mit Äußerungen besser zurück. Teutonischer Hochmut nützt gar nichts, Freundlichkeit und Verbindlichkeit bringen viel. Etwas mehr Gelassenheit ist oft der Schlüssel zu einem wirklich wunderschönen Urlaub.

Gute Reise!

Inhalt

Abkürzungen und Zitierweise 14

Übersicht reiserechtlicher Regelungen (Tabelle) 16

A. Das Reiserecht

1. Gesetzestext §§651a bis l BGB 19
2. Anwendbarkeit des Reisevertragsgesetzes 26
3. Ausnahmen vom Reisevertragsgesetz 31
4. Vertragspartner des Reisevertrags 37
5. Reisevermittler (Reisebüro) 39
6. Verbot nachteiliger abweichender Vereinbarungen 43
7. Ersetzungsbefugnis 44
8. Rücktritt vom Reisevertrag 46
9. Fälligkeit des Reisepreises 50
10. Insolvenzsicherung 52
11. Nachträgliche Erhöhung des Reisepreises 56
12. Pflichten des Reiseveranstalters 59
13. Informationspflichten 65
14. Abhilfeverlangen und Selbsthilfe 71
15. Mängelbeweise 78
16. Minderung des Reisepreises 81
17. Frankfurter Tabelle zur Reisepreisminderung 89
18. Kündigung des Reisevertrags 96
19. Kündigung bei höherer Gewalt 102
20. Kündigung aus wichtigem Grund 104
21. Schadensersatz 106
22. Fristen 116

B. Musterbriefe

1. Angebots- und Kataloganforderung bei konkreten Reiseplänen 123
2. Angebots- und Kataloganforderung für Rundreise 124
3. Allgemeine Kataloganforderung 125
4. Informationsanforderung vom Fremdenverkehrsverein . . 126

5. Informationsanforderung vom (ausländischen) Fremdenverkehrsamt 127
6. Informationsanforderung mit speziellen Fragen und Bitte um Angabe weiterer Anschriften 128
7. Buchung 130
8. Beispiel zu 7. 131
9. Umbuchung 132
10. Rücktritt von der Reise 133
11. Schreiben an Reiserücktrittskostenversicherung 134
12. Reiserücktritt wegen Krankheit 135
13. Reiserücktritt wegen Krankheit mit Abwicklungsvollmacht 136
14. Nachweis eines geringeren Schadens 137
15. Auswechseln des Reiseteilnehmers 138
16. Beispiel zu 15. 139
17. Kündigung des Reisevertrags vor Reiseantritt wegen höherer Gewalt 140
18. Abhilfeverlangen, Fristsetzung und Androhung der Selbsthilfe am Urlaubsort 141
19. Abhilfeverlangen, Fristsetzung, Androhung der Selbsthilfe und der Geltendmachung von Schadensersatz wegen nutzlos aufgewendeter Urlaubszeit 142
20. Mängelanzeige am Urlaubsort 143
21. Fristsetzung und Androhung der Kündigung am Urlaubsort 144
22. Mängelliste zur Beweissicherung 146
23. Mängelliste mit Fristsetzung und Kündigungsandrohung 148
24. Minderung des Reisepreises 150
25. Beispiel zu 24. 152
26. Minderung und Schadensersatz wegen nutzlos aufgewendeter Urlaubszeit 154
27. Beispiel zu 26. 156
28. Schadensersatz 158

C. Zusatzinformationen zum Thema Reisen

1. Sparmöglichkeiten 163
2. Checkliste Urlaubsvorbereitungen 165
3. Checkliste Reisedokumente 168
4. Reisezahlungsmittel 171

5. Reiseversicherungen 174
6. Reisen und Zoll 178
7. Andere Länder, anderes Recht 192
8. Verhaltenstips 194
9. Hilfen durch deutsche Auslandsvertretungen
(Konsulargesetz) 196
10. Berufs- und Honorarkonsularbeamte 200
11. Liste deutscher Auslandsvertretungen 201
12. Notrufnummern 225
13. Telefonieren von und nach Deutschland 226
14. Liste überregionaler deutscher Fremdenverkehrsämter . . . 228
15. Liste ausländischer Fremdenverkehrsämter 232

Stichwortverzeichnis 238

Abkürzungen und Zitierweise

Bevor Sie nun in den Ratgeber Reiserecht einsteigen, werfen Sie bitte noch einen kurzen Blick auf das nachstehende Verzeichnis häufig verwendeter Abkürzungen.

AG	Amtsgericht
AGBG	Gesetz zur Regelung des Rechts der Allgemeinen Geschäftsbedingungen
BB	Betriebs-Berater (Zeitschrift)
BGB	Bürgerliches Gesetzbuch
BGH	Bundesgerichtshof
BGH Z	Entscheidungen des Bundesgerichtshofs in Zivilsachen
EuGH	Europäischer Gerichtshof
ff.	fortfolgende
HGB	Handelsgesetzbuch
LG	Landgericht
MDR	Monatsschrift für Deutsches Recht
NJW	Neue Juristische Wochenschrift
NJW-RR	NJW-Rechtsprechungsreport Zivilrecht
OLG	Oberlandesgericht
VersR	Versicherungsrecht (Zeitschrift)
ZPO	Zivilprozeßordnung

Fundstellen werden folgendermaßen zitiert:

„BGH NJW 91, S. 1457" heißt: Entscheidung des Bundesgerichtshofs, abgedruckt in der Neuen Juristischen Wochenschrift, Jahrgang 1991, Seite 1457. Die Hefte der NJW beginnen nicht jeweils mit Seite 1, sondern sind pro Jahrgang mit fortlaufenden Seitenzahlen versehen, daher die oft hoch erscheinende Zahl. Am Jahresende werden die Hefte zu Büchern gebunden. Sie finden diese entweder in der örtlichen Bücherei oder – auf jeden Fall – in der Bücherei eines Landgerichts oder Oberlandesgerichts.

„BGH Z 93, S. 277" heißt: Entscheidungssammlung des Bundesgerichtshofs in Zivilsachen, 93. Band, Seite 277. Zum Auffinden siehe oben.

Die Urteile sind zum Teil recht lang und füllen oft mehrere Seiten. Angegeben sind daher bei den Fundstellennachweisen direkt die Seitenzahlen, auf denen die jeweilige gerade im Ratgeber besprochene Frage behandelt wird. Der Verfasser würde sich freuen, wenn Sie beim Nachlesen von Fundstellen darüber hinaus auch einmal ein paar Seiten vor und ein paar Seiten zurück (im Idealfall das ganze Urteil) lesen. Sie werden sehen, so schwer verständlich sind Gerichtsentscheidungen gar nicht!

Übersicht reiserechtlicher Regelungen

Rechte des Reiseveranstalters / Pflichten des Reisenden:	Zeitraum:	Rechte des Reisenden / Pflichten des Reiseveranstalters:
	vor Abschluß des Reisevertrags ↓	Anforderungen an den Inhalt von Prospekten und Reisebeschreibungen, § 651 a Abs. 5 und Informationsverordnung
Pflicht zur Zahlung des Reisepreises, § 651 a Abs. 1 Anzahlung, § 651 k Abs. 4	Vertragsschluß ↓	Pflicht zur Erbringung der Reise, § 651 a Abs. 2 Inhaltliche Vorgaben für Vertrag, § 651 a Abs. 2 und 5, Informationsverordnung
nachträgliche Erhöhung des Reisepreises, § 651 a Abs. 3 und 4 Absage der Reise, § 651 a Abs. 4 Kündigung wegen höherer Gewalt, § 651 j	zwischen Vertragsschluß und Reisebeginn ↓	Sicherungsschein, § 651 k Ersatzreise, § 651 a Abs. 4 Eintritt eines Ersatzreisenden, § 651 b Rücktritt des Reisenden, § 651 i Kündigung wegen höherer Gewalt, § 651 j
Kündigung wegen höherer Gewalt, § 651 j Anzeigepflichten, Fristsetzungen des Reisenden, § 651 c Abs. 3, § 651 d Abs. 2, § 651 e Abs. 2	während der Reise ↓	Abhilfeverlangen, § 651 c Abs. 2 Selbstabhilfe, § 651 c Abs. 3 Kündigung wegen Mangels, § 651 e Kündigung wegen höherer Gewalt, § 651 j Rückbeförderung, § 651 e Abs. 4, § 651 j Abs. 2
	nach der Reise	Aufwendungsersatz, § 651 c Abs. 3 Minderung, § 651 d Schadensersatz wegen Nichterfüllung, § 651 f Abs. 1 Entschädigung für nutzlos aufgewendete Urlaubszeit, § 651 f Abs. 2 Achtung: Fristen, § 651 g!

A.
Das Reiserecht

1. Gesetzestext §§ 651 a bis l BGB

Die §§ 651 a bis k sind durch das „Reisevertragsgesetz" vom 4.5.1979 in das Bürgerliche Gesetzbuch (BGB) als Punkt „II. Reisevertrag" unter der ebenfalls neugeschaffenen Überschrift „Siebenter Titel Werkvertrag und ähnliche Verträge" eingefügt worden. 1994 wurde (mit über einjähriger Verspätung) eine Richtlinie des Rates der Europäischen Gemeinschaften über Pauschalreisen in das deutsche Recht umgesetzt, was zu einer Überarbeitung und Erweiterung dieses Teils des Bürgerlichen Gesetzbuchs (jetzt §§ 651 a bis l) führte.

Diese 12 Paragraphen, die Teil des BGB sind, werden auch manchmal – auch hier in diesem Ratgeber – kurz und treffend als „das Reisevertragsgesetz" bezeichnet.

Die §§ 651 a bis 651 l des BGB (deren Überschriften vom Verlag C. H. Beck hinzugefügt wurden) lauten:

§ 651 a [Reisevertrag]

(1) Durch den Reisevertrag wird der Reiseveranstalter verpflichtet, dem Reisenden eine Gesamtheit von Reiseleistungen (Reise) zu erbringen. Der Reisende ist verpflichtet, dem Reiseveranstalter den vereinbarten Reisepreis zu zahlen.
(2) Die Erklärung, nur Verträge mit den Personen zu vermitteln, welche die einzelnen Reiseleistungen ausführen sollen (Leistungsträger), bleibt unberücksichtigt, wenn nach den sonstigen Umständen der Anschein begründet wird, daß der Erklärende vertraglich vorgesehene Reiseleistungen in eigener Verantwortung erbringt.
(3) Der Reiseveranstalter kann den Reisepreis nur erhöhen, wenn dies mit genauen Angaben zur Berechnung des neuen Preises im Vertrag vorgesehen ist und damit einer Erhöhung der Beförderungskosten, der Abgaben für bestimmte Leistungen, wie Hafen- oder Flughafengebühren, oder einer Änderung der für die betreffende Reise geltenden Wechselkurse Rechnung

getragen wird. Eine Preiserhöhung, die ab dem zwanzigsten Tag vor dem vereinbarten Abreisetermin verlangt wird, ist unwirksam. § 11 Nr. 1 des Gesetzes zur Regelung des Rechts der Allgemeinen Geschäftsbedingungen bleibt unberührt.

(4) Der Reiseveranstalter hat eine Änderung des Reisepreises nach Absatz 3, eine zulässige Änderung einer wesentlichen Reiseleistung oder eine zulässige Absage der Reise dem Reisenden unverzüglich nach Kenntnis von dem Änderungs- oder Absagegrund zu erklären. Im Falle einer Erhöhung des Reisepreises um mehr als fünf vom Hundert oder einer erheblichen Änderung einer wesentlichen Reiseleistung kann der Reisende vom Vertrag zurücktreten. Er kann statt dessen, ebenso wie bei einer Absage der Reise durch den Reiseveranstalter, die Teilnahme an einer mindestens gleichwertigen anderen Reise verlangen, wenn der Reiseveranstalter in der Lage ist, eine solche Reise ohne Mehrpreis für den Reisenden aus seinem Angebot anzubieten. Der Reisende hat diese Rechte unverzüglich nach der Erklärung durch den Reiseveranstalter diesem gegenüber geltend zu machen.

(5) Das Bundesministerium der Justiz wird ermächtigt, im Einvernehmen mit dem Bundesministerium für Wirtschaft durch Rechtsverordnung zum Schutz der Verbraucher bei Reisen Festsetzungen zu treffen, durch die sichergestellt wird, daß die Beschreibungen von Reisen keine irreführenden, sondern klare und genaue Angaben enthalten und daß der Reiseveranstalter dem Verbraucher die notwendigen Informationen erteilt. Zu diesem Zweck kann insbesondere bestimmt werden, welche Angaben in einem vom Veranstalter herausgegebenen Prospekt und in dem Reisevertrag enthalten sein müssen sowie welche Informationen der Reiseveranstalter dem Reisenden vor dem Vertragsabschluß und vor dem Antritt der Reise geben muß.

§ 651 b [Vertragsübertragung]

(1) Bis zum Reisebeginn kann der Reisende verlangen, daß statt seiner ein Dritter in die Rechte und Pflichten aus dem Reisevertrag eintritt. Der Reiseveranstalter kann dem Eintritt des Dritten widersprechen, wenn dieser den besonderen Reiseerfordernissen nicht genügt oder seiner Teilnahme gesetzliche Vorschriften oder behördliche Anordnungen entgegenstehen.

(2) Tritt ein Dritter in den Vertrag ein, so haften er und der Reisende dem Reiseveranstalter als Gesamtschuldner für den Reisepreis und die durch den Eintritt des Dritten entstehenden Mehrkosten.

§ 651 c [Abhilfe]

(1) Der Reiseveranstalter ist verpflichtet, die Reise so zu erbringen, daß sie die zugesicherten Eigenschaften hat und nicht mit Fehlern behaftet ist, die den Wert oder die Tauglichkeit zu dem gewöhnlichen oder nach dem Vertrage vorausgesetzten Nutzen aufheben oder mindern.
(2) Ist die Reise nicht von dieser Beschaffenheit, so kann der Reisende Abhilfe verlangen. Der Reiseveranstalter kann die Abhilfe verweigern, wenn sie einen unverhältnismäßigen Aufwand erfordert.
(3) Leistet der Reiseveranstalter nicht innerhalb einer vom Reisenden bestimmten angemessenen Frist Abhilfe, so kann der Reisende selbst Abhilfe schaffen und Ersatz der erforderlichen Aufwendungen verlangen. Der Bestimmung einer Frist bedarf es nicht, wenn die Abhilfe von dem Reiseveranstalter verweigert wird oder wenn die sofortige Abhilfe durch ein besonderes Interesse des Reisenden geboten wird.

§ 651 d [Minderung]

(1) Ist die Reise im Sinne des § 651 c Abs. 1 mangelhaft, so mindert sich für die Dauer des Mangels der Reisepreis nach Maßgabe des § 472.
(2) Die Minderung tritt nicht ein, soweit es der Reisende schuldhaft unterläßt, den Mangel anzuzeigen.

§ 651 e [Kündigung wegen Mangels]

(1) Wird die Reise infolge eines Mangels der in § 651 c bezeichneten Art erheblich beeinträchtigt, so kann der Reisende den Vertrag kündigen. Dasselbe gilt, wenn ihm die Reise infolge eines solchen Mangels aus wichtigem, dem Reiseveranstalter erkennbaren Grund nicht zuzumuten ist.
(2) Die Kündigung ist erst zulässig, wenn der Reiseveranstalter eine ihm vom Reisenden bestimmte angemessene Frist hat verstreichen lassen, ohne Abhilfe zu leisten. Der Bestimmung einer Frist bedarf es nicht, wenn die Abhilfe unmöglich ist oder vom Reiseveranstalter verweigert wird oder wenn die sofortige Kündigung des Vertrags durch ein besonderes Interesse des Reisenden gerechtfertigt wird.
(3) Wird der Vertrag gekündigt, so verliert der Reiseveranstalter den Anspruch auf den vereinbarten Reisepreis. Er kann jedoch für die bereits erbrachten oder zur Beendigung der Reise noch zu erbringenden Reiselei-

stungen eine nach § 471 zu bemessende Entschädigung verlangen. Dies gilt nicht, soweit diese Leistungen infolge der Aufhebung des Vertrags für den Reisenden kein Interesse haben.
(4) Der Reiseveranstalter ist verpflichtet, die infolge der Aufhebung des Vertrags notwendigen Maßnahmen zu treffen, insbesondere, falls der Vertrag die Rückbeförderung umfaßte, den Reisenden zurückzubefördern. Die Mehrkosten fallen dem Reiseveranstalter zur Last.

§ 651 f [Schadensersatz]

(1) Der Reisende kann unbeschadet der Minderung oder der Kündigung Schadensersatz wegen Nichterfüllung verlangen, es sei denn, der Mangel der Reise beruht auf einem Umstand, den der Reiseveranstalter nicht zu vertreten hat.
(2) Wird die Reise vereitelt oder erheblich beeinträchtigt, so kann der Reisende auch wegen nutzlos aufgewendeter Urlaubszeit eine angemessene Entschädigung in Geld verlangen.

§ 651 g [Ausschlußfrist; Verjährung]

(1) Ansprüche nach den §§ 651 c bis 651 f hat der Reisende innerhalb eines Monats nach der vertraglich vorgesehenen Beendigung der Reise gegenüber dem Reiseveranstalter geltend zu machen. Nach Ablauf der Frist kann der Reisende Ansprüche nur geltend machen, wenn er ohne Verschulden an der Einhaltung der Frist verhindert worden ist.
(2) Ansprüche des Reisenden nach den §§ 651 c bis 651 f verjähren in sechs Monaten. Die Verjährung beginnt mit dem Tage, an dem die Reise dem Vertrage nach enden sollte. Hat der Reisende solche Ansprüche geltend gemacht, so ist die Verjährung bis zu dem Tage gehemmt, an dem der Reiseveranstalter die Ansprüche schriftlich zurückweist.

§ 651 h [Zulässige Haftungsbeschränkung]

(1) Der Reiseveranstalter kann durch Vereinbarung mit dem Reisenden seine Haftung für Schäden, die nicht Körperschäden sind, auf den dreifachen Reisepreis beschränken,
1. soweit ein Schaden des Reisenden weder vorsätzlich noch grob fahrlässig herbeigeführt wird, oder

2. soweit der Reiseveranstalter für einen dem Reisenden entstehenden Schaden allein wegen eines Verschuldens eines Leistungsträgers verantwortlich ist.

(2) Gelten für eine von einem Leistungsträger zu erbringende Reiseleistung internationale Übereinkommen oder auf solchen beruhende gesetzliche Vorschriften, nach denen ein Anspruch auf Schadensersatz nur unter bestimmten Voraussetzungen oder Beschränkungen entsteht oder geltend gemacht werden kann oder unter bestimmten Voraussetzungen ausgeschlossen ist, so kann sich auch der Reiseveranstalter gegenüber dem Reisenden hierauf berufen.

§ 651 i [Rücktritt vor Reisebeginn]

(1) Vor Reisebeginn kann der Reisende jederzeit vom Vertrag zurücktreten.

(2) Tritt der Reisende vom Vertrag zurück, so verliert der Reiseveranstalter den Anspruch auf den vereinbarten Reisepreis. Er kann jedoch eine angemessene Entschädigung verlangen. Die Höhe der Entschädigung bestimmt sich nach dem Reisepreis unter Abzug des Wertes der vom Reiseveranstalter ersparten Aufwendungen sowie dessen, was er durch anderweitige Verwendung der Reiseleistungen erwerben kann.

(3) Im Vertrage kann für jede Reiseart unter Berücksichtigung der gewöhnlich ersparten Aufwendungen und des durch anderweitige Verwendung der Reiseleistungen gewöhnlich möglichen Erwerbs ein Vomhundertsatz des Reisepreises als Entschädigung festgesetzt werden.

§ 651 j [Kündigung wegen höherer Gewalt]

(1) Wird die Reise infolge bei Vertragsabschluß nicht voraussehbarer höherer Gewalt erheblich erschwert, gefährdet oder beeinträchtigt, so können sowohl der Reiseveranstalter als auch der Reisende den Vertrag allein nach Maßgabe dieser Vorschrift kündigen.

(2) Wird der Vertrag nach Absatz 1 gekündigt, so finden die Vorschriften des § 651 e Abs. 3 Sätze 1 und 2, Abs. 4 Satz 1 Anwendung. Die Mehrkosten für die Rückbeförderung sind von den Parteien je zur Hälfte zu tragen. Im übrigen fallen die Mehrkosten dem Reisenden zur Last.

§ 651 k [Sicherstellung; Zahlung]

(1) Der Reiseveranstalter hat sicherzustellen, daß dem Reisenden erstattet werden

1. der gezahlte Reisepreis, soweit Reiseleistungen infolge Zahlungsunfähigkeit oder Konkurses des Reiseveranstalters ausfallen, und
2. notwendige Aufwendungen, die dem Reisenden infolge Zahlungsunfähigkeit oder Konkurses des Reiseveranstalters für die Rückreise entstehen.

Die Verpflichtungen nach Satz 1 kann der Reiseveranstalter nur erfüllen

1. durch eine Versicherung bei einem im Geltungsbereich dieses Gesetzes zum Geschäftsbetrieb befugten Versicherungsunternehmen oder
2. durch ein Zahlungsversprechen eines im Geltungsbereich dieses Gesetzes zum Geschäftsbetrieb befugten Kreditinstituts.

(2) Der Versicherer oder das Kreditinstitut kann seine Haftung für die von ihm in einem Jahr insgesamt nach diesem Gesetz zu erstattenden Beträge jeweils für das erste Jahr nach dem 31. Oktober 1994 auf siebzig, für das zweite Jahr auf einhundert, für das dritte Jahr auf einhundertfünfzig und für die darauffolgende Zeit auf zweihundert Millionen Deutsche Mark begrenzen. Übersteigen die in einem Jahr von einem Versicherer oder einem Kreditinstitut insgesamt nach diesem Gesetz zu erstattenden Beträge die in Satz 1 genannten Höchstbeträge, so verringern sich die einzelnen Erstattungsansprüche in dem Verhältnis, in dem ihr Gesamtbetrag zum Höchstbetrag steht.

(3) Zur Erfüllung seiner Verpflichtung nach Absatz 1 hat der Reiseveranstalter dem Reisenden einen unmittelbaren Anspruch gegen den Versicherer oder das Kreditinstitut zu verschaffen und durch Übergabe einer von diesem Unternehmen ausgestellten Bestätigung (Sicherungsschein) nachzuweisen.

(4) Der Reiseveranstalter darf Zahlungen des Reisenden auf den Reisepreis vor der Beendigung der Reise nur fordern oder annehmen, wenn er dem Reisenden einen Sicherungsschein übergeben hat.

(5) Hat im Zeitpunkt des Vertragsschlusses der Reiseveranstalter seine Hauptniederlassung in einem anderen Mitgliedstaat der Europäischen Gemeinschaften oder in einem anderen Vertragsstaat des Abkommens über den Europäischen Wirtschaftsraum, so genügt der Reiseveranstalter seiner Verpflichtung nach Absatz 1 auch dann, wenn er dem Reisenden Sicherheit in Übereinstimmung mit den Vorschriften des anderen Staates leistet und diese den Anforderungen nach Absatz 1 Satz 1 entspricht; Absatz 4 gilt mit der Maßgabe, daß dem Reisenden die Sicherheitsleistung nachgewiesen werden muß.

(6) Die Absätze 1 bis 5 gelten nicht, wenn
1. der Reiseveranstalter nur gelegentlich und außerhalb seiner gewerblichen Tätigkeit Reisen veranstaltet,
2. die Reise nicht länger als 24 Stunden dauert, keine Übernachtung einschließt und der Reisepreis einhundertfünfzig Deutsche Mark nicht übersteigt,
3. der Reiseveranstalter eine juristische Person des öffentlichen Rechts ist.

§ 651 l [Abweichende Vereinbarungen]
Von den Vorschriften der §§ 651 a bis 651 k kann nicht zum Nachteil des Reisenden abgewichen werden.

2. Anwendbarkeit des Reisevertragsgesetzes
(§ 651a BGB)

Das Reisevertragsgesetz (§§ 651a bis l BGB) gilt – wie der Name schon sagt – für den Reisevertrag. Reisevertrag im Sinne des Gesetzes ist ein Vertrag, in dem der Reiseveranstalter sich verpflichtet, dem Reisenden eine Gesamtheit von Reiseleistungen (Reise) zu erbringen. Der typische Fall des Reisevertrags ist die sogenannte „Pauschalreise", bei der der Reiseveranstalter unterschiedliche Leistungen unterschiedlicher Vertragspartner (Busunternehmer, Fluggesellschaften, Hoteliers usw.) zu einem Paket zusammenfaßt und als eine Reise anbietet.

Hierzu einige Beispiele:

• Vertragsinhalt sind ein Transfer zum Flughafen, der Flug und die Unterbringung in einem Hotel = §§ 651a ff. BGB sind anwendbar.

• Vertragsinhalt ist nur die Unterbringung und die Verpflegung in ein und demselben Hotel. Hier scheiden sich die (juristischen) Geister bei der Frage, ob noch eine „Gesamtheit" von Reiseleistung„en" – also Plural! – vorliegt. Das OLG München hat auch hier die „entsprechende" Anwendbarkeit der §§ 651a ff. BGB bejaht. Das OLG München argumentiert, wenn man schon Unterkunft und eine relativ geringe Nebenleistung wie Transfer zum Hotel oder eine Stadtführung als Gesamtheit von Reiseleistungen dem Reisevertragsgesetz unterwirft, dann sei es „auch sachgerecht, wenn man zwei so gewichtige Leistungen wie Unterbringung und volle Verpflegung als selbständige Leistungen" und, wo sie zusammentreffen, dann als „Gesamtheit von Reiseleistungen" ansieht (OLG München, NJW 84, S. 132).

• Vertragsinhalt ist eine Busfahrt und botanische Wanderung von einem Alpenhotel aus, alles wird von der Volkshochschule zum Selbstkostenpreis angeboten und organisiert. Auch hier sind die

§§ 651 a ff. BGB anwendbar, da es nicht darauf ankommt, ob der Reiseveranstalter Gewinn oder Verlust macht; bzw. ob er überhaupt vorhat, Gewinn zu machen.

• Sie mieten eine Ferienwohnung von einem privaten Vermieter. §§ 651 a ff. sind nicht anwendbar. Es fehlt an dem gesetzlichen Merkmal der „Gesamtheit von Reiseleistungen". Vielmehr gilt hier das allgemeine Mietrecht (EuGH NJW 85, S. 905). (Das Mietrecht ist z.B. erläutert in dem ebenfalls in dieser Reihe erschienenen Beck-Ratgeber „Mietrechtslexikon", ISBN 3 406 43100 3.)

• Aber: Wenn Sie das Ferienhaus nicht bei einem privaten Vermieter, sondern bei einem Reiseveranstalter buchen, z.B. aus einem Ferienhauskatalog, dann ist das Reisevertragsgesetz nach Ansicht der Gerichte anwendbar (BGH NJW 92, S. 3158; BGH NJW 85, S. 906, 907; OLG Frankfurt/M. NJW-RR 88, S. 1329; LG Frankfurt/M. NJW-RR 88, S. 1330; LG Hannover NJW-RR 86, S. 213). Auch wenn der Prospekt nicht von einem Reiseveranstalter ist, sondern lediglich von einem Reisevermittler, ist das Reisevertragsgesetz anwendbar, wenn aus der Sicht des Kunden aufgrund der gesamten Umstände, insbesondere der Aufmachung des Prospektes, der Eindruck entsteht, ihm stünde ein Reiseveranstalter gegenüber (BGH NJW 92, S. 3158).

Mit dem Wortlaut des Gesetzes ist die Anwendung des Reisevertragsgesetzes auf die Erbringung einer einzelnen Leistung (hier lediglich Unterkunft im Ferienhaus) zwar nicht so ganz zu vereinbaren, entspricht allerdings dem Sinn und Zweck des Gesetzes. (Juristisch handelt es sich deshalb auch nicht um eine direkte, sondern nur um eine „entsprechende (analoge)" Anwendung der Paragraphen des Reisevertragsgesetzes. Das Ergebnis ist allerdings das gleiche.)

• Die Anwendbarkeit des Reisevertragsgesetzes gilt selbst dann, wenn das bei einem deutschen Reiseveranstalter gebuchte Ferienhaus im Ausland liegt (siehe hierzu „A. 3. Ausnahmen vom Reisevertragsgesetz").

• Sie buchen in einem Reisebüro eine Pauschalreise aus einem Reisekatalog. Die §§ 651 a ff. BGB sind gegenüber *dem Reisebüro* nicht anwendbar. Das Reisebüro ist nur Reise*vermittler,* nicht Reise*veranstalter*. Wenn Sie also wegen Reisemängeln eine Reisepreisminderung durchführen wollen, so haben Sie den Minderungsanspruch nicht gegenüber dem Reisebüro, sondern nur gegenüber dem Reiseveranstalter selber. Hier tauchen oft Abgrenzungsprobleme auf, wenn es um die Frage geht, ob jemand nur Reisevermittler war oder als Reiseveranstalter haftet. Manchmal hat auch der Reisende bei der Buchung auf einem Formular unterschrieben, in dem ausdrücklich geschrieben steht, daß nur eine Vermittlung erfolgt. § 651a Abs. 2 BGB bestimmt daher, daß es auch darauf ankommt, ob „nach den sonstigen Umständen der Anschein begründet wird, daß der Erklärende vertraglich vorgesehene Reiseleistungen in eigener Verantwortung erbringt.“ Abzustellen ist dabei auf die Sicht des Reisenden als des Empfängers der Erklärung. Wenn die sonstigen Umstände den Anschein erwecken, der Reisende hat es mit dem Reiseveranstalter zu tun, so ist selbst eine ausdrückliche Erklärung, z.B. in dem Buchungsformular, es liege nur eine Vermittlung vor, ohne Bedeutung.

Das heißt allerdings nicht, daß Sie, wenn eine Reisevermittlung vorliegt, gegen den Reisevermittler gar keine Ansprüche haben, diese richten sich lediglich nicht nach dem Reisevertragsgesetz, siehe hierzu „A. 5. Reisevermittler (Reisebüro)“

Faustregel: das Reisebüro ist in der Regel nur Vermittler, das den Katalog herausgebende Unternehmen ist der Reiseveranstalter.

• Aber: Sie buchen im Reisebüro eine vom Reisebüro in eigener Verantwortung angebotene und organisierte Reise mit dem Bus in ein Skigebiet incl. Appartementunterbringung und Skipaß. Das Reisebüro ist in diesem Fall selbst Reiseveranstalter, die §§ 651a ff. BGB sind also im Verhältnis zum Reisebüro anwendbar.

• Es ist allerdings zulässig, wenn ein Reiseveranstalter einzelne bestimmte Leistungen ausgrenzt und für diese nur als Vermittler auftritt. Dies ist häufig bei der Teilleistung „Flug“ der Fall. Die Gerichte stellen hier aber sehr, sehr strenge Anforderungen. Die Tatsache z.B., daß ein Reiseveranstalter bzgl. eines Linienfluges nur als Vermittler auftreten will, muß in eindeutiger und unzweifelhafter Form dem Reisenden auch im Prospekt deutlich gemacht werden. Hierzu das OLG Frankfurt/M. (NJW-RR 88, S. 1328): „Den genannten Voraussetzungen für die Zulässigkeit der Vermittlungsklausel genügt das Auftreten der Beklagten nicht. Der Vermittlungshinweis ist lediglich im Vertragsantrag sowie in der Reisebestätigung in eindeutiger Form enthalten. Im Prospekt der Beklagten findet sich ein solcher eindeutiger Hinweis nicht.“

• Noch ein Beispiel: Sie buchen im Reisebüro eine Pauschalreise eines Reiseveranstalters. Der Reiseveranstalter bedient sich zweier Leistungsträger: eines Busunternehmers und des Hoteliers. Auf dem Weg zum Urlaubsort bleibt der Bus mit leerem Tank liegen. Sie verbringen eine Nacht frierend im Bus. Hier sind im Verhältnis zum Reiseveranstalter §§ 651 a ff. BGB anwendbar, nicht jedoch gegenüber dem Busunternehmer (anders wäre es, wenn er gleichzeitig selber der Reiseveranstalter wäre). Natürlich haben Sie *daneben* möglicherweise auch gegenüber dem einzelnen Leistungsträger (= hier gegenüber dem Busunternehmer) Ansprüche, jedoch sind diese manchmal nicht so gut durchsetzbar; siehe hierzu auch „A. 3. Ausnahmen vom Reisevertragsgesetz".

• Weiteres Beispiel: Sie buchen eine Pauschalreise, wobei der Reiseveranstalter deutlich darauf hinweist, daß die örtlichen Ausflüge in eigener Verantwortung des dortigen Ausflugsunternehmens durchgeführt werden und von Ihnen auch im Einzelfall vor Ort gebucht und bezahlt werden müssen. In diesem Fall haben Sie bei Mängeln eines solchen Ausflugs im Regelfall keine Ansprüche gegen den Reiseveranstalter. Die Juristen sind sich bei solchen Grenzfällen nicht immer einig.

Wenn z.B. in diesem Fall der Reiseveranstalter selber Werbung für bestimmte Ausflüge macht, möglicherweise auch den Preis dafür kassiert, so dürfte er als Reiseveranstalter auch der Ausflüge gelten, selbst wenn er darauf hinweist, es nicht zu sein.

Das OLG Düsseldorf (NJW-RR 91, S. 55, 56) hatte einen Fall zu entscheiden, in dem die Reisenden einen Tagesausflug mit einem Geländewagen bei einem örtlichen Anbieter gebucht hatten. Der Geländewagen stürzte um und verletzte die Reisenden. Galt nun das deutsche Reisevertragsgesetz und konnten die Reisenden sich also an den deutschen Reiseveranstalter halten oder mußten sie in der Türkei nach türkischem Recht gegen den Geländetourveranstalter klagen? Das OLG Düsseldorf entnahm hier den Umständen des Falles (u. a.: der Geländetourveranstalter stellte auch gleichzeitig für den Reiseveranstalter den örtlichen Reiseleiter, auf den Unterlagen des Reiseveranstalters wurde auf den Geländetourveranstalter hingewiesen, dieser hängte seine Angebote im Hotel auf Firmenbögen des Reiseveranstalters aus), daß es sich bei dem Tagesausflug nur um eine Zusatzleistung bzw. Erweiterung zum ursprünglichen Reisevertrag handelte und damit das deutsche Reisevertragsgesetz anwendbar und das deutsche Gericht zuständig war. Mit der Annahme einer „Zusatzleistung" kam das OLG Düsseldorf auch über die weitere Hürde hinweg, daß das Reisevertragsgesetz kraft Definition (siehe oben) nur für eine Gesamtheit von Reiseleistungen, nicht für eine Einzelleistung gilt. Im übrigen ist den Urteilsgründen noch zu entnehmen, daß das OLG Düsseldorf das Reisevertragsgesetz auch auf eine Einzelleistung anwenden würde, wenn der Anbieter dabei „als Reiseveranstalter" aufgetreten ist.

Wenn Sie ältere Entscheidungen der Gerichte lesen, lassen Sie sich bitte nicht verwirren, wenn dort auch bei Pauschalreisen immer von „Werkvertrag" die Rede ist und andere Paragraphen zitiert werden. Der Grund liegt lediglich darin, daß die den Reisevertrag betreffenden Paragraphen erst 1979 in das BGB eingefügt worden sind. Vorher mußten sich die Gerichte mit dem Werkvertragsrecht „behelfen"; was den Gerichten im übrigen so gut gelungen ist, daß die neuen Paragraphen über weite Strecken die von den Gerichten zuvor entwickelten Grundsätze in Gesetzesform gegossen haben.

Zu der Frage, inwieweit auch Personen, für die der Reisende mitbucht, Vertragspartner des Reisevertrags werden, siehe „A. 4. Vertragspartner des Reisevertrags".

Die meisten Fälle einer Reise werden sich ohne Schwierigkeiten unter das Reisevertragsgesetz einordnen lassen. Im Einzelfall kann die Abgrenzung aber auch einmal schwierig sein. Die obigen Beispiele sollen bei der Einordnung eine kleine Hilfestellung bieten. Vorsichtig formuliert kann man sagen, daß bei den Gerichten eine Tendenz erkennbar ist – dies zeigen auch die oben genannten Beispiele –, möglichst viele Reisen unter das Reisevertragsrecht zu fassen. Dieses Bestreben ist im Interesse des Verbraucherschutzes und der Anwendbarkeit eines einheitlichen Rechts für Reisen zu begrüßen.

3. Ausnahmen vom Reisevertragsgesetz

Unter „A. 2. Anwendbarkeit des Reisevertragsgesetzes" ist beschrieben worden, wann das Reisevertragsgesetz gilt. Immerhin war das Reisevertragsgesetz im Jahr 1992 auf die gewaltige Zahl von 25 Millionen Verträgen anwendbar, und seitdem dürften es eher noch mehr geworden sein.

Wenn das Reisevertragsgesetz (also die §§ 651 a bis l BGB) einmal nicht zur Anwendung kommt, dann gilt das Recht des jeweiligen Vertragstyps, der Ihrem im konkreten Einzelfall abgeschlossenen Vertrag entspricht. Der nachfolgende Überblick gibt hierfür Anhaltspunkte.

3.1 Mietrecht (§§ 535 ff. BGB)

Rechte des Mieters sind – bei Vorliegen der jeweiligen gesetzlichen Voraussetzungen – z. B. Mietminderung, Selbstbeseitigung und Aufwendungsersatz, Schadensersatz, Kündigung.

Beispiele für das Vorliegen eines Mietvertrags:

- Sie mieten für sich und Ihre Familie privat eine Ferienwohnung.
- Sie fahren abends in ein Hotel. Für sich mieten Sie ein Zimmer für die Nacht. Damit niemand Ihr Auto stehlen kann, mieten Sie einen Einstellplatz in einer Tiefgarage.

3.2 Beherbergungsrecht

Ihr teurer Lederkoffer wird vom Hotelboy mit dem Fahrstuhl nach oben gebracht. Dabei klemmt der Hotelboy aus Unachtsamkeit den Koffer ein, der dadurch beschädigt wird. In diesen und ähnlichen Fällen gelten *ergänzend* zum Mietrecht des BGB die §§ 701 ff. BGB. Trotz der Überschrift der §§ 701 ff. („Einbringung von Sachen bei Gastwirten") gelten die §§ 701 ff. nicht für den Gaststätten-Gastwirt, sondern nur für den Beherbergungswirt. Dies folgt aus dem Anfang des § 701 BGB: „Ein Gastwirt, der gewerbsmäßig Fremde zur Beherbergung aufnimmt, ...“. Ansonsten sind die nachstehend wiedergegebenen §§ 701 bis 704 BGB bei langsamem Lesen leicht verständlich.

„§ 701 [Haftung des Gastwirtes]

(1) Ein Gastwirt, der gewerbsmäßig Fremde zur Beherbergung aufnimmt, hat den Schaden zu ersetzen, der durch den Verlust, die Zerstörung oder die Beschädigung von Sachen entsteht, die ein im Betrieb dieses Gewerbes aufgenommener Gast eingebracht hat.
(2) Als eingebracht gelten
1. Sachen, welche in der Zeit, in der der Gast zur Beherbergung aufgenommen ist, in die Gastwirtschaft oder an einen von dem Gastwirt oder dessen Leuten angewiesenen oder von dem Gastwirt allgemein hierzu bestimmten Ort außerhalb der Gastwirtschaft gebracht oder sonst außerhalb der Gastwirtschaft von dem Gastwirt oder dessen Leuten in Obhut genommen sind;
2. Sachen, welche innerhalb einer angemessenen Frist vor oder nach der Zeit, in der der Gast zur Beherbergung aufgenommen war, von dem Gastwirt oder seinen Leuten in Obhut genommen sind.
Im Falle einer Anweisung oder einer Übernahme der Obhut durch Leute des Gastwirts gilt dies jedoch nur, wenn sie dazu bestellt oder nach den Umständen als dazu bestellt anzusehen waren:
(3) Die Ersatzpflicht tritt nicht ein, wenn der Verlust, die Zerstörung oder die Beschädigung von dem Gast, einem Begleiter des Gastes oder einer Person, die der Gast bei sich aufgenommen hat, oder durch die Beschaffenheit der Sachen oder durch höhere Gewalt verursacht wird.
(4) Die Ersatzpflicht erstreckt sich nicht auf Fahrzeuge, auf Sachen, die in einem Fahrzeug belassen worden sind, und auf lebende Tiere.

§ 702 [Beschränkung der Haftung; Wertsachen]

(1) Der Gastwirt haftet auf Grund des § 701 nur bis zu einem Betrage, der dem Hundertfachen des Beherbergungspreises für einen Tag entspricht, jedoch mindestens bis zu dem Betrage von eintausend Deutsche Mark und höchstens bis zu dem Betrage von sechstausend Deutsche Mark; für Geld, Wertpapiere und Kostbarkeiten tritt an die Stelle von sechstausend Deutsche Mark der Betrag von eintausendfünfhundert Deutsche Mark.

(2) Die Haftung des Gastwirts ist unbeschränkt,
1. wenn der Verlust, die Zerstörung oder die Beschädigung von ihm oder seinen Leuten verschuldet ist;
2. wenn es sich um eingebrachte Sachen handelt, die er zur Aufbewahrung übernommen oder deren Übernahme zur Aufbewahruug er entgegen der Vorschrift des Absatzes 3 abgelehnt hat.
(3) Der Gastwirt ist verpflichtet, Geld, Wertpapiere, Kostbarkeiten und andere Wertsachen zur Aufbewahrung zu übernehmen, es sei denn, daß sie im Hinblick auf die Größe oder den Rang der Gastwirtschaft von übermäßigem Wert oder Umfang oder daß sie gefährlich sind. Er kann verlangen, daß sie in einem verschlossenen oder versiegelten Behältnis übergeben werden.

§ 702a [Erlaß der Haftung]

(1) Die Haftung des Gastwirts kann im voraus nur erlassen werden, soweit sie den nach § 702 Abs. 1 maßgeblichen Höchstbetrag übersteigt. Auch insoweit kann sie nicht erlassen werden für den Fall, daß der Verlust, die Zerstörung oder die Beschädigung von dem Gastwirt oder von Leuten des Gastwirts vorsätzlich oder grob fahrlässig verursacht wird oder daß es sich um Sachen handelt, deren Übernahme zur Aufbewahrung der Gastwirt entgegen der Vorschrift des § 702 Abs. 3 abgelehnt hat.
(2) Der Erlaß ist nur wirksam, wenn die Erklärung des Gastes schriftlich erteilt ist und wenn sie keine anderen Bestimmungen enthält.

§ 703 [Erlöschen des Schadensersatzanspruchs]

Der dem Gast auf Grund der §§ 701, 702 zustehende Anspruch erlischt, wenn nicht der Gast unverzüglich, nachdem er von dem Verlust, der Zerstörung oder der Beschädigung Kenntnis erlangt hat, dem Gastwirt Anzeige macht. Dies gilt nicht, wenn die Sachen von dem Gastwirt zur Aufbewahrung übernommen waren oder wenn der Verlust, die Zerstörung oder die Beschädigung von ihm oder seinen Leuten verschuldet ist.

§ 704 [Pfandrecht des Gastwirtes]

Der Gastwirt hat für seine Forderungen für Wohnung und andere dem Gaste zur Befriedigung seiner Bedürfnisse gewährte Leistungen, mit Einschluß der Auslagen, ein Pfandrecht an den eingebrachten Sachen des Gastes. Die für das Pfandrecht des Vermieters geltenden Vorschriften des § 559 Satz 3 und der §§ 560 bis 563 finden entsprechende Anwendung."

3.3 Verwahrungsrecht

Für die Verwahrung gelten die §§ 688 bis 700 BGB. Dort sind vor allem auch Haftungsfragen geregelt.

Beispiel für einen Verwahrungsvertrag:

• Sie stellen im Winterurlaub Ihre Skier in einem verschlossenen „Skistall" im Skigebiet ab.

3.4 Werkvertragsrecht

Den Werkvertrag behandeln die §§ 631 ff. BGB.

Rechte des Bestellers einer Werkleistung sind – bei Vorliegen der jeweiligen gesetzlichen Voraussetzungen – z.B. Mangelbeseitigung, Selbstbeseitigung und Aufwendungsersatz, Minderung, Wandlung oder Schadensersatz.

Beispiele für das Vorliegen eines Werkvertrags sind in unserem Zusammenhang vor allem isolierte Beförderungsleistungen:

• Sie kaufen eine *Busfahrkarte*. Hier gelten übrigens neben dem Werkvertragsrecht des BGB insbesondere auch die Haftungsnormen des Straßenverkehrsgesetzes.

(Achtung: Wenn Sie ein „Paket" buchen – z.B. Busfahrt Hamburg-Madrid, zwei Übernachtungen mit Frühstück unterwegs –, gilt das Reisevertragsgesetz, siehe oben 2.)

• Sie kaufen eine *Bahnfahrkarte*. Hier gilt neben dem Werkvertragsrecht des BGB unter anderem auch noch die Eisenbahnverkehrsordnung. Im grenzüberschreitenden Verkehr gelten darüber hinaus internationale Eisenbahnabkommen.

• Sie kaufen eine *Schiffsfahrkarte*. Hier gilt neben dem Werkvertragsrecht des BGB insbesondere § 664 HGB sowie bei Auslandspassagen unter anderem das „Athener Übereinkommen".

(Achtung: Kreuzfahrten, also Leistungspakete aus Schiffspassage, Verpflegung, Landausflügen usw. unterliegen dem Reisevertragsgesetz, siehe oben 2.)

• Sie kaufen ein *Flugticket*. Hier gilt neben dem Werkvertragsrecht insbesondere das Luftverkehrsgesetz und bei Auslandsflügen das „Warschauer Abkommen".

• Sie geben Ihre Ski über Nacht zum Kantenschleifen und Wachsen ab.

3.5 Dienstvertragsrecht

Hierfür gelten die §§ 611 ff. BGB.

Rechte des Dienstberechtigten sind – bei Vorliegen der jeweiligen gesetzlichen Voraussetzungen – z.B. Kündigung und Schadensersatz (aus sog. pVV, positiver Vertragsverletzung).

Beispiel für das Vorliegen eines Dienstvertrags:

• Sie (= der Dienstberechtigte) heuern einen Skiführer für eine Skitour an. Hier kann allerdings auch ein Werkvertrag vorliegen (s. oben 3.4), je nachdem, was vereinbart ist: Beim Werkvertrag wird ein *Erfolg* geschuldet, beim Dienstvertrag die *Erbringung der Dienste* als solche. Die Unterscheidung kann im Einzelfall ebenso schwierig wie finanziell bedeutsam sein. Nehmen wir an, im Beispiel ist der geplante Höhepunkt der Skitour das Erklimmen einer bestimmten Bergkuppe und die Abfahrt von dort. Der Skiführer entpuppt sich jedoch als Schlafmütze, die Führung schleppt sich dahin und vor Erreichen der Bergkuppe muß man umkehren. Wenn – was hier anzunehmen ist – der Vertrag mit dem Skiführer ein Werkvertrag war, ist die Werkleistung (also der geschuldete Erfolg, die Ersteigung der Kuppe) nicht erbracht, der Werklohn muß nicht bezahlt werden bzw. kann bei vorschüssiger Bezahlung zurückgefordert werden. Wenn man dagegen von einem Dienstvertrag ausgeht, besteht kein Rückforderungsrecht, denn dann war nicht ein bestimmter Erfolg, sondern nur der Dienst des Skiführens geschuldet, und diese Dienstleistung als solche ist erbracht worden.

3.6 Ergänzend: Das Gesetz zur Regelung des Rechts der Allgemeinen Geschäftsbedingungen

Sofern bei einem der oben genannten Verträge Formularverträge eingesetzt werden, müssen diese den Bestimmungen des Gesetzes zur Regelung des Rechts der Allgemeinen Geschäftsbedingungen (AGBG) entsprechen.

3.7 Ausländisches Recht?

Generell müssen Sie sich bei den oben genannten Verträgen fragen, ob überhaupt deutsches Recht zur Anwendung kommt. Dies kann nur im konkreten Einzelfall beurteilt werden.

Beispiele:

- Sie mieten eine Ferienwohnung am Starnberger See. Es gilt deutsches Mietrecht, auch wenn Ihr Vermieter Ausländer, z.B. Spanier ist.
- Sie mieten von einem Spanier eine Ferienwohnung in Alicante. Es gilt spanisches Recht.
- Sie mieten von einem Deutschen, der sogar in der gleichen deutschen Stadt wohnt wie Sie, eine diesem gehörende Ferienwohnung in Alicante. Es gilt spanisches Recht! Und es kommt noch schlimmer: Obwohl beide Vertragspartner in Deutschland wohnen, muß ein eventueller Prozeß um eine Geldrückforderung wegen einer defekten Heizung in der Ferienwohnung (= Mangel der Mietsache) vor dem Gericht in Alicante geführt werden, selbstverständlich in spanischer Sprache. Wer's nicht glauben kann: siehe EuGH NJW 85, S. 905.

Aber: Wenn Sie die Ferienwohnung von einem deutschen *Reiseveranstalter* buchen, gilt das Reisevertragsgesetz und die Zuständigkeit der deutschen Gerichte auch dann, wenn die Ferienwohnung im Ausland liegt (EuGH NJW 92, S. 1029; BGH NJW 92, S. 3158).

Sie sehen: ein ganz entscheidender Vorteil – und ein gewaltiger Schritt in Richtung Verbraucherschutz – ist die Tatsache, daß bei Pauschalreisen bei Anwendung des Reisevertragsgesetzes auch für die im Ausland von Ausländern erbrachten Leistungen immer der deutsche Reiseveranstalter nach deutschem Recht vor einem deutschen Gericht einzustehen hat.

4. Vertragspartner des Reisevertrags

Neben der Frage nach dem *sachlichen* taucht auch die Frage nach dem *personellen* Anwendungsbereich des Gesetzes auf, wenn Sie – wie dies häufig geschieht – für sich *und andere* buchen. Das Ergebnis ist hier klar: die Rechte der §§ 651 a ff. BGB stehen allen Reiseteilnehmern zu. Um zu diesem Ergebnis zu kommen, schlagen die Juristen zwei verschiedene Wege ein (siehe hierzu auch BGH NJW 89, S. 2571):

Das einfachste ist, wenn man den konkreten Umständen entnehmen kann, daß der Buchende als *Vertreter der anderen Reisenden,* für die er mitgebucht hat, aufgetreten ist. Dann sind die anderen Reisenden selber Vertragspartner des Reiseveranstalters, die Rechte der §§ 651 a ff. BGB stehen ihnen originär zu. Allerdings haften sie dann auch – da sie ja Vertragspartner sind – selber für den Reisepreis: mindestens für ihre eigene Person, je nach Vertragsgestaltung und Umfang der Vertretungsmacht des Buchenden evtl. auch für den Buchenden und die anderen in der Buchung genannten Reisenden.

Eine andere Möglichkeit ist (so der Regelfall), den vom Buchenden abgeschlossenden Vertrag als einen „Vertrag mit *Schutzwirkung zugunsten Dritter*“ anzusehen. Obwohl nicht unmittelbar Vertragspartner des Reiseveranstalters, können die anderen Reisenden selber Schadensersatzansprüche geltend machen (BGH NJW 83, S. 36). Das OLG Düsseldorf (NJW-RR 91, S. 56) spricht sogar von einem (echten) „Vertrag zugunsten Dritter, nämlich zugunsten der Mitreisenden ... Entstehen einem Mitreisenden durch ein schuldhaftes Verhalten des Reiseveranstalters Schäden, so erwachsen ihm eigene Schadensersatzansprüche.“

Der Unterschied zwischen einem „Vertrag mit Schutzwirkung zugunsten Dritter“ und einem „Vertrag zugunsten Dritter“ ist folgender: Beim Vertrag zugunsten Dritter (§ 328 BGB) kann der Dritte die Erfüllung des Vertrags selbst verlangen und bei Vertragsverletzungen auch selbst Schadensersatzansprüche geltend machen;

beim Vertrag mit Schutzwirkung zugunsten Dritter ist dieser nur in den Schutzbereich des Vertrags einbezogen, mit der Folge, daß er zwar bei Verletzung des Vertrags selber Schadensersatzansprüche geltend machen, aber nicht die Erfüllung des Vertrages verlangen kann.

Mit dem Vertragsverhältnis, das zwischen dem Reiseveranstalter und dem einzelnen Leistungsträger besteht, hat der Reisende in der Regel nichts zu tun. Zumindest bei der Flugbeförderung macht der Bundesgerichtshof davon eine sehr gewichtige Ausnahme (BGH Z 93, S. 271 ff., gleichzeitig ein schönes Beispiel dafür, wieviele verschiedene Beteiligte ein auf den ersten Blick „klares“ Rechtsverhältnis haben kann): Eine Fluggesellschaft hatte an eine Firma T. Sitzplätze eines Fluges von Frankfurt/M. nach Santa Lucia verchartert. Diese Fa. hatte wiederum einige der Plätze an eine Fernreisegesellschaft O. überlassen. Bei dieser buchte eine Reisende eine Flugreise nach Santa Lucia. Der Hinflug erfolgte problemlos, aber als die Reisende den Rückflug antreten wollte, wurde ihr dies von der Fluggesellschaft verweigert, da die Firma T. den Flug nicht bezahlt hatte. Die Reisende kaufte ein anderes Ticket einer anderen Fluggesellschaft und flog damit zurück. Den Preis mußte ihr die Fernreisegesellschaft O. erstatten. O. erhielt das Geld von einer Versicherungsgesellschaft zurück, bei der O. für solche Fälle eine Versicherung abgeschlossen hatte. Die Versicherungsgesellschaft schließlich verklagte die Fluggesellschaft und bekam vor dem Bundesgerichtshof recht: die Fluggsellschaft mußte der Versicherung den Preis des Flugtickets erstatten, denn sie war nicht berechtigt gewesen, der Reisenden den Rückflug zu verweigern. Der Bundesgerichtshof begründet das damit, daß der zwischen einer Fluggesellschaft und einem Reiseveranstalter abgeschlossene Chartervertrag als Vertrag zugunsten Dritter (siehe oben) für den Reisenden einen Anspruch auf Beförderung gegen die Fluggesellschaft begründen kann. Mehr noch: der BGH geht davon aus, daß im Verhältnis Fluggesellschaft-Reisender von einem stillschweigenden Ausschluß der Einrede der nicht erbrachten Zahlung auszugehen sei, weil der Reisende damit rechne, einen einredefreien Beförderungsanspruch gegen die Fluggesellschaft zu haben.

Fazit: Auch wenn der Reiseveranstalter der Fluggesellschaft den Rückflug nicht bezahlt hat (etwa, weil er zwischenzeitlich in Konkurs gegangen ist), muß die Fluggesellschaft den Reisenden auf sein Ticket hin mit zurückfliegen lassen.

5. Reisevermittler (Reisebüro)

Das Reisevertragsgesetz (also die §§ 651a bis l BGB) sind nicht anwendbar, wenn es sich bei Ihrem Vertragspartner nicht um einen Reiseveranstalter, sondern um einen Reisevermittler handelt. Der Reisevermittler hat allerdings auch Pflichten, deren Verletzung möglicherweise zu einem Schadensersatzanspruch des Reisenden gegen den Reisevermittler führt. Dieser besteht unabhängig und neben einem evtl. bestehenden Schadensersatzanspruch des Reisenden gegen den Reiseveranstalter nach dem Reisevertragsgesetz.

Die Reisebüros lassen sich in drei Gruppen einteilen:

a) Es handelt sich um ein *eigenes Büro des Reiseveranstalters* (der seltenste Fall). In diesem Fall gibt es keinen Reisevermittler. Die Büroangestellten sind juristisch Vertreter des Reiseveranstalters, ihre Erklärungen binden den Reiseveranstalter.

Beispiel: Ein Busreiseveranstalter hat in der Stadt X ein eigenes Büro. Sie buchen dort eine Pauschal-Busrundreise. Es kommt ein Reisevertrag zwischen Reisendem und Reiseveranstalter zustande, der dem Reisevertragsgesetz unterliegt.

b) Es handelt sich um ein zwar *selbständiges Reisebüro,* das jedoch aufgrund eines Agenturvertrags als *Agentur des Reiseveranstalters* auftritt. Rechtlich ist das Reisebüro dann Handelsverteter gem. §§ 84ff. des Handelsgesetzbuchs.

Das Reisebüro ist dann bevollmächtigt, für den Reiseveranstalter die Vertragsverhandlungen mit dem Reisenden zu führen und den Vertragsschluß durch Weiterleitung der Erklärungen herbeizuführen (Tempel, NJW 96, S. 1633). Eine Vollmacht, den Vertrag für den Reiseveranstalter abzuschließen (Abschlußvollmacht), besteht aber anders als oben bei a) nicht.

Auch hier muß sich der Reiseveranstalter Erklärungen des Reisevermittlers grundsätzlich (zu Ausnahmen siehe sogleich unten) so zurechnen lassen, als hätte er sie selbst abgegeben (z.B. AG Hamburg NJW-RR 97, S. 1138, Bestätigung einer falschen Rückflugzeit durch das Reisebüro).

Das Reisebüro ist als Handelsvertreter auch berechtigt, für den Reiseveranstalter Erklärungen entgegenzunehmen, in denen der Reisende seine Rechte wegen mangelhafter Leistungen des Reiseveranstalters geltend macht (BGH NJW 88, S. 489).

Vom Reisebüro begangene Fehler bei der Weiterleitung von Erklärungen des Reisenden an den Reiseveranstalter muß sich der Reiseveranstalter zurechnen lassen (BGH NJW 82, S. 377).

Hier sind also *sowohl* der Reisevermittler *als auch* der Reiseveranstalter zum Schadensersatz verpflichtet, wenn z.B. der Reisende am Urlaubsort das Flugzeug nicht verlassen darf, weil der Reisevermittler ihm bzgl. einer nach den Gesetzen des Urlaubslandes vorgeschriebenen Impfung eine falsche Auskunft erteilt hat. Ansprüche des Reisenden können in diesen Fällen also sowohl gegen das Reisebüro als auch gegen den Reiseveranstalter bestehen (BHG NJW 82, S. 378), denn es liegen zwei Verträge vor.

c) Es handelt sich um den Fall eines Reisebüros, in dem ein *Nur-Reisevermittler* für Sie tätig wird. Dieser ist nicht ständig für einen bestimmten Reiseveranstalter tätig, der Rechtsbeziehung des Reisebüros zum Reisevermittler liegt auch kein Agenturvertrag zugrunde. Rechtlich ist der Reisevermittler in diesem Fall *Handelsmakler* (§ 93 HGB). Auch in diesem Fall kommen *zwei* Verträge zustande:

Zum einen der vom Reisevermittler vermittelte Vertrag zwischen dem Reisenden und dem Reiseveranstalter bzw. dem Anbieter einer einzelnen Reiseleistung. Dieser Vertrag richtet sich, abhängig von der Art der vermittelten Reise, nach dem Reisevertragsgesetz (dies wird die Regel sein), dem Mietrecht, dem Werkvertragsrecht usw. Auch beim Handelsmakler ist von einer Vollmacht des Reiseveranstalters zur Durchführung von Vertragsverhandlungen zwecks Herbeiführung des Vertragsschlusses auszugehen. Das heißt insbesondere, daß das Reisebüro als Verhandlungsführer des Reiseveranstalters dessen Informationspflichten zu erfüllen hat. Fehlerhafte Beratung ist (gem. § 278 BGB) dem Reiseveranstalter zuzurechnen (Tempel, NJW 96, S. 1634).

Daneben kommt aber auch ein Werkvertrag mit dem Reisevermittler (dem Reisebüro) in der Form des sogenannten – auf eine entgeltliche Werkleistung gerichteten – „Geschäftsbesorungsvertrags" (§ 675 BGB) zustande. Denn das Reisebüro als Vermittler erbringt eine eigene Leistung, und dabei muß es natürlich sorgfältig und gewissenhaft vorgehen. Das geschuldete Werk ist eine ordnungsgemäße Beratung und Vermittlung der Reiseleistung. Dazu gehört nicht nur das Entgegennehmen der Buchung, sondern eine qualifizierte Beratung, Hilfe bei der richtigen Ausfüllung von (Anmelde)formularen, Koordinieren und Zusammenstellen einer Reise nach mehreren Wünschen des Reisenden, zügige Weitergabe von Informationen des Reisenden an den Reiseveranstalter und umgekehrt, ordnungsgemäßes Behandeln von Zahlungen des Reisenden usw.

Wenn der Reisevermittler dabei Fehler macht, haftet er dem Reisenden auf Schadensersatz. (Die weiteren Rechte des „Bestellers" einer Werkleistung, z.B. Minderung und Wandelung, sind demgegenüber in der Praxis bei Geschäftsbesorgungsverträgen mit Reisebüros so unbedeutend, daß sie hier außer Betracht gelassen werden können.)

Einige Beispiele sollen das oben Gesagte verdeutlichen:

- Reiseveranstalter A betreibt ein eigenes Reisebüro. Alle Erklärungen seiner Reisebüroangestellten binden ihn.
- Reiseveranstalter B läßt seine Reisen aufgrund eines Agenturvertrags von einem Reisebüro vermitteln:

– Dabei unterläuft dem Reisebüro ein Fehler, indem es durch eine grobe Nachlässigkeit (= Verschulden) eine von B zur Verfügung gestellte Information über eine notwendige Impfung nicht an den Reisenden weiterleitet. Der Reiseveranstalter haftet für den Fehler des Reisebüros. Daneben haftet das Reisebüro, weil es den Geschäftsbesorgungsvertrag mit dem Reisenden schlecht erfüllt hat.
– Dabei erklärt das Reisebüro dem Prospekt zuwider, das Hotel verfüge über ein Schwimmbad. Hier haftet nur das Reisebüro. Erklärungen, die in offenem Widerspruch zum Prospekt stehen, sind durch die Verhandlungsvollmacht nicht gedeckt. Dies ist auch für jeden verständigen Reisenden ohne weiteres erkennbar (OLG Frankfurt/M. NJW-RR 95, S. 1462). Ebenso haftet nur das Reisebüro, wenn der Fehler in der Beratung des Reisenden darin liegt, daß das Reisebüro Vorgaben des Reisenden bei der Auswahl des Veranstalters nicht beachtet und den „falschen" Veranstalter auswählt; oder wenn das Reisebüro den Reisenden mit eigenen bzw. zusätzlichen Broschüren z.B. über das Hotel versorgt, die der Reise-

veranstalter nicht zur Verfügung gestellt hat (und von denen er möglicherweise gar nichts weiß).

• Ein Reisevertrag mit Reiseveranstalter C kommt aufgrund einer Vermittlung eines Nur-Reisevermittlers zustande. Hier gilt, wenn auch mit etwas anderer juristischer Begründung, unter dem Strich das gleiche wie bei b).

Nur der (juristischen) Vollständigkeit halber: Sieht man das vom Reisevermittler geschuldete Werk in der Vermittlung der Reise, also dem Zusammenbringen der beiden Vertragspartner Reisender und Reiseveranstalter, Vermieter usw., dann ist (nur) das die Hauptleistung des Vertrages. Die qualifizierte Beratung usw. ist dann eine „Nebenpflicht" des Reisevermittlers, deren Verletzung zu einem Schadensersatzanspruch aus „positiver Vertragsverletzung" (pVV) führt. So z.B. das LG Mönchengladbach (NJW-RR 86, S. 57): „Vielmehr macht sich das vermittelnde Reisebüro bei fehlerhafter Beratung und nicht ordnungsgemäßer Vermittlungstätigkeit aus positiver Vertragsverletzung schadensersatzpflichtig."

Demgegenüber kann man aber auch die qualifizierte Beratung als geschuldete Hauptleistung des Gesamtwerkes ansehen mit der Folge, daß ein Schadensersatzanspruch unmittelbar aus § 635 BGB folgt.

In beiden Fällen ist aber ein *Verschulden* des Reisevermittlers erforderlich. Ansprüche aus § 635 BGB verjähren in sechs Monaten (§ 638 BGB), Ansprüche aus pVV in dreißig Jahren (wenn man nicht – auch das wäre juristisch vertretbar – wegen des sachlichen Zusammenhangs mit der Werkleistung die kürzere Verjährungsfrist hier auch auf Ansprüche aus pVV „durchschlagen" läßt). Auf Nummer sicher gehen Sie also, wenn Sie die kürzere der beiden Fristen, sechs Monate, im Auge behalten.

6. Verbot nachteiliger abweichender Vereinbarungen (§ 651 l BGB)

Das Gesetz ist eindeutig: „Von den Vorschriften der §§ 651 a bis 651 k kann nicht zum Nachteil des Reisenden abgewichen werden." Es ist dabei gleichgültig, ob die Abweichung von den Bestimmungen des Reisevertragsgesetzes in einer individuellen Vereinbarung oder in den allgemeinen Geschäftsbedingungen bzw. allgemeinen Reisebedingungen (also im „Kleingedruckten") erfolgt. In jedem Fall ist die abweichende Klausel unwirksam. An ihre Stelle tritt die entsprechende gesetzliche Regelung. Abweichungen *zugunsten* des Reisenden sind natürlich erlaubt.

7. Ersetzungsbefugnis (§ 651b BGB)

Bis zum Reisebeginn kann der Reisende verlangen, daß statt seiner ein Dritter, also ein anderer Reisender, in die Rechte und Pflichten aus dem Reisevertrag eintritt. Wichtig ist, daß dieses Verlangen keiner Begründung bedarf; sogar, daß noch nicht einmal ein Grund vorzuliegen braucht.

Der neue Reisende (im Gesetz „Dritter" genannt) wird also neuer Vertragspartner des Reiseveranstalters.

In der Begründung der Neufassung des Gesetzentwurfs (Bundestagsdrucksache 12/5354 vom 1.7.93) heißt es dazu unter anderem: „Soweit der Reiseveranstalter seine Pflichten (z.B. Informationspflichten) bereits gegenüber dem ursprünglichen Reisenden erfüllt hat, muß der Ersatzreisende dies gegen sich gelten lassen." Ob sich diese Ansicht in der Praxis durchsetzen wird, bleibt abzuwarten. Es spricht einiges dafür, zumindest eine Informationspflicht hinsichtlich *wesentlicher* Punkte (z.B. Impferfordernis) auch dann gegenüber dem neuen Reisenden anzunehmen, wenn der bisherige Reisende darüber bereits informiert worden war.

Kostenlos ist die Ersetzungsbefugnis nicht: Der bisherige Reisende und der neue Reisende (= der „Dritte") schulden dem Reiseveranstalter (selbstverständlich den Reisepreis und) die Mehrkosten, die durch den Eintritt des Dritten entstehen, z.B. Telefonkosten. Wichtig dabei ist, daß es sich um eine gesamtschuldnerische Haftung des bisherigen und des neuen Reisenden handelt. Das heißt, der Reiseveranstalter kann – z.B. bei Zahlungsschwierigkeiten des neuen Reisenden – den gesamten Betrag vom ursprünglichen Reisenden verlangen. Der Reiseveranstalter kann sich hier also aussuchen, wen er in Anspruch nimmt.

Der ursprüngliche Reisende muß sich dann ggf. von dem neuen Reisenden das Geld wiederholen, je nach interner Absprache mit diesem.

In § 651b Abs. 1 Satz 2 regelt das Gesetz noch eine Selbstverständlichkeit: „Der Reiseveranstalter kann der Teilnahme des Dritten widersprechen, wenn dieser den besonderen Reiseerfordernissen nicht genügt oder seiner Teilnahme gesetzliche Vorschriften oder behördliche Anordnungen entgegenstehen." Diese Aufzählung ist abschließend. Das heißt, der Reiseveranstalter kann nicht widersprechen, wenn ihm die Nase des neuen Reisenden nicht paßt oder wenn es sich um andere als *gesetzliche* Vorschriften oder *behördliche* Anordnungen handelt.

Beispiel für einen erfolgreichen Widerspruch: der Reiseveranstalter widerspricht bei einer Hochgebirgswanderreise der Teilnahme eines schwer herzkranken neuen Reisenden.

„Widersprechen" erfordert im übrigen eine ausdrückliche und unmißverständliche Erklärung des Reiseveranstalters.

Die Ersetzungsbefugnis ist dann aber nicht etwa verbraucht; vielmehr kann der Reisende dann einen weiteren Dritten als neuen Reisenden benennen, dem der Reiseveranstalter dann möglicherweise keinen der im Gesetz genannten Gründe entgegensetzen kann.

▶ siehe auch Auswechseln des Reiseteilnehmers Musterbrief B. 15

8. Rücktritt vom Reisevertrag (§ 651 i BGB)

Nur vor Reisebeginn kann der Reisende jederzeit vom Reisevertrag zurücktreten. In der Praxis wird dies meist „Stornierung" genannt. Gründe müssen dafür nicht vorhanden sein; erst recht muß der Reisende keine Gründe *angeben*. Der Rücktritt muß dem Reiseveranstalter gegenüber erklärt werden, aus Beweisgründen am besten schriftlich und per Einschreiben mit Rückschein.

Der Reiseveranstalter kann dann vom Reisenden eine „angemessene Entschädigung" verlangen. Dabei hat der Reiseveranstalter zunächst die ihm selbst durch den Ausfall der Reise ersparten Aufwendungen abzuziehen und dann nochmal einen Betrag dafür, „was er durch anderweitige Verwendung der Reiseleistungen erwerben kann". Wichtig ist das letzte Wort: *kann*! Der Reiseveranstalter muß also z.B. hier auch dann etwas abziehen, wenn er in Wirklichkeit kein Geld erhalten hat, etwa, weil er sich nicht um einen neuen Verkauf des freigewordenen Reiseplatzes bemüht hat.

Alternativ kann der Reiseveranstalter auch Rücktrittspauschalen in Prozent des Reisepreises (nicht in festen Beträgen!) festlegen. Diese Pauschalen stehen meist bereits im Kleingedruckten hinten im Reisekatalog. Sie dürfen aber nicht willkürlich sein, sondern müssen sich an den gewöhnlicherweise ersparten Aufwendungen und dem durch anderweitige Verwendung gewöhnlich möglichen Erwerb orientieren. Üblich sind hier gestaffelte Prozentsätze: je näher der Reisebeginn rückt, desto höher ist der Prozentsatz, falls der Reisende zurücktritt.

Die erste Alternative – konkrete Berechnung der angemessenen Entschädigung durch den Reiseveranstalter – dürfte in der Praxis selten vorkommen. Wichtiger sind die Stornopauschalen. Es ist aber zulässig, daß der Reiseveranstalter sich in seinen allgemeinen Reisebedingungen ein Wahlrecht vorbehält, ob er konkret berechnen oder die Pauschalen geltend machen will.

Über die möglichen Einwände des Reisenden gegen die in allgemeinen Reisebedingungen enthaltenen Pauschalen streiten sich die

Juristen – mit erheblichen praktischen Auswirkungen für den Reisenden:

Nach einer Meinung (z.B. Erman-*Seiler*, BGB-Kommentar, 9. Aufl. 1993, § 651 Rn 7 und 8) enthält § 651i in Abs. 3 eine abschließende Regelung. Dann kann der Reisende nur einwenden, daß nach den in Abs. 3 genannten Grundsätzen der Reiseveranstalter seine Pauschalen falsch berechnet hat, so daß die pauschalen Prozentsätze der Entschädigung zu hoch angesetzt worden sind. Den Reiseveranstalter trifft insoweit im Prozeß die Darlegungs- und Beweislast (BGH NJW-RR 90, S. 115). Stimmt die Berechnung, bleibt es bei der Pauschale. Es ist dann also gleichgültig, ob der Reisende nachweisen könnte, daß im konkreten Fall ein geringerer Schaden des Reiseveranstalters entstanden ist (etwa, weil die Reise trotz des Rücktritts ausgebucht war) oder ob der Reiseveranstalter nachweisen könnte, daß ihm ein höherer Schaden als die Pauschale entstanden ist.

Nach einer anderen – der wohl vorherrschenden – Auffassung ist eine Pauschalierungsregelung *zusätzlich* auch an den Bestimmungen des Gesetzes zur Regelung des Rechts der Allgemeinen Geschäftsbedingungen (AGBG) zu messen (Münchener Kommentar-*Wolter*, BGB, 2. Aufl. 1988, § 651i Rn 13 und 14). Wichtig ist hier vor allem § 11 Ziff. 5. b) AGBG:

§§ 11 Ziff. 5. b) AGBG

„In Allgemeinen Geschäftsbedingung ist unwirksam

...

5. die Vereinbarung eines pauschalierten Anspruchs des Verwenders auf Schadensersatz oder Ersatz einer Wertminderung, wenn

...

b) dem anderen Vertragsteil der Nachweis abgeschnitten wird, ein Schaden oder eine Wertminderung sei überhaupt nicht entstanden oder wesentlich niedriger als die Pauschale."

Die nächste Frage ist dann, ob aus den Allgemeinen Reisebedingungen hervorgehen muß, daß der Reisende diesen Nachweis eines geringeren als des pauschalierten Schadens führen kann; oder ob dies nur durch die Formulierung der allgemeinen Reisebedingungen *nicht ausgeschlossen* werden darf.

Beispiele:

• In beiden Fällen wäre eine Klausel ungültig, die formuliert: „Der Reisende hat auf jeden Fall die nachfolgenden Stornierungspauschalen zu zahlen ...", denn durch die Formulierung „in jedem Fall" wird der Nachweis eines geringeren Schadens ausgeschlossen.

• In beiden Fällen wäre eine Klausel gültig, die formuliert: „Der Reisende hat folgende Stornierungspauschalen zu zahlen ..., soweit er nicht nachweist, daß dem Reiseveranstalter ein geringerer Schaden entstanden ist."

• Problematisch ist dagegen eine Klausel etwa des Inhalts: „Der Reisende hat regelmäßig die folgenden Stornierungspauschalen zu zahlen ..." Der Nachweis eines geringeren Schadens ist hier durch die Formulierung „regelmäßig" (= es gibt auch Ausnahmen von der Regel) nicht ausgeschlossen. Andererseits erfolgt aber auch kein Hinweis an den Reisenden, daß er sich gegen die Pauschalierung wenden kann, z.B. mit dem Nachweis, daß die konkrete Reise ausgebucht war. Und welcher Reisende käme schon von sich aus darauf? Hier sieht es die vorherrschende Meinung unter den Juristen als ausreichend an, wenn der Nachweis eines geringeren Schadens durch die Formulierung der allgemeinen Reisebedingungen *lediglich nicht ausgeschlossen* wird.

Schließlich besteht noch ein weiterer Streit um die Frage, was denn *gilt,* wenn die Pauschalierungsklausel in den Allgemeinen Reisebedingungen unwirksam ist. Nach einer Meinung (Palandt-*Thomas,* BGB-Kommentar, 56. Aufl. 1997, § 651 i Rn 4) gilt dann automatisch der nach den in § 651 i Abs. 3 genannten Kriterien *richtig* berechnete Prozentsatz *als vereinbart.* Nach anderer Ansicht ist der Reiseveranstalter in diesem Fall gezwungen, die angemessene Entschädigung nach § 651 i Abs. 2 konkret zu berechnen (Erman-*Seiler,* BGB-Kommentar, 9. Aufl. 1993, § 651 i Rn 7).

Zusammenfassend kann mit der zu den o.g. Streitfragen jeweils „herrschenden" Meinung gesagt werden: Der „Gegenbeweis" eines im Einzelfall geringeren Schadens darf in der Pauschalierungsklausel nicht ausgeschlossen werden, weder ausdrücklich, noch dadurch, daß die Klausel so formuliert ist, daß der Reisende meint, es gäbe *nur* die Möglichkeit der Pauschalierung (BGH NJW 92, S. 3163; OLG Frankfurt/M. NJW 82, S. 2198/2199; LG Frankfurt/M. NJW-RR 88, S. 638).

Die Pauschalierung verhindert also nicht, daß der Reisende im Einzelfall z.B. einwenden kann, die Reise sei trotz seines Rücktritts dann doch noch ausgebucht gewesen. Der Reisende muß diesen „Gegenbeweis“ aber auch führen. In diesem Fall muß der Reisende aber immer noch den Verlust des Reiseveranstalters ersetzen, der z.B. in den Kosten für das erneute Verkaufen des freigewordenen Reiseplatzes gelegen hat.

Wichtig für den Reisenden: Verwechseln Sie nicht die *Kündigungsmöglichkeit* nach § 651e BGB mit dem hier behandelten *Rücktritt.*

Beispiel:

- Sie erfahren vor Reisebeginn, daß die Reise durch einen erheblichen Mangel beeinträchtigt werden wird (siehe hierzu „A. 18. Kündigung des Reisevertrags“), setzen eine Frist zur Abhilfe und kündigen nach deren Verstreichen. In diesem Fall müssen Sie keine Pauschale nach § 651i BGB bezahlen, denn dies war kein Fall des Rücktritts!

Bevor Sie von einer Reise mit den oben beschriebenen Kostenfolgen für Sie zurücktreten, sollten Sie auch an die Möglichkeit der Stellung eines anderen Reisenden denken. Siehe dazu „A. 7. Ersetzungsbefugnis“.

Zu einem weiteren Rücktrittsgrund (ohne für den Reisenden ungünstiger Kostenfolge) siehe „A. 11. nachträgliche Erhöhung des Reisepreises“

▶ siehe auch Rücktritt von der Reise Musterbrief B. 10
Schreiben an Reiserücktrittskostenversicherung Musterbrief B. 11
Reiserücktritt wegen Krankheit Musterbrief B. 12
Reiserücktritt wegen Krankheit mit Abwicklungsvollmacht Musterbrief B. 13
Nachweis eines geringeren Schadens Musterbrief B. 14

9. Fälligkeit des Reisepreises

§ 651a Abs. 1 Satz 2 BGB besagt nur: „Der Reisende ist verpflichtet, dem Reiseveranstalter den vereinbarten Reisepreis zu zahlen." Wann das zu geschehen hat, läßt das Gesetz offen. Allerdings wird (in entsprechender Anwendung des § 646 BGB) davon auszugehen sein, daß die Fälligkeit regelmäßig erst nach Erbringung der Reiseleistungen durch den Reiseveranstalter eintritt, also mit Beendigung der Reise.

Dies gilt freilich nur, wenn die Vertragspartner *keine Vereinbarung* über die Fälligkeit treffen. Regelmäßig geschieht genau dies in den Allgemeinen Reisebedingungen des Reiseveranstalters, die ebenso regelmäßig beim Vertragsschluß in den Vertrag einbezogen werden. Allerdings müssen diese Vereinbarungen den Anforderungen des § 651k Abs. 4 und 5 BGB entsprechen. Diese Bestimmungen sollen den Reisenden bei vorschüssiger Zahlung absichern; siehe dazu „A. 10. Insolvenzsicherung".

Die Allgemeinen Reisebedingungen dürfen aber auch nicht gegen das Gesetz zur Regelung des Rechts der Allgemeinen Geschäftsbedingungen verstoßen. Das heißt insbesondere, sie dürfen den Reisenden – auch was die Regelung der Fälligkeit des Reisepreises betrifft – nicht entgegen den Geboten von Treu und Glauben unangemessen benachteiligen.

Dazu ein Zitat aus einer Entscheidung des Bundesgerichtshofs (BGH NJW 92, S. 3158 (3163)): „Eine solche" – bei Vertragsschluß zu leistende – „Anzahlung darf 10% des Reisepreises in der Regel nicht übersteigen." Dieser Grundgedanke der Rechtsprechnung war auch eine Zeitlang (ab 1.7.1994 bis Ende 1996) im Gesetz enthalten, denn bis dahin bestimmte § 651k Abs. 4, daß die vorschüssige Zahlung des Reisepreises *über* eine Anzahlung von 10%, höchstens jedoch 500,– DM *hinaus*, von der vorherigen Aushändigung des Sicherungsscheines abhängig war. Nach der Neufassung des § 651k Abs. 4 gibt es keine betragsmäßigen Beschränkungen für Anzahlungen mehr, allerdings ist jetzt *jede* Zahlung vor Beendigung der

Reise, damit auch jede Anzahlung, also auch egal in welcher Höhe, von der Aushändigung des Sicherungsscheins abhängig. Damit dürfte die frühere Rechtsprechung zur betragsmäßigen Begrenzung von Anzahlungen hinfällig sein, da der Kunde durch den Sicherungsschein auch bei höheren Anzahlungen abgesichert ist. Weitergelten dürfte die bisherige Rechtsprechung zur Anzahlung für die im Gesetz genannten Ausnahmefälle, in denen kein Sicherungsschein erteilt zu werden braucht. Siehe dazu sogleich unter „A. 10. Insolvenzsicherung".

10. Insolvenzsicherung

In der Vergangenheit ist es trotz unverändert anhaltenden Reisebooms zu Insolvenzen (Zahlungsunfähigkeit bis hin zum Konkurs) von Reiseveranstaltern gekommen. Nach einer Zusammenstellung des Statistischen Bundesamtes waren davon 1993 insgesamt 189 Reisebüros und Veranstalter betroffen. Pech, Ärger und finanzieller Schaden für die Reisenden waren oft die Folge. Die Palette reichte vom Verlust einer Anzahlung bis zur bösen Überraschung am Urlaubsort.

Für nach dem 1. 7. 94 abgeschlossene Reiseverträge über Reisen, die nach dem 1. 10. 94 angetreten worden sind, soll § 651k BGB diesem Mißstand nun einen Riegel vorschieben. Lesen Sie zum besseren Verständnis der nachstehenden Absätze bitte zunächst den Text des § 651k BGB, siehe oben 1.

Nach dieser Bestimmung muß der Reiseveranstalter sicherstellen, daß der Reisende den Reisepreis (soweit als Reiseleistungen infolge Zahlungsunfähigkeit oder Konkurs des Reiseveranstalters ausfallen) und notwendige Aufwendungen, die dem Reisenden infolge Zahlungsunfähigkeit oder Konkurs des Reiseveranstalters für die Rückreise entstehen, zurückerhält. Zu diesem Zweck muß der Reiseveranstalter eine entprechende Versicherung abschließen oder sich ein entsprechendes Zahlungsversprechen eines Kreditinstituts besorgen, § 651k Abs. 1.

§ 651k Abs. 2 regelt – etwas komplizierter, aber mit gleichem Ergebnis – den selteneren Fall eines Vertragsabschlusses mit bestimmten, im Gesetz genannten ausländischen Reiseveranstaltern.

§ 651k Abs. 2 enthält abgestufte, „millionenschwere" Haftungsbeschränkungen zugunsten des Versicherers oder des Kreditinstituts. Angesichts der dort genannten Beträge dürfte die Gefahr, daß ein Reisender tatsächlich einmal mit einer der dort genannten Haftungsbeschränkungen konfrontiert wird und sich einer am Ende des § 651k Abs. 2 genannten anteiligen Verringerung seines Erstattungsanspruchs gegenübersieht, aber nur äußerst gering sein.

Die für den Reisenden wichtigsten Absätze des § 651k sind die Absätze 3 und 4: Der Reiseveranstalter muß dem Reisenden einen sogenannten Sicherungsschein aushändigen, der dem Reisenden bestätigt, daß er einen unmittelbaren Anspruch gegen den Versicherer oder das Kreditinstitut hat. (Damit der Reisende im Falle des Konkurses des Reiseveranstalters sofort direkt den Versicherer oder das Kreditinstitut in Anspruch nehmen kann.)

Händigt der Reiseveranstalter dem Reisenden diesen Sicherungsschein nicht aus, so kann er von dem Reisenden vor der Beendigung der Reise keine Bezahlung des Reisepreises fordern oder auch nur annehmen, auch keine Anzahlung. Das heißt, der Reiseveranstalter hat dann nicht die Möglichkeit der Vorkasse.

Außerdem kann ggf. gemäß § 147b der Gewerbeordnung eine Geldbuße verhängt werden:

§ 147b. Verbotene Annahme von Entgelten für Pauschalreisen

„Ordnungswidrig handelt, wer

1. entgegen § 651k Abs. 4 des Bürgerlichen Gesetzbuchs ohne Übergabe eines Sicherungsscheins oder

2. entgegen § 651k Abs. 5 in Verbindung mit § 651k Abs. 4 des Bürgerlichen Gesetzbuchs ohne Nachweis einer Sicherheitsleistung eine Zahlung des Reisenden auf den Reisepreis fordert oder annimmt. Die Ordnungswidrigkeit kann mit einer Geldbuße bis zu zehntausend Deutsche Mark geahndet werden."

§ 651k Abs. 6 regelt einige Ausnahmen von den Erfordernissen der Absätze 1 bis 5; aber eben nur von diesen. Das heißt z.B., daß die übrigen Schutzbestimmungen des Reiserechts auch auf die in Abs. 6 Ziff. 2 genannten Tagesfahrten anwendbar bleiben.

Die Bundestagsdrucksache 12/5354 vom 1. 7. 93 führt zur Bedeutung von „nur gelegentlich" im Sinne des § 651k Abs. 6 Ziff. 1 aus: „... kann es nicht mehr als ‚nur gelegentliche' Veranstaltertätigkeit gewertet werden, wenn ein Veranstalter etwa im voraus ein Jahresprogramm für die durchzuführenden Reisen festlegt. In derartigen Fällen ist selbst ein nicht gewerblicher Reiseveranstalter (z.B. Sportverein, Pfarrer einer Kirchengemeinde und eventuell auch eine Volkshochschule, soweit sie nicht nach Nummer 3 ausgenommen ist) nicht nach Absatz 6 Nr. 1 von der Insolvenzsicherungspflicht befreit." Wichtig ist, daß die Befreiung von der Insolvenzsicherungspflicht nur dann gilt, wenn das zweite in Ziff. 1 genannte Erfordernis (= „außerhalb seiner gewerblichen Tätigkeit") zusätzlich erfüllt ist.

Beispiel:

- Ein Reisebüro vermittelt das ganze Jahr fremde Pauschalreisen. Dann organisiert es eine einzige eigene Pauschalreise und bietet sie Kunden an. Das Reisebüro ist dann zwar nur ein „gelegentlicher" Reiseveranstalter, handelt aber im Rahmen seiner gewerblichen Tätigkeit und muß also dem Kunden einen Sicherungsschein aushändigen!

Ziff. 3 des Abs. 6 schließlich nimmt Reiseveranstalter, die eine juristische Person des öffentlichen Rechts sind, von der Insolvenzsicherungspflicht aus. Der Grund dafür ist, daß juristische Personen des *öffentlichen* Rechts nicht zahlungsunfähig werden können.

Eine ausführliche Behandlung des Themas Insolvenzschutz finden Sie in dem Aufsatz von Führich, „Der neue Insolvenzschutz des Pauschalreisenden", VersR 95, S. 1138 ff.

11. Nachträgliche Erhöhung des Reisepreises
(§ 651 a Abs. 3 BGB)

Der dritte Absatz des § 651 a Abs. 3 BGB schreibt im einzelnen die Voraussetzungen fest, bei deren Vorliegen der Reiseveranstalter den Reisepreis nachträglich erhöhen kann:

- Die Möglichkeit der Erhöhung muß mit genauen Angaben zur Berechnung des neuen Preises im ursprünglichen Reisevertrag vorgesehen sein und

- es muß damit einer Erhöhung der Beförderungkosten, der Abgaben für bestimmte Leistungen, wie Hafen- oder Flughafengebühren, oder einer Änderung der für die betreffende Reise geltenden Wechselkurse Rechnung getragen werden.

(Diese letzte Alternative – Änderung der Wechselkurse – war im Gesetzgebungsverfahren umstritten. Der Bundesrat argumentierte unter anderem, daß das Wechselkursrisiko nicht in die Sphäre des Reisenden, sondern in die Sphäre des Reiseveranstalters falle, der dieses Risiko auch besser einschätzen und entsprechende Vorsorge treffen könne.

Genaugenommen hätte der Gesetzgeber konsequenterweise hier auch einen Ausgleich in der Weise schaffen können, daß im Gegenzug der Reisende bei einer Verbesserung der Wechselkurse einen Anspruch auf Herabsetzung des Reisepreises enthält.)

Andere als die genannten Gründe dürfen nicht zu einem Erhöhungsverlangen herangezogen werden; z.B. ist es kein Grund, wenn der Reiseveranstalter sich bei seiner Kalkulation verrechnet hat.

▶ siehe auch Fälligkeit des Reisepreises A. 9

Der Reiseveranstalter muß beweisen, daß gerade die erhöhte Kostenbelastung des Reiseveranstalters für den vom Reisenden verlangten Mehrpreis ursächlich geworden ist.

Als Trostpflaster für den Reisenden ist zu beachten, daß (nach Satz 2 und 3 der Bestimmung) Preiserhöhungen, die ab dem zwanzigsten Tag vor dem vereinbarten Abreisetermin verlangt werden, unwirksam sind und daß § 11 Nr. 1 AGBG zu beachten ist. Dieser besagt, daß in allgemeinen Geschäftsbedingungen eine Bestimmung unwirksam ist, „welche die Erhöhung des Entgelts für Waren oder Leistungen vorsieht, die innerhalb von vier Monaten nach Vertragsabschluß geliefert oder erbracht werden sollen; dies gilt nicht bei Waren oder Leistungen, die im Rahmen von Dauerschuldverhältnissen geliefert oder erbracht werden."

Der Reiseveranstalter muß außerdem gem. § 651a Abs. 4 Satz 1 dem Reisenden

- eine Änderung des Reisepreises oder
- eine zulässige Änderung einer wesentlichen Reiseleistung oder
- eine zulässige Absage der Reise

unverzüglich (= ohne schuldhaftes Zögern) mitteilen.

Im Falle einer Erhöhung des Reisepreises um mehr als 5% oder einer erheblichen Änderung einer wesentlichen Reiseleistung kann der Reisende dann vom Vertrag zurücktreten *oder* die Teilnahme an einer mindestens gleichwertigen anderen Reise verlangen, *wenn* der Reiseveranstalter in der Lage ist, eine solche Reise ohne Mehrpreis für den Reisenden aus seinem Angebot anzubieten, § 651a Abs. 4 Satz 2 und 3.

Im Falle einer Absage der Reise hat der Reisende *nur* die zuletzt genannte Alternative (Anspruch auf eine Ersatzreise).

Um Mißverständnissen vorzubeugen: Der Reisende *kann* eine mindestens gleichwertige Ersatzreise verlangen, muß es aber nicht. Erst recht ist der Reisende nicht verpflichtet, ein entsprechendes Ersatzreiseangebot des Reiseveranstalters anzunehmen. Wenn der Reiseveranstalter die Reise absagt und der Reisende keine Ersatzreise verlangt, muß der Reisende auch den Reisepreis nicht bezahlen.

Schließlich muß der Reisende beachten, daß er die im vorgenannten Absatz aufgezählten Rechte „unverzüglich nach der Erklärung durch den Reiseveranstalter diesem gegenüber geltend" machen muß, § 651a Abs. 4 Satz 4.

Siehe zur Höhe des Reisepreises auch „A. 9. Fälligkeit des Reisepreises"

Nun kann es in seltenen Fällen auch vorkommen, daß der Reisepreis sich nicht im nachhinein wegen zwischenzeitlich eingetretener Kostensteigerungen erhöhen soll, sondern daß der Reiseveranstalter nachträglich mehr Geld haben möchte, weil der Reisepreis von Anfang an falsch berechnet worden ist. Hinzuweisen ist in diesem Zusammenhang auf zwei Entscheidungen zur Höhe des Reisepreises (LG Frankfurt/M. NJW-RR 88, S. 1331 und AG Frankfurt/M. NJW-RR 90, S. 116/117): Wenn sich der Reisebüroangestellte beim Eintragen des Preises in die Reisebestätigung z.B. vertippt, so kann diese Erklärung als Irrtum gem. § 119 BGB angefochten werden. Wenn allerdings, ohne daß dem Reisenden bei der Buchung die Berechnung kundgetan wurde und die Berechnungsgrundlagen bekannt sind, der Reisebüroangestellte sich schlicht verrechnet oder die EDV aufgrund der in ihr gespeicherten Daten einen zu niedrigen Betrag ausdruckt, dann liegt ein sogenannter „unbeachtlicher Kalkulationsirrtum" vor mit der Folge, daß der Reisevertrag zu dem zu niedrigen Preis zustandegekommen ist und vom Reiseveranstalter erfüllt werden muß!

Der Unterschied zwischen den beiden „Irrtümern" ist folgender: Im ersten Fall *will* der Reisebüroangestellte das Richtige, z.B. 2000,– DM schreiben (erklären), vertippt sich aber und schreibt 1000,– DM (Erklärungsirrtum). Beim Kalkulationsirrtum dagegen *verrechnet* er sich und kommt zu dem *unrichtigen* Ergebnis 1000,–DM. Wenn er dann 1000,– DM erklärt, will er auch 1000,– DM erklären, ein Erklärungsirrtum liegt also nicht vor.

12. Pflichten des Reiseveranstalters (§ 651c Abs. 1 BGB)

Nach § 651c Abs. 1 BGB muß die Reise die „zugesicherten Eigenschaften“ haben und darf keine „Fehler“ enthalten, „die den Wert oder die Tauglichkeit zu dem gewöhnlichen oder dem nach dem Vertrage vorausgesetzten Nutzen aufheben oder mindern.“

Zugesicherte Eigenschaften können sich z.B. aus dem Reiseprospekt und dem konkreten Reisevertrag ergeben, z.B. wenn in der Buchungsbestätigung ausdrücklich „oberstes Stockwerk, Zimmer mit Meerblick“ bestätigt wird. Auf solche ausdrücklichen schriftlichen Bestätigungen sollte jeder Reisende (aus Beweisgründen) Wert legen. Der Reisende sollte – gerade im Computerzeitalter – auch penibel prüfen, ob der Inhalt einer ihm übersandten Buchungsbestätigung mit dem Inhalt seiner Reiseanmeldung übereinstimmt. Zumindest bei offensichtlichem Abweichen oder offensichtlicher Unvollständigkeit der Unterlagen könnte man dem Reisenden sonst z.B. bei einem späteren Schadensersatzanspruch möglicherweise ein Mitverschulden entgegenhalten.

Allerdings dürfen die Anforderungen an eine Prüfungspflicht des Reisenden auch nicht überspannt werden. Das LG Aachen (NJW-RR 91, S. 632) hat z.B. entschieden, daß den Reisenden kein Mitverschulden treffe, wenn er bei ihm ausgehändigten Flugtickets ausschließlich in englischer und arabischer Sprache nicht erkenne, daß es sich entgegen seiner Buchung nur um das Hinflug- und nicht auch um das Rückflugticket handle. (Der Reisende, der die beiden genannten Fremdsprachen nicht beherrschte, hatte vom Fehlen des Rückflugtickets erst erfahren, als er zurückfliegen wollte, und mußte dann am Ort einen teureren Einzelflug kaufen; das hat er dann als Schadensersatz geltend gemacht.) Zwar läßt (da im dortigen Fall selbst dann das Fehlen des Rückflugtickets wahrscheinlich nicht aufgefallen wäre) das Gericht die Frage offen, ob der Reisende „im Hinblick auf die große Bedeutung richtiger und vollständiger Tickets bei der Durchführung der langen Reise einen Bekannten mit Englischkenntnissen hätte hinzuziehen müssen“, doch wird man nach Ansicht des Autors dieses Ratgebers auch ein solches Hinzuziehen eines Dolmetschers vom Reisenden zur Überprüfung der Reiseunterlagen jedenfalls dann nicht verlangen können, wenn und solange er bei einem deutschen Reiseveranstalter bucht.

Eine gegenüber dem Reisenden sehr freundliche Auffassung vertritt in diesem Zusammenhang des LG Frankfurt/M. (NJW-RR 91, S. 878): Die Reise wurde in Ferienwohnungen angeboten, die laut Prospekt in Appartementhäusern *oder* in Reihenhäusern waren. Auf der Reiseanmeldung hatte das Reisebüro vermerkt: „Kundenwunsch Reihenbungalow". In der Reisebestätigung tauchte dies aber nicht mehr auf. Tatsächlich kam der Reisende dann in eine im Appartementhaus gelegene Unterkunft. Nach Ansicht des LG Frankfurt/M. lag darin ein Reisemangel, denn es entspreche „Treu und Glauben, daß der Veranstalter in der Reisebestätigung in für den Reisenden deutlich erkennbarer Form darauf hinweist, daß bestimmte Teile des Angebots (hier Reihenhaus) nicht bestätigt werden sollen. Dann kann sich der Reisende darüber schlüssig werden, ob er dieses abgeänderte Angebot annehmen will oder nicht".

Grundsätzlich ist als Beschreibung dessen, was der Reiseveranstalter als fehlerfreie Leistung schuldet, der Reiseprospekt maßgeblich. Vorsicht also bei mündlichen Erklärungen der Reisebüromitarbeiter. So etwas sollte man immer schriftlich auf der Reiseanmeldung festhalten und dann auch kontrollieren, ob es in die Buchungsbestätigung übernommen worden ist. Sonst gilt: „Zwar ist ein Reisebüro aufgrund seiner Stellung als Handelsvertreter befugt, in gewissem Umfang während der Vertragsverhandlungen für den Reiseveranstalter verbindliche mündliche Zusagen über einzelne Leistungsinhalte zu machen. Dies gilt aber dann nicht, wenn die Zusage in einem offenen Widerspruch zu der Beschreibung im Reiseprospekt steht. Insoweit ist eine Vertrauenslage des Reisenden nicht gegeben, da er nicht davon ausgehen kann, daß die Prospektbeschreibung ohne weiteres durch eine mündliche Äußerung des Reisebüros außer Kraft gesetzt werden kann. Eine solche „Zusage" ist dann für den Reiseveranstalter nicht verbindlich" (OLG Frankfurt/M., NJW-RR 95, S. 1462).

Bei einer Sonderangebotsreise gilt grundsätzlich auch dann der Prospekt- und Kataloginhalt des Reiseveranstalters als Leistungsbeschreibung, wenn bei dem Sonderangebot nur auf die Reise*bedingungen* verwiesen wird. Wenn der Kataloginhalt hier nicht gelten soll, muß darauf ausdrücklich hingewiesen werden. Allerdings gilt nur der Mindeststandard (LG Hamburg, NJW-RR 96, S. 117).

Das, was der Reiseveranstalter als fehlerfreie Leistung schuldet, muß sich aber nicht nur aus der Beschreibung im Prospekt ergeben. Ein Hinweis kann z.B. auch der Reisepreis sein. So hat das LG Frankfurt/M. (NJW-RR 92, S. 380) in einem Fall, in dem der Reiseprospekt die eintausend DM pro Nacht kostenden Zimmer ohne Detailangaben nur allgemein als „Superior-Zimmer" in einem Luxushotel bezeichnete, das Fehlen einer Sitzgruppe, eines Radios, eines Fernsehers und einer gefüllten Minibar (!) als Reisemangel angesehen, der zur Minderung berechtigt. (Es reicht auch nicht, wenn die Minibar erst auf Anforderung aufgefüllt wird, denn „es ist einem Hotelgast bei Bedarf nicht zuzumuten, die Füllung der Minibar zu verlangen und auf deren Verwirklichung zu warten", LG Frankfurt/M. aaO.) Außerdem befand das LG Frankfurt/M. das Zimmer mit 18 qm als zu klein angesichts des Preises, auch wenn über die Zimmergröße im Prospekt keine konkrete Zusage gemacht worden war.

Nicht immer also kommt es auf die Beschreibung im Prospekt an. Sonst würde der Reiseveranstalter begünstigt, der möglichst pauschale und ungenaue Formulierungen wählt. Ein Gesichtspunkt ist daher auch, was man auch ohne ausdrückliche Erwähnung im Prospekt angesichts Preis, Lage, Urlaubsland usw. üblicherweise erwarten darf. So hat z.B. das OLG Frankfurt/M. (NJW-RR 95, S. 1463) entschieden, daß man bei einer Bungalowanlage in südlichen Gefilden (Kanarische Inseln) einen Sonnenschirm auf der Terrasse einer Unterkunft erwarten darf.

Bei der Frage, ob ein Fehler vorliegt, kommt es – ebenso wie bei den zugesicherten Eigenschaften – immer auf den Einzelfall an. Wenn z.B. im Reiseprospekt ausdrücklich der Hinweis steht: „Das Hotel liegt an der mehrspurigen Küstenstraße", so ist der Verkehrslärm kein Fehler im Sinne des Gesetzes.

Wichtig ist auch der „nach dem Vertrage vorausgesetzte Nutzen". So kann die Tatsache, daß in einem Hotel mit abendlicher Menuwahl keine reinen Diätmenus angeboten werden, normalerweise keinen Fehler begründen. Wenn Sie aber gerade eine Abnehm- und Schlankheitsreise mit Vollpension gebucht haben und in ein Hotel verfrachtet werden, in dem die Auswahl auf Schweinshaxe oder Schlachterplatte begrenzt ist, liegt nach Ihrem konkreten Reisevertrag ein Fehler vor.

Sie dürfen von Ihrem Reiseveranstalter keine hellseherischen Fähigkeiten verlangen. Auf Besonderheiten, die in Ihrer Person liegen, müssen Sie unaufgefordert hinweisen, sonst haben Sie das an Reiseleistungen zu akzeptieren, was der „normale" Reisende erwarten darf.

Abwandlung des obigen Beispiels: Sie brauchen eine bestimmte Diätkost und buchen eine normale Hotelreise. Von den speziellen Erfordernissen an das Essen, die in Ihrer Person begründet sind, haben Sie bei der Buchung nichts gesagt. Im Hotel regen Sie sich auf, daß es die von Ihnen benötigte spezielle Kost nicht gibt. Trotzdem: ein Fehler der Reise liegt in diesem Fall *nicht* vor. Anders wäre es, wenn Sie speziell auf die Notwendigkeit einer besonderen Kost aufmerksam gemacht hätten und Ihnen das Vorhandensein dieser Kost daraufhin zugesichert worden wäre (aus Beweisgründen in der Buchungsbestätigung schriftlich aufführen lassen, siehe oben).

Wie gesagt: hellsehen muß der Reiseveranstalter nicht, sehen muß er aber. Dazu das LG Frankfurt/M. (NJW-RR 89, S. 1214 und NJW 89, S. 2397): „Bucht ein erkennbar schwer behinderter Rollstuhlfahrer eine Pauschalreise, so ist der Reiseveranstalter (und das die Buchung vermittelnde Reisebüro) verpflichtet, die notwendigen Voraussetzungen für eine *behindertengerechte Unterkunft* zu schaffen. Sie haben durch Nachfrage bei dem Behinderten zu erkunden, welches seine besonderen Bedürfnisse sind, dieselben in der schriftlichen Anmeldung festzuhalten und für ihre Verwirklichung bis zum Antritt der Reise zu sorgen."

Zu berücksichtigen sind auch, jedenfalls in gewissem Rahmen, landestypische Verhältnisse. Die sprichwörtliche deutsche Pünktlichkeit und Gründlichkeit ist, ohne daß dies abwertend gemeint sein soll, eben nicht überall verbreitet. Allerdings muß man hier auch nicht alles hinnehmen. Gerade der Hinweis auf landestypische Unzulänglichkeiten wird viel zu schnell und viel zu oft erhoben, um sich vor der Verantwortung für Reisefehler zu drücken! Wesentlich ist in diesem Zusammenhang wieder Ihr konkreter Reisevertrag und auch der Preis der Reise: wenn Sie z.B. ein sehr teures Luxushotel gebucht haben, sind Kakerlaken im Zimmer ein Reisefehler, auch wenn das Hotel in den Tropen liegt. Bei einer Abenteuerreise mit Zeltaufenthalt im Dschungel müssen die lieben Tierchen dagegen hingenommen werden.

Das LG München (NJW-RR 94, S. 124) hat in sehr deutlichen Worten die Ansprüche einer Reisenden zurückgewiesen, die eine

Safari-Reise gebucht hatte. Die Reisende wollte u.a. deswegen den Reisepreis mindern, weil bei einem Ausflug zu einem entlegenen Bergstamm das Essen dort zum Teil am Boden auf schmutzigen Brettern zubereitet wurde, es in einer einfachen Herberge bei den Bergstämmen nur Petroleumlampen gab und weil in einem abgelegenen Grenzgebiet eines tropischen Entwicklungslandes Insekten im Mittagessen waren. Diese – und andere in der lesenswerten Entscheidung noch reklamierte – Unannehmlichkeiten befand das Gericht zu Recht im konkreten Fall als „noch im Rahmen des Hinnehmbaren“, so daß dadurch der „nach dem Vertrag vorausgesetzte Nutzen“ einer „derartigen Reise“ nicht gemindert werden konnte.

Nach einer Entscheidung des LG Frankfurt/M. (NJW-RR 93, S. 1146) muß ein Reisender das Auftreten vereinzelter Insekten in südlichen Ländern hinnehmen. Ein Reisemangel ist erst gegeben, wenn durch gehäuftes Auftreten von Insekten die Unterkunft für den Reisenden auch unter Berücksichtigung der Landesüblichkeit nicht mehr zumutbar ist. Deshalb stellt nach Auffassung des Gerichts ein einzelner in eine Ferienwohnung eingedrungender (europäischer) Skorpion keinen Reisemangel und erst recht keinen Kündigungsgrund im Sinne des § 651e BGB dar.

Zur Frage, was bei einer als „einfache Übernachtungsmöglichkeit auf einem einfachen Flußboot“ beschriebenen Reiseleistung auf Borneo noch hingenommen werden muß, äußert sich das LG Frankfurt/M. (NJW-RR 95, S. 1521): Steile Treppen, Fehlen von Schränken, Fehlen von Gardinen, sogar Fehlen einer Dusche, einfaches Matratzenlager usw. Dann ist es aber auch genug. Erhebliche Verschmutzungen dieses Einfachst-Standards braucht der Reisende nicht noch zusätzlich hinzunehmen: „Eine erhebliche Verschmutzung ist auch dann nicht zumutbar, wenn eine sehr einfache Unterkunft angeboten wird. Der Hinweis auf fehlenden Komfort beinhaltet nicht zugleich auch eine völlige Freizeichnung bzgl. der hygienischen Verhältnisse. Auch als Ortsüblichkeit kann eine erhebliche Unsauberkeit nicht eingestuft werden. Gerade die von der Beklagten vorgelegten Lichtbilder, die eine einfache, aber saubere Unterkunft zeigen, verdeutlichen, daß durchaus ein zumutbarer Hygienestandard auch auf derartigen Flußschiffen zu erreichen ist.“

Für eine Kuba-Reise führt das OLG Düsseldorf (NJW-RR 96, S. 889) aus, daß bei einer Reise in ein unterentwickeltes Land, dessen Versorgungsengpässe allseits bekannt sind, eine nicht hinreichende Erhitzung und eine Wiederholung der Speisen eine Unannehmlichkeit und kein Reisemangel sei. Zwieback oder alter Toast statt Brot beim Hotelfrühstück wurde aber als Mangel angesehen.

Die Grenzziehung des noch Hinnehmbaren gegenüber dem Reisemangel ist, wie die Beispiele zeigen, zum Teil recht schwierig.

Übrigens: Das OLG Frankfurt/M. (NJW 86, S. 1618) und der BGH (NJW 87, S. 1931) haben eine Klausel in Allgemeinen Reisebedingungen für unwirksam erklärt, die lautete: „Der Umfang der vertraglichen Leistungen ergibt sich aus der Leistungsbeschreibung des Reiseveranstalters unter Berücksichtigung der Landesüblichkeit sowie aus den hierauf bezugnehmenden Angaben in der Reisebestätigung." Denn diese generelle Verweisung auf die Landesüblichkeit stellt alle Anpreisungen im Prospekt gleichsam unter einen Vorbehalt, höhlt die Zusagen inhaltlich aus.

Aber: Das LG Stuttgart (NJW-RR 89. S. 1400/1401) gab einem Reiseveranstalter recht, der in seiner „Allgemeinen Leistungsbeschreibung" *detailliert* auf die möglichen landesüblichen Unzulänglichkeiten hingewiesen hatte, die dann von den Reisenden nach Reiseende vor Gericht geltend gemacht wurden. Hier hatte der Reiseveranstalter z.B. im einzelnen aufgeführt, daß bei den Mahlzeiten mit 1/2 Stunde Wartezeit zu rechnen sei, daß sie warm statt heiß kommen, daß stets mit Strom – und Wasserausfällen gerechnet werden muß usw. Der Reisende wußte also im Detail, was auf ihn zukam.

Ein ähnliches Problem wie bei der „Landesüblichkeit" tritt auch bei sogenannten „Glücksreisen" oder „Fortunareisen" auf. Hier bucht der Reisende nur eine bestimmte Hotelkategorie und einen bestimmten Zielort, nicht jedoch ein bestimmtes Hotel. Der Reiseveranstalter entscheidet oft erst unmittelbar am Urlaubsort – z.B. je nach noch freien Zimmern in seinem Kontingent-, in welches Hotel der Reisende kommt. Damit ist der Unterschied zwischen Fortuna- und festgebuchten Unterkünften aber schon erledigt! Das heißt, der Reisende darf ohne weiters erwarten, daß das Hotel, das ihm dann am Urlaubsort zugewiesen wird, dem Standard der gebuchten Fortuna-Kategorie entspricht. Eine Fortuna-Reise ist also kein Freibrief für Reisemängel wie z.B. schlechteres Essen, schlechtere Zimmer. Der Preisunterschied zu der Reise mit festgebuchter Unterkunft liegt darin, daß der Reiseveranstalter ein Wahlrecht hat, wo genau er den Reisenden unterbringt, nicht jedoch in einem Wahlrecht hinsichtlich des Qualitätsstandards. Sonst muß der Reiseveranstalter ausdrücklich darauf hinweisen, daß bei der Fortuna-Reise nicht nur das Hotel nicht von vornherein bekannt ist, sondern mit Rücksicht auf den niedrigeren Preis auch das Essen einfach, die Zimmer ... usw. Dieser Hinweis – z.B. darauf, daß das Fortuna-Hotel auf einer Baustelle liegt – muß auch unübersehbar sein, nicht „losgelöst vom Prospekt im Reisebüro irgendwo herumliegen“ (LG Frankfurt/M. NJW-RR 91, S. 317). Das LG Frankfurt/M. führt dazu weiter nicht ohne Humor aus: „Der Reisende kann nicht ahnen, daß eine auf einer derartigen Sonderinformation angebotene Anlage diejenige sein wird, die ihm die Göttin Fortuna, vertreten durch den Reiseveranstalter oder die Reiseleitung, später vor Ort zuweisen wird.“

Für den Fall, daß ein Reisefehler vorliegt, nennen die §§ 651c bis f mehrere Rechte des Reisenden. Er kann – ggf. nebeneinander –

- Abhilfe verlangen
- ggf. Selbsthilfe ergreifen
- den Reisepreis mindern
- die Reise kündigen
- Schadensersatz verlangen

Die den Reiseveranstalter treffenden *Informationspflichten* sind seit dem 1.11.94 gesetzlich genau und umfassend festgelegt. Siehe dazu im einzelnen „A. 13. Informationspflichten“ und „A. 21. Schadensersatz“.

13. Informationspflichten

(§ 651a Abs. 5 BGB, Verordnung über die Informationspflichten von Reiseveranstaltern)

Seit dem 1.11.94 sind die den Reiseveranstalter treffenden Informationspflichten gesetzlich sehr detailliert festgelegt. Schon vorher haben die Gerichte immer wieder Informationspflichten – und bei Verstoß dagegen Gewährleistungs- und Schadensersatzansprüche des Reisenden – begründet, aber die gesetzliche Regelung ist umfassender. So umfassend sogar, daß im Bürgerlichen Gesetzbuch selber nur die Grundsätze geregelt sind (§ 651a Abs. 5). Die Informationspflichten im einzelnen sind aus Gründen der Übersichtlichkeit in eine eigene Rechtsverordnung ausgelagert worden („Verordnung über die Informationspflichten von Reiseveranstaltern").

Ziel ist entsprechend dem Gesetzestext (§ 651a Abs. 5 Satz 1), „daß die Beschreibungen von Reisen keine irreführenden, sondern klare und genaue Angaben enthalten und daß der Reiseveranstalter dem Verbraucher die notwendigen Informationen erteilt." Dabei betreffen die Informationspflichten verschiedene Stadien: Prospektangabe, Unterrichtung vor Vertragsschluß, Reisebestätigung und Allgemeine Reisebedingungen, Unterrichtung vor Beginn der Reise, wobei allerdings zur Vermeidung von Wiederholungen Verweisungen möglich sind. Wichtig ist, daß der Reiseveranstalter nicht nur die Reise selbst betreffende Informationen erteilen muß, sondern den Reisenden auch umfassend über seine Rechte, insbesondere über die Notwendigkeit von Mängelanzeigen und über einzuhaltende Fristen aufzuklären hat; siehe im einzelnen die nachstehend wiedergegebene Rechtsverordnung.

Verordnung über die Informationspflichten von Reiseveranstaltern

§ 1 Prospektangaben

(1) Stellt der Reiseveranstalter über die von ihm veranstalteten Reisen einen Prospekt zur Verfügung, so muß dieser deutlich lesbare, klare und genaue Angaben enthalten über den Reisepreis, die Höhe einer zu leistenden Anzahlung, die Fälligkeit des Restbetrages und außerdem, soweit für die Reise von Bedeutung, über folgende Merkmale der Reise:

a) Bestimmungsort;

b) Transportmittel (Merkmale und Klasse);

c) Unterbringung (Art, Lage, Kategorie oder Komfort und Hauptmerkmale sowie – soweit vorhanden – ihre Zulassung und touristische Einstufung);

d) Mahlzeiten;

e) Reiseroute;

f) Paß- und Visumerfordernisse für Angehörige des Mitgliedstaates, in dem die Reise angeboten wird, sowie über gesundheitspolizeiliche Formalitäten, die für die Reise und den Aufenthalt erforderlich sind;

g) eine für die Durchführung der Reise erforderliche Mindestteilnehmerzahl sowie die Angabe, bis zu welchem Zeitpunkt vor dem vertraglich vereinbarten Reisebeginn dem Reisenden die Erklärung spätestens zugegangen sein muß, daß die Teilnehmerzahl nicht erreicht und die Reise nicht durchgeführt wird.

Die in dem Prospekt enthaltenen Angaben sind für den Reiseveranstalter bindend. Er kann jedoch vor Vertragsschluß eine Änderung erklären, soweit er dies in dem Prospekt vorbehalten hat. Der Reiseveranstalter und der Reisende können vom Prospekt abweichende Leistungen vereinbaren.

(2) Absatz 1 gilt entsprechend, soweit Angaben über die veranstalteten Reisen in einem von dem Reiseveranstalter zur Verfügung gestellten Bild- und Tonträger enthalten sind.

§ 2 Unterrichtung vor Vertragsschluß

Der Reiseveranstalter ist verptlichtet, den Reisenden, bevor dieser seine auf den Vertragsschluß gerichtete Willenserklärung (Buchung) abgibt, zu unterrichten über

1. Paß- und Visumerfordernisse, insbesondere über die Fristen zur Erlangung dieser Dokumente. Diese Verpflichtung bezieht sich auf die Erfordernisse für Angehörige des Mitgliedstaates, in dem die Reise angeboten wird.
2. gesundheitspolizeiliche Formalitäten, soweit diese Angaben nicht bereits in einem von dem Reiseveranstalter herausgegebenen und dem Reisenden zur Verfügung gestellten Prospekt enthalten und inzwischen keine Änderungen eingetreten sind.

§ 3 Reisebestätigung, Allgemeine Reisebedingungen

(1) Der Reiseveranstalter hat dem Reisenden bei oder unverzüglich nach Vertragsschluß eine Urkunde über den Reisevertrag (Reisebestätigung) auszuhändigen.
(2) Die Reisebestätigung muß, sofern nach der Art der Reise von Bedeutung, außer den in § 1 Abs. 1 genannten Angaben über Reisepreis und Zahlungsmodalitäten sowie über die Merkmale der Reise nach § 1 Abs. 1 Buchstabe b, c, d, e und g folgende Angaben enthalten:

a) endgültiger Bestimmungsort oder, wenn die Reise mehrere Aufenthalte umfaßt, die einzelnen Bestimmungsorte sowie die einzelnen Zeiträume und deren Termine;

b) Tag, voraussichtliche Zeit und Ort der Abreise und Rückkehr;

c) Besuche, Ausflüge und sonstige im Reisepreis inbegriffene Leistungen;

d) Hinweise auf etwa vorbehaltene Preisänderungen sowie deren Bestimmungsfaktoren (§ 651 a Abs. 3 des Bürgerlichen Gesetzbuchs) und auf nicht im Reisepreis enthaltene Abgaben;

e) vereinbarte Sonderwünsche des Reisenden;

f) Name und Anschrift des Reiseveranstalters;

g) über die Obliegenheit des Reisenden, dem Reiseveranstalter einen aufgetretenen Mangel anzuzeigen, sowie darüber, daß vor der Kündigung des Reisevertrags (§ 651 e des Bürgerlichen Gesetzbuchs) dem Reiseveranstalter eine angemessene Frist zur Abhilfeleistung zu setzen ist, wenn nicht die Abhilfe unmöglich ist oder vom Reiseveranstalter verweigert wird oder wenn die sofortige Kündigung des Vertrags durch ein besonderes Interesse des Reisenden gerechtfertigt wird;

h) über die nach § 651 g des Bürgerlichen Gesetzbuchs einzuhaltenden Fristen unter namentlicher Angabe der Stelle, gegenüber der Ansprüche geltend zu machen sind;

i) über den möglichen Abschluß einer Reiserücktrittskostenversicherung oder einer Versicherung zur Deckung der Rückführungskosten bei Unfall oder Krankheit unter Angabe von Namen und Anschrift des Versicherers.

(3) Legt der Reiseveranstalter dem Vertrag Allgemeine Geschäftsbedingungen zugrunde, müssen diese dem Reisenden vor Vertragsschluß vollständig übermittelt werden.

(4) Der Reiseveranstalter kann seine Verpflichtungen nach den Absätzen 2 und 3 auch dadurch erfüllen, daß er auf die in einem von ihm herausgegebenen und dem Reisenden zur Verfügung gestellten Prospekt enthaltenen Angaben verweist, die den Anforderungen nach den Absätzen 2 und 3 entsprechen. In jedem Fall hat die Reisebestätigung den Reisepreis und die Zahlungsmodalitäten anzugeben.

(5) Die Absätze 1 bis 4 gelten nicht, wenn die Buchungserklärung des Reisenden weniger als 7 Werktage vor Reisebeginn abgegeben wird. Der Reisende ist jedoch spätestens bei Antritt der Reise über die in Absatz 2 Buchstabe g bezeichnete Obliegenheit und die in Absatz 2 Buchstabe h bezeichneten Angaben zu unterrichten.

§ 4 Unterrichtung vor Beginn der Reise

(1) Der Reiseveranstalter hat den Reisenden rechtzeitig vor Beginn der Reise zu unterrichten

a) über Abfahrts- und Ankunftszeiten, Orte von Zwischenstationen und die dort zu erreichenden Anschlußverbindungen;

b) wenn der Reisende bei der Beförderung einen bestimmten Platz einzunehmen hat, über diesen Platz;

c) über Name, Anschrift und Telefonnummer der örtlichen Vertetung des Reiseveranstalters oder – wenn nicht vorhanden – der örtlichen Stellen, die dem Reisenden bei Schwierigkeiten Hilfe leisten können; wenn auch solche Stellen nicht bestehen, sind dem Reisenden eine Notrufnummer und sonstige Angaben mitzuteilen, mit deren Hilfe er mit dem Veranstalter Verbindung aufnehmen kann.

Bei Auslandsreisen Minderjähriger ist die bei der Buchung angegebene Person darüber zu unterrichten, wie eine unmittelbare Verbindung zu dem Kind oder dem an dessen Aufenthaltsort Verantwortlichen hergestellt werden kann.

(2) Eine besondere Mitteilung nach Absatz 1 ist nicht erforderlich, soweit die jeweilige Angabe bereits in einem dem Reisenden zur Verfügung gestellten Prospekt oder der Reisebestätigung enthalten ist und inzwischen keine Änderungen eingetreten sind.

§ 5 Gelegenheitsreiseveranstalter

Diese Verordnung gilt nicht für Reiseveranstalter, die nur gelegentlich und außerhalb ihrer gewerblichen Tätigkeit Pauschalreisen veranstalten.

§ 6

Diese Verordnung tritt am 1. November 1994 in Kraft.

Der Text der Rechtsverordnung ist aus sich selbst heraus gut verständlich, so daß hier nur einige ergänzende Anmerkungen erfolgen sollen:

Die Einschränkung in § 1 („... soweit für die Reise von Bedeutung ...") betrifft in erster Linie sogenannte Glücks- oder Fortuna-Reisen, bei denen notwendigerweise nähere Angaben nicht erfolgen können; darin liegt ja gerade die Art dieser – in der Regel deswegen preisgünstigen – Reisen. Meist handelt es sich um Reisen, bei denen nur allgemeine Beschreibungen über die Hotelkategorie erfolgen, das genaue Hotel erfährt man dann oft erst am Urlaubsort.

Die Begründung zum Verordnungsentwurf (in der Bundestagsdrucksache 12/5354 vom 1.7.93) stellt klar, daß § 1 Abs. 1 Satz 3 *nicht* die von einem Reiseveranstalter *nach* dem Abschluß eines Reisevertrags erklärten Leistungsänderungen erfaßt. Diese sind nur unter den besonderen Voraussetzungen von § 651a Abs. 4 BGB und § 10 Nr. 4 AGBG zulässig.

siehe „A. 11. nachträgliche Erhöhung des Reisepreises"

Weiter heißt es in der genannten Bundestagsdrucksache zu § 3 Abs. 2: „... Der Umfang der einzelnen Angaben hat sich an deren jeweiliger Bedeutung für die gebuchte Reise zu orientieren. So kann es für die nach Buchstabe b erforderlichen Zeitangaben ausreichen, wenn beispielsweise im Hinblick auf die geplante Rückkehrzeit lediglich die Tageszeit mit ‚vormittags' oder ‚abends' angegeben wird. ..."

§ 5 enthält eine Ausnahme für Reiseveranstalter, die nur gelegentlich *und* außerhalb ihrer gewerblichen Tätigkeit Pauschalreisen veranstalten.

Bei einer Verletzung der in der Verordnung aufgestellten Informationspflichten können Gewährleistungsansprüche nach §§ 651c ff.

BGB entstehen. Auch Schadensersatzansprüche des Reisenden sind denkbar.

Ausführlich befaßt sich mit dem Thema Informationspflichten der Aufsatz von Tempel, „Informationspflichten bei Pauschalreisen“, NJW 96, S. 1625 ff.

14. Abhilfeverlangen und Selbsthilfe
(§ 651 c Abs. 2 und 3 BGB)

Liegt ein Reisefehler vor, so kann der Reisende zunächst Abhilfe verlangen. In der Praxis geschieht dies durch eine Beschwerde beim Reiseleiter bzw. bei der meist in jedem Urlaubsort vorhandenen „örtlichen Reiseleitung". In den meisten großen Urlaubsorten halten die örtlichen Reiseleitungen auch regelrechte Sprechstunden in den von Ihnen betreuten Hotels ab. Die Beschwerde sollte tunlichst schriftlich dem Reiseleiter übergeben werden, damit Sie – für den nicht erhofften, aber vielleicht nachher doch folgenden Reiseprozeß – in einer besseren Beweislage sind. Listen Sie in der Beschwerde den oder die Fehler der Reise auf. Seien Sie dabei möglichst detailliert, vermeiden Sie pauschale Aussagen. Also nicht: „Das ganze Hotel ist dreckig.", sondern: „Mein Zimmer ist drei Tage nicht mehr geputzt worden. In der Kitchenette ist grüner Schimmel im Kühlschrank. Die Handtücher wurden seit Reiseantritt nicht gewechselt. Der Fußboden vor den Zimmern ist so staubig, daß man mit dem Finger darin schreiben kann." Verlangen Sie sodann ausdrücklich Abhilfe binnen einer von Ihnen gesetzten Frist. Wenn Sie keine ausdrückliche Frist setzen, gilt eine „angemessene" Frist, über deren Länge Sie sich dann nachher im Prozeß mit dem Reiseveranstalter streiten können. Besser ist, Sie setzen eine Frist. Hierbei gilt: je gravierender der Mangel, desto kürzer darf die Frist sein. Sie kann auch nur nach Stunden bemessen sein, z.B. bei einem unbewohnbaren Zimmer. Dabei ist auch zu berücksichtigen, daß ein Urlaub im Regelfall nur zwischen ein und drei Wochen dauert. Für lange Abhilfefristen ist dort ohnehin kaum Raum, sonst ist der Urlaub zu Ende. Am besten ist, Sie drohen mit der Fristsetzung auch noch Selbsthilfe, Minderung und/oder Schadensersatz an. Manche Reisende scheuen sich, so etwas schriftlich zu machen, bzw. haben Angst, „wie der Elefant im Porzellanladen" aufzutreten. Trotzdem: aus Beweisgründen ist Schriftlichkeit immer besser. Außerdem: mit einem in sachlichem Ton gehaltenen Schriftstück erreichen Sie allemal mehr als wenn Sie schreiend an der Rezeption herumstehen.

Natürlich haben Sie von Ihrem Beschwerdebrief eine Abschrift gemacht, und natürlich lassen Sie sich den Empfang des Briefes vom Reiseleiter auf der Abschrift quittieren!

Der Reiseleiter wird in der Regel bereit sein, den Empfang des Briefes zu bestätigen; nicht aber, die Mängel durch seine Unterschrift anzuerkennen. Das LG Frankfurt/M. (NJW 88, S. 1219/1220) hat in diesem Zusammenhang die Unterschrift eines Reiseleiters unter eine Mängelliste mit dem Zusatz vor der Unterschrift „zur Kenntnis genommen" als Anerkenntnis der Mängel gewertet. Diese Entscheidung ist nunmal in der Welt, aber sie ist bedenklich. „Zur Kenntnis genommen" heißt auch unter juristischen Laien eben nur, daß der Reiseleiter von der Mängelliste Kenntnis genommen hat, und nicht, daß er ihr inhaltlich zustimmt. Wäre es anders, würde kein Reiseleiter vor Ort überhaupt noch irgendetwas unterschreiben. Das LG Berlin (NJW-RR 89, S. 1213), das ebenfalls einen Fall zu entscheiden hatte, in dem der Reiseleiter vor seiner Unterschrift den Zusatz „zur Kenntnis genommen" stehen hatte, hat dann auch richtigerweise – in ausdrücklicher Ablehnung der vom Landgericht Frankfurt/M. vertretenen Rechtsauffassung – entschieden, daß in solchen Fällen der Unterschrift des Reiseleiters nur die Funktion des Nachweises beikommt, daß die Mängel angezeigt worden sind; und gerade nicht, daß sie auch anerkannt werden sollten.

Wenn es eine örtliche Reiseleitung gibt, *müssen* Sie *dort* die Mängel anzeigen und Abhilfe verlangen. Ein Bescheidsagen beim Portier an der Rezeption genügt nicht. Möglicherweise erreichen Sie auch dadurch schon ihr Ziel, aber wenn nicht, müssen Sie sich, um sich Ihre Rechte nach dem Reisevertragsgesetz zu bewahren, an die örtliche Reiseleitung wenden.

Allerdings muß der Reiseveranstalter durch organisatorische Maßnahmen dafür Sorge tragen, daß die Reiseleitung auch wirklich erreichbar ist. Wenn die örtliche Reiseleitung in einer Nachbarstadt und damit nur telefonisch erreichbar ist, muß dort am Telefon eine deutschsprachige Kraft sitzen. Die Reiseleitung muß außerdem insbesondere an Anreise- und Abreisetagen erreichbar sein. Dies sind regelmäßig die Wochenenden, insbesondere der Samstagnachmittag! Gibt es keine örtliche Reiseleitung oder ist diese jedenfalls in zumutbarer Weise nicht erreichbar, so kann sich der Reiseveranstalter in aller Regel nicht darauf berufen, wenn der Reisende sich nur an die Rezeption, an den Busunternehmer usw. gewandt hat und nicht an den Reiseveranstalter in Deutschland. Denn erstens ist von Deutschland aus, insbesondere bei kurzen Reisen, ohnehin nur schwer eine Abhilfe möglich, und zweitens würde der Reiseveranstalter dann das Risiko mangelnder Organisation auf den Reisenden abwälzen.

Wenn es also keine Reiseleitung gibt, sollten Sie die Beschwerde wenigstens gegenüber dem Hotel, Busunternehmer usw. erheben. Sie können die Beschwerde auch gleich an den Reiseveranstalter nach Deutschland richten, müssen dies aber nicht, denn der Reiseveranstalter hat wie gesagt dafür Sorge zu tragen, daß kurzfristig ein Ansprechpartner zur Verfügung steht.

Die Gerichte sind in der Regel – zu Recht – „streng" gegenüber dem Reiseveranstalter, wenn es um die Beurteilung der Frage geht, was er an Reiseleitung zur Verfügung zu stellen hat.

Als Beispiel ein Zitat aus einer Entscheidung des BGH (BGH NJW 89, S. 2752):

„Unterhält aber die Beklagte örtliche Reiseleitungen, dann gehört es zu ihren Organisationspflichten, dafür zu sorgen, daß die Reiseleitung immer dann den Reisenden zur Verfügung steht, wenn sie zur Abhilfe eines Reisemangels gebraucht wird. Das schuldet sie den Reisenden, die darauf vertrauen, gerade für einen solchen Konfliktsfall einen zuverlässigen Ansprechpartner vorzufinden. Wenn das nicht möglich ist und darüber hinaus auch unter der angegebenen Kontaktadresse niemand zu erreichen ist, kann der Reisende nur in besonders gelagerten Ausnahmefällen nach Treu und Glauben verpflichtet sein, sich an die Zentrale der Beklagten in Deutschland zu wenden, die – gewöhnlich weit entfernt vom Urlaubsort – ohnehin nur beschränkte Einwirkungsmöglichkeiten haben wird, einen aufgetretenen Reisemangel beheben zu lassen. Regelmäßig wird sich vielmehr der Reisende mit dem Versuch begnügen dürfen, seine Beschwerden bei der örtlichen Reiseleitung oder der angegebenen Kontaktadresse anzubringen, ohne daß ihm, wenn das nicht gelingt, daraus Nachteile entstehen."

Ebenso LG Frankfurt/M. (NJW 88, S. 634): „Derjenige, der ein Ferienquartier im nicht-deutschsprachigen Ausland bucht, ist für den Fall, daß der Reiseveranstalter am Urlaubsort keine Reiseleitung unterhält und auch keine sonstigen geeigneten Empfangsvorkehrungen getroffen hat, nicht zu einer telefonischen oder telegrafischen Mängelanzeige gegenüber der Zentrale des Reiseveranstalters in der Bundesrepublik Deutschland verpflichtet. Allgemeine Reisebedingungen, die eine solche Verpflichtung aufstellen, sind unwirksam.“ Erst recht darf in den Allgemeinen Reisebedingungen kein „Instanzenzug“ für das Vorbringen von Beschwerden vorgesehen werden, in der Art: Beschweren Sie sich erst beim Portier; wenn dieser nicht hilft, müssen Sie sich bei der Reiseleitung beschweren; wenn diese nicht hilft, sind Sie verpflichtet, die Beschwerde vom Urlaubsort aus an den Reiseveranstalter in Deutschland zu richten, ... – so etwas verstößt gegen § 651 l BGB.

Der Reiseleiter muß Mängelanzeigen des Reisenden – wenn sie nicht unter Berücksichtigung der Schwere des Mangels völlig zur „Unzeit“ erfolgen, z.B. Mängelrüge bzgl. schmutziger Handtücher um Mitternacht – auch stets sofort entgegennehmen. In einem vom LG Frankfurt/M. (NJW-RR 91, S. 632) entschiedenen Fall hatte der Reisende sich am Samstag anläßlich einer abendlichen Veranstaltung gegen 23.00 mit seiner Beschwerde über die Unterkunft an die Reiseleiterin gewandt. Diese hatte den Reisenden gebeten, er solle in zwei Tagen zur üblichen Sprechstunde am Montag wiederkommen und seine Beschwerde da (nochmal) vortragen, sie werde dann den Umzug ermöglichen. Das Landgericht Frankfurt/M. findet hierzu deutliche Worte: „Die Reiseleitung kann nicht bestimmen, daß Mängelanzeigen nur an bestimmten Tagen in einer Sprechstunde stattfinden und damit den Reisenden während der Dauer bis zum Stattfinden der Sprechstunde mit den gerügten Mängeln allein lassen.“

Der Reiseleiter muß nach Kenntniserlangung von Ihrer Rüge auch tätig werden. Er muß sich dazu gegebenenfalls selber in das als stockig gerügte Appartement bemühen und darf Sie nicht an andere Stellen verweisen. Die Kosten der Abhilfeaktion muß der Reiseveranstalter übernehmen. Wenn z.B. der Fernseher im Appartement – ohne Zutun des Reisenden – defekt ist, darf die Reparatur nicht dem Reisenden in Rechnung gestellt werden bzw. die Reparatur von einer Vorschußzahlung des Reisenden abhängig gemacht werden. Der Reiseleiter muß auch schnellstmöglich um Abhilfe bemüht sein.

Beispiel: der Reisende rügt eine völlig verschimmelte Unterkunft am 2. Tag einer 14-Tage-Reise. Der Reiseleiter bietet dem Reisenden an, am 12. Tag in eine andere Unterkunft umzuziehen. Der Reisende kann dieses Angebot unbesorgt ablehnen, da es keine Abhilfe (mehr) darstellt. Die „Abhilfe“ käme zu spät, ein Umzug kurz vor Reiseende ist nicht mehr zumutbar. Deshalb kann sich der Reiseveranstalter in einem späteren Prozeß etwa wegen Minderung des

Reisepreises auch für den 12. bis 14. Tag nicht darauf berufen, daß der Reisende an diesen Tagen eine bessere Unterkunft hätte haben können.

Bis zur Abhilfe können Sie zunächst einmal den Reisepreis wegen des Fehlers mindern und ggf. auch Schadensersatz verlangen, siehe hierzu „A. 16. Minderung des Reisepreises“ und „A. 21. Schadensersatz“.

Dies ist insbesondere im Hinblick auf die gesetzliche Einschränkung wichtig, daß der Reiseveranstalter die Abhilfe verweigern kann, wenn Sie einen unverhältnismäßigen Aufwand erfordert. Diese Einschränkung darf nicht dahingehend mißverstanden werden, daß der Reisende dann gar keine Rechte hat. Denn der Fehler der Reise ist vorhanden, und daher kann der Reisende mindern, Schadensersatz verlangen oder kündigen (wenn die weiteren Voraussetzungen hierfür vorliegen). Nur eben Abhilfe kann er wegen des damit für den Reiseveranstalter verbundenen unverhältnismäßigen Aufwandes nicht verlangen.

Auch nach erfolgter Abhilfe gehen Ihnen die bis dahin entstandenen Positionen natürlich nicht verloren. Zu denken ist hier in erster Linie an den Minderungsanspruch bis zum Tag der Abhilfe und einen Schadensersatzanspruch wegen nutzlos aufgewendeter Urlaubszeit, wenn Sie z.B. umziehen müssen (Koffer einpacken, im neuen Quartier wieder auspacken, einräumen usw.). Das LG Frankfurt/M. geht hier in der Frankfurter Tabelle (siehe hierzu „A. 17. Frankfurter Tabelle“; dort Punkt II. 19) von 1/2 bis 1 Tag nutzlos aufgewendeter Urlaubszeit aus.

Das Abhilfeangebot des Reiseleiters muß natürlich *mindestens* gleichwertig zu der von Ihnen gebuchten Leistung sein. Das heißt nichts anderes als: gleich oder besser, und zwar in jedem Fall, also auch bei einer besseren Leistung, zum ursprünglichen Reisepreis! Wenn der Reiseleiter Ihnen also nur eine bessere (teurere) Unterkunft anbieten kann, dann darf er das nicht von einer Zuzahlung oder Differenzzahlung durch Sie abhängig machen. Eine insoweit vom Reisenden für eine notwendige Abhilfemaßnahme geleistete Zuzahlung kann von ihm nach Reiseende (gem. § 812 Abs. 1 BGB) zurückgefordert werden (AG Bad Homburg, NJW-RR 97, S. 819).

Außerdem – so hat das LG Frankfurt/M. entschieden (NJW 84, S. 1762) – darf die Abhilfe auch nicht von einem Verzicht auf Ansprüche abhängig gemacht werden. Beispiel: Sie rügen die mangelhafte Unterkunft am 2. Tag, am 5. können Sie in ein vertragsgemäßes Quartier umziehen. Die Übergabe der Schlüssel wird jedoch davon abhängig gemacht, daß Sie auf Minderungsansprüche für die Zeit 2. bis 5. Tag verzichten. Das darf von Ihnen nicht verlangt werden!

„Mindestens gleichwertig" bezieht sich im übrigen nicht nur auf die reine Ausstattung der Unterkunft, sondern auf das gesamte Angebot, wie es der Leistungsbeschreibung (in der Regel dem Prospekt) des Reiseveranstalters zugrundeliegt.

Beispiel: ein noch so „super" ausgestattetes Zimmer mit Blick nach hinten auf die Straße ist kein gleichwertiger Ersatz, wenn der Reisende Meerblick gebucht hatte.

Nun wird in den meisten Fällen berechtigter Mängelrügen der Reiseleiter um Abhilfe bemüht sein. Es soll hier nicht der Eindruck erweckt werden, daß Reiseleiter immer nur abwiegeln. Wenn der Reiseleiter z.B. bei mangelhafter Unterkunft kurzfristig eine mindestens gleichwertige Unterkunft anbietet, dann muß der Reisende annehmen (OLG München, NJW 84, S. 132). Der Reisende hat also kein Wahlrecht nach dem Motto „Ich würde aber lieber in der mangelhaften Unterkunft wohnen bleiben und dann hinterher kräftig mindern." Ein Reisender, der sich so verhält, verliert ab der Nichtannahme der Abhilfeleistung sein Minderungsrecht!

Erfolgt innerhalb der vom Reisenden gesetzten Frist keine Abhilfe, „so kann der Reisende selbst Abhilfe schaffen und Ersatz der erforderlichen Aufwendungen verlangen." Beispiel: Bei einer Abnehm- und Schlankheitsreise gehen Sie zum Essen in ein diätetisches Restaurant, weil die von Ihnen gebuchte Vollpension nur fette Normalkost enthält. In diesem Zusammenhang ein Rat: seien Sie nicht voreilig mit Ihrer Selbsthilfe, das kann teuer werden. Das Gesetz verlangt zunächst das Verstreichen einer angemessenen Frist, die Sie gesetzt haben müssen. Allerdings: „Der Bestimmung einer Frist bedarf es nicht, wenn die Abhilfe von dem Reiseveranstalter verweigert wird oder wenn die sofortige Abhilfe durch ein besonderes Interesse des Reisenden geboten wird." Beispiel: Der Bus setzt Sie nach 20 Stunden Fahrt um Mitternacht an einem Bungalow ab. Sie stellen fest: kein Strom, kein Wasser, keine Heizung, keine Bettwäsche, keine örtliche Reiseleitung. Sie ziehen bis zur erst am nächsten Tag möglichen Kontaktaufnahme mit der Reiseleitung ins Hotel.

Der Reisende muß auch beachten, daß nur die „erforderlichen" Aufwendungen ersetzt werden. Wenn Sie also im Beispiel der Schlankheitsreise wegen des tollen Ausblicks in ein Diätrestaurant am Meer fahren, werden die Fahrtkosten nicht ersetzt, wenn es in der Nähe Ihres Hotels ebenfalls ein Diätrestaurant gab.

Keinesfalls dürfen Sie nach – allerdings in der juristischen Fachwelt bestrittener – Ansicht des LG Frankfurt/M. (NJW-RR 92, S. 311; NJW-RR 95, S. 1522) bei nur *geringfügigen* Mängeln (das sind nach Ansicht des LG Frankfurt/M. (NJW-RR 95, S. 1522) Mängel unter 20%), selbst wenn keine Abhilfe erfolgt, auf Kosten des Reiseveranstalters als „Selbstabhilfe" in ein anderes Hotel ziehen. Hier sollten Sie im Hotel wohnenbleiben und können hinterher mindern und ggf. Schadensersatz fordern.

▶ siehe auch Abhilfeverlangen, Fristsetzung und Androhung der Selbsthilfe am Urlaubsort Musterbrief B. 18
Abhilfeverlangen, Fristsetzung und Androhung der Selbsthilfe und der Geltendmachung von Schadensersatz wegen nutzlos aufgewendeter Urlaubszeit Musterbrief B. 19
Mängelliste mit Fristsetzung und Kündigungsandrohung Musterbrief B. 23

15. Mängelbeweise

Recht haben heißt noch nicht Recht bekommen.

An diese Binsenweisheit sollten Sie bereits am Urlaubsort denken, wenn Sie mit Reisemängeln konfrontiert werden. Sie müssen sich also von Anfang an im Hinblick auf einen möglichen späteren Prozeß in eine gute Beweislage bringen:

Notieren Sie sich genau mit Datum und Uhrzeit detailliert die Mängel:

Beispiel: „Am Morgen des 6. 6. 97 wurde das Hotelzimmer nicht gereinigt, die Betten wurden nicht gemacht."

Machen Sie Fotos von der verschimmelten Wand oder einen Videofilm, am besten mit Ton, von ihrem Ausblick auf die dröhnende Hauptverkehrsstraße usw.

Möglicherweise finden Sie auch in einer lokalen Tageszeitung einen Artikel, den Sie ausschneiden können, z.B. einen Bericht über die Großbaustelle hinter dem Schlafgut-Hotel, in dem Sie leider gerade wohnen.

Notieren Sie sich Namen und Anschriften von Zeugen (Mitreisenden), die die Mängel selbst wahrgenommen haben (nicht nur von Ihnen erzählt bekommen haben). Erstellen Sie ein Mängelprotokoll (ähnlich Ihren Notizen: Mängel mit Datum, Uhrzeit und Details bezeichnen). Günstig ist es, wenn die Zeugen (Mitreisenden) das Mängelprotokoll *vor Ort* (nicht erst zu Hause nach Urlaubsrückkehr!) unterschreiben, z.B. „Zeuge der oben aufgeführten Mängel: Ort, Datum, Unterschrift *Fritz Schlechtesgedächtnis*" oder „Das Vorhandensein der oben aufgeführten Mängel wird nach eigener Wahrnehmung bestätigt, Ort, Datum, Unterschrift *Fritz Schlechtesgedächtnis*". Möglicherweise hat Fritz Schlechtesgedächtnis nämlich anschließend im Gegensatz zu Ihnen einen dreiwöchigen wunderschönen Urlaub. Wenn es nach vielen weiteren Monaten endlich zur Beweisaufnahme vor Gericht kommt, erliegt Fritz Schlechtesgedächtnis möglicherweise dann einer menschlich verständlichen, für Sie aber ärgerlichen Regung: aufgrund seiner eigenen positiven Erfahrung und Grundstimmung findet nun Fritz Schlechtesgedächtnis rückblickend alles ganz toll, und Sie sollen sich doch nicht so anstellen, und eigentlich war es doch gar nicht so schlimm.

Das allerbeste ist, wenn der Reiseleiter die Mängel schriftlich bestätigt; allerdings werden Sie das nur in Ausnahmefällen erreichen. Immerhin sollten Sie sich zumindest den Empfang der von Ihnen aufgestellten Mängelliste, des Abhilfeverlangens usw. vom Reiseleiter quittieren lassen.

Beispiel: Sie schreiben unter eine Abschrift Ihres Mängelschreibens mit Abhilfeverlangen: „Der Empfang eines gleichlautenden Schreibens heute, am ..., wird bestätigt." Den Satz lassen Sie sich dann vom Reiseleiter unterschreiben.

▶ siehe auch Mängelliste zur Beweissicherung B. 22

16. Minderung des Reisepreises (§ 651d BGB)

Der Reisende kann den Reisepreis für die Dauer des Vorliegens eines Reisemangels anteilig (prozentual) mindern.

Es ist unglücklich, daß das Gesetz hier in § 651d BGB von einem „Mangel“ und in § 651c BGB von einem „Fehler“ der Reise spricht. Es handelt sich also nur um einen Unterschied in der Terminologie, nicht in der Sache.

„Für die Dauer des Mangels“ heißt bis zur Abhilfe oder bis zur Selbsthilfe (siehe „A. 14. Abhilfeverlangen und Selbsthilfe“) oder bis zur Kündigung (siehe „A. 18. Kündigung des Reisevertrags“).

Voraussetzung ist, daß der Reisende es nicht schuldhaft unterlassen hat, den Mangel anzuzeigen. „Schuldhaft“ ist wichtig: wenn Sie den Mangel z.B. nicht mehr anzeigen, weil die Reise gleich zu Ende und eine Abhilfe deshalb sowieso nicht mehr möglich ist, liegt kein Verschulden Ihrerseits vor. Beispiel: der Mangel besteht darin, daß Sie sechs Stunden auf den Bus warten müssen, der Sie nach Hause bringen soll.

Zur Anzeige des Mangels, zur Beschaffenheit der Abhilfe und zum fehlenden Wahlrecht des Reisenden zwischen vom Reiseleiter angebotener mindestens gleichwertiger Abhilfe und Minderung gelten die Ausführungen wie bei „A. 14. Abhilfeverlangen und Selbsthilfe“ entsprechend, allerdings mit dem Unterschied, daß es für die Minderung keiner Fristsetzung bedarf.

Beispiel: Sie übergeben dem Reiseleiter einen Beschwerdebrief, in dem Sie sich darüber beschweren, daß alle Lampen in Ihrem Hotelappartement defekt sind. Zur Abhilfe setzen Sie ihm eine angemessene Frist von 2 Tagen. Erst nach Fristablauf können Sie die Glühbirnen im Wege der Selbsthilfe austauschen und die Kosten erstattet verlangen. Bereits vor Fristablauf aber können Sie wegen des Mangels den Reisepreis mindern, da es insoweit keiner Fristsetzung bedarf.

In manchen Fällen sehen die Gerichte eine Mängelanzeige – obwohl dies nicht so im Gesetz steht! – als entbehrlich an.

Beispiel (nach LG Frankfurt/M., NJW 83, S. 233): Sie kommen am Urlaubsort an, können aber Ihr Luxus-Hotel nicht beziehen, da der Reiseveranstalter überbucht hat. Sie werden statt dessen in ein Zwei-Sterne-Hotel verfrachtet. Nach Reiseende beruft sich der Reiseveranstalter gegenüber Ihrem Minderungsanspruch darauf, daß Sie den Mangel nicht gerügt haben. Das kann er nicht. Denn den Mangel hat er zunächst selbst herbeigeführt, und die Unterbringung in einem schlechteren Quartier war ihm auch bekannt. Eine Mängelrüge wäre hier sinnlose Förmelei.

Grundsätzlich sollten Sie sich aber nicht darauf verlassen, daß die Gerichte es hinterher schon irgenwie richten werden, sondern vorsichtshalber zur Wahrung Ihrer Rechte in jedem Fall eine Mängelanzeige vornehmen!

In der Praxis bedeutet der Minderungsanspruch, daß Sie nach Ende der Reise einen Teil des Reisepreises zurückverlangen, da die Reise in aller Regel im voraus bezahlt worden ist.

Grundsätzlich (also: Ausnahmen sind möglich) kann man sagen, daß immer der Gesamtreisepreis zu mindern ist; jedenfalls dann, wenn es sich um ein in sich geschlossenes Paket „Pauschalreise" handelt.

Beispiel: Sie buchen für 1500,– DM eine zweiwöchige Reise nach Spanien, beinhaltend Hin- und Rückfahrt mit dem Bus, Unterbringung in einem guten Hotel direkt am Strand, Vollpension. Die Busfahrt ist in Ordnung, das Essen ist lecker, aber das Hotelzimmer wird nicht geputzt und das Hotel liegt in Wahrheit $^1/_2$ km vom Strand entfernt. Nehmen wir an, in der Kalkulation des Reiseveranstalters steht die Busfahrt mit 300,– DM, die Unterkunft mit 700,– DM und das Essen mit 500,– DM. *Falsch* wäre es jetzt, eine prozentuale Minderung nur auf die Unterkunft, d.h. auf 700,– DM zu rechnen, denn durch den Mangel der Unterkunft ist die *gesamte* Reise entwertet worden. Ein prozentualer Abschlag ist also vom gesamten Reisepreis vorzunehmen.

Aber (Beispiel nach LG Frankfurt/M., NJW-RR 86, S. 55/56): Sie buchen zunächst eine Rundreise mit Bus, Unterkunft und Verpflegung und im Anschluß daran einen Badeaufenthalt mit Unterkunft und Verpflegung. Hier liegen zwei trennbare „Pakete" vor, die Sie hintereinandergeschaltet haben, so daß bei Mängeln eines der beiden Pakete die Minderung – ebenso wie eventuelle Schadensersatzleistungen – auch nur hierauf zu berechnen ist.

Nach einer jüngeren Entscheidung des LG Frankfurt/M. (NJW-

RR 92, S. 115/116) soll allerdings *immer* auf den Gesamtreisepreis abzustellen sein. Dieser ist dann anteilig zu mindern. Das soll Ungerechtigkeiten vermeiden, die z.B. dadurch entstehen können, daß bei einer zusammengesetzten Reise aus Rundreise plus anschließendem Badeaufenthalt der Flug buchungstechnisch „zufällig" z.B. nur in dem Rundreisepreis enthalten ist. Besteht nun während des Badeaufenthalts ein Minderungsgrund, könnten bei einer getrennten Betrachtung die Flugkosten nicht berücksichtigt werden.

Nach Ansicht des Verfassers dieses Ratgebers wird zu differenzieren sein: liegen zwei in jeder Hinsicht klar trennbare Pakete vor, so sollte man die Minderung nur auf den Reisepreis eines der hintereinandergeschalteten Reiseteile berechnen. Beeinträchtigt dagegen der Reisemangel eines Teils den Gesamtwert der Reise, so ist es gerechtfertigt, die Minderung auf den Gesamtreisepreis zu berechnen. Das kann aber immer nur im konkreten Einzelfall entschieden werden.

Und: Die Minderung wirkt sich im Regelfall natürlich nur auf die Zeit des Vorliegens des Mangels aus (LG Frankfurt/M., NJW-RR 93, S. 1331; auch das ist unter den Juristen aber nicht „unstreitig").

Beispiel: Eine 10-Tage-Reise weist während zwei Tagen einen 20%igen Mangel auf. Die Minderung beträgt dann Reisepreis durch 10 Tage, dann Tag mal 20% mal 2.

Das *muß* aber nicht immer so sein. Auch ein zeitlich begrenzter Mangel kann in bestimmten Fällen die *gesamte* Reise entwerten.

Beispiel: Bei einer Reise in die Dominikanische Republik hatten die Reisenden ein im Prospekt eigens beworbenes „Hochzeitspaket" gebucht. Tatsächlich aber gab es am Hochzeitsabend nicht das beschriebene Hochzeitsdinner; auch sonst wurde dem Hochzeitspaar keine besondere Aufmerksamkeit zuteil. Das Hotel hatte keine besonderen Vorbereitungen für den Hochzeitsabend getroffen. In diesem Fall erkannte das LG Hamburg (NJW-RR 97, S. 1138) eine Minderung von 30% an, und zwar nicht nur für den Hochzeitstag, sondern *für die gesamte Reise.* Denn die Reise war laut Prospekt ganz speziell auf die Hochzeit der Urlauber ausgerichtet, bei der der Hochzeitstag im Mittelpunkt stand.

Bis zum Jahr 1991 hat das LG Frankfurt/M. zu dem Gesamtpreis der Reise auch die Reiseversicherungen gezählt, z.B. eine bei der Buchung mitabgeschlossene Reiserücktrittskostenversicherung, und bei der Berechnung der Minderung also auch hiervon einen prozentualen Abschlag gemacht. Im Jahre 1991 (NJW-RR 92, S. 51) hat das LG Frankfurt/M. unter ausdrücklicher Aufgabe seiner bisherigen Rechtsprechung entschieden, daß solche Versicherungen einen „Eigenwert" haben und daher von der prozentualen Minderung nicht mitumfaßt werden. Nach Auffassung des Autors dieses Ratgebers war die „alte" Ansicht interessengerechter, da eine Reiseversicherung immer im Zusammenhang mit einem konkreten Urlaub steht; sonst würde sie gar nicht abgeschlossen.

Siehe dazu auch die Erläuterungen zur „A. 16. Frankfurter Tabelle" sowie dort die Anmerkungen am Ende.

Die Berechnung der Minderung erfolgt immer anhand des konkreten Einzelfalles. Beispiel: Bei einer Reise fehlte ein vertraglich zugesichertes Kinderbett (Zustellbett). Der Sohn der Urlauber schlief im Bett der Eltern in der Mitte. Das LG Frankfurt/M. erkannte eine Minderung von 20% als gerechtfertigt an (NJW-RR 94, S. 310). An diesem Beispiel wird recht gut deutlich, daß es sich bei der Bemessung der Minderung letztlich um Setzungen der Gerichte handelt. Man kann hier – je nach Standpunkt – der Meinung sein, daß 20% (zu) viel sind, denn zur Schlafenszeit findet der Urlaubsgenuß regelmäßig nicht statt. Man kann aber auch den Schwerpunkt mit gleich guten Argumenten auf den ungestörten Nachschlaf im Urlaub oder – das Gericht erwähnt dies ausdrücklich – auf die Störung des Austausches von Zärtlichkeiten setzen, für die gerade im Urlaub Zeit ist. So gesehen erscheinen 20% eher (zu) wenig. Wirklich objektive Kriterien für den prozentualen Grad der Minderung gibt es letztlich nicht.

Dazu gibt es mittlerweile eine kaum noch übersehbare Anzahl von Entscheidungen der Gerichte; und sicherlich mindestens nochmal so viele Fälle, in denen sich die Parteien auch ohne Einschaltung der Gerichte auf einen dem konkreten Einzelfall entsprechenden Betrag geeinigt haben. Das Landgericht Frankfurt/M. verfügt mit seiner 24. Zivilkammer über eine Spezialkammer, die auf jahrelange Erfahrung im Reiserecht zurückblicken kann. Die von diesem Gericht angewandte „Frankfurter Tabelle" nennt für einzelne Mängel regelmäßig anzuwendene Prozentsätze. Dazu gibt es eine gut verständliche Erläuterung, wie das Zusammentreffen einzelner Prozentsätze zu behandeln ist, damit z.B. nicht durch reine Addition in einer Sparte, z.B. Unterkunft, die anderen Leistungen, selbst wenn korrekt erbracht, unterbewertet werden. Die Frankfurter Tabelle ist – auch unter Juristen – nicht unumstritten. Das LG Hamburg (NJW-RR 96, S. 118) hat z.B. Bedenken, die Frankfurter

Tabelle auf Sonderangebotsreisen anzuwenden. Die Frankfurter Tabelle ist auch nicht bindend für andere Gerichte, wird aber trotzdem in vielen Fällen in der Praxis – entweder durch offene Bezugnahme oder doch durch Anlehnung daran – verwendet. Damit stellt die Frankfurter Tabelle in der Praxis einen brauchbaren Orientierungsrahmen dar, in dem sich vor allem auch der Rechtsunkundige zunächst einmal bewegen kann, damit er sowohl seine Forderungshöhe in etwa bestimmen als auch Zahlungsangebote des Reiseveranstalters auf ihre Angemessenheit überprüfen kann.

Auch bei der Minderung sollte man als Reisender realistisch vorgehen und nicht überzogene Ansprüche stellen. Siehe dazu auch die Ausführungen bei „A. 21. Schadensersatz“. Es soll ja schon einmal den Reisenden geben, der vom ersten Tag an mit Block und Kamera durch den Urlaub läuft und Mängel sammelt wie andere Leute Blumen ...

Bei der Minderung ist im übrigen auch der konkrete Zweck der Reise wichtig. Bei einem Senioren-Langzeiturlaub kommt es auf fehlende Kinderbetreuungsmöglichkeiten nicht an. Bei einem Urlaub, in dessen Prospekt ausdrücklich für die Kinderbetreuung und Kinderanimation geworben wird (Fall nach LG Köln MDR 91, S. 840; unter anderem hieß es in dem Prospekt: „Kinderanimateure bieten ein tolles Programm voller Abwechslung – nach Altersgruppen abgestuft. Langeweile ist ein Fremdwort in diesem Club – und die Eltern wissen ihre Kinder den ganzen Tag in den besten Händen“), ist das Fehlen der Kinderbetreuung oder deren Untauglichkeit (keine Betreuung gerade über die Mittagsstunden, von vornherein für bestimmte Altersgruppen völlig unattraktives Animationsangebot) ein erheblicher Reisemangel. Dies betrifft nicht nur den von den Kindern gezahlten Reisepreis, sondern gilt gerade auch im Hinblick auf den von den *Eltern* bezahlten Preis, da den Eltern die Ruhepausen von den Kindern entgangen waren und sie sich selbst um deren Beschäftigung kümmern mußten.

Minderungsansprüche kommen sogar dann in Betracht, wenn der Reisemangel aus der Sphäre anderer Reisender kommt.

Beispiel (nach OLG Frankfurt/M., NJW 83, S. 235, eine im übrigen vom Sachverhalt her lesenswerte Entscheidung): Auf einer Kreuzfahrt hat die Reisende, 67 Jahre alt, nebenan zwei zänkische Damen, die jeweils 1/2 Doppelkabine gebucht hatten und zusammengelegt wurden. Die eine wollte die andere nie hereinlassen. Jedesmal kam es bis spät in die Nacht zu lautstarkem Gebrüll. Die

Türöffnung mußte durch das zu Hilfe gerufene Bordpersonal vermittelt werden. Drinnen ging dann das Geschrei weiter. Die Reiseleitung schaffte es nicht, den Dauerstreit abzustellen. Die entnervte Reisende in der Nachbarkabine bekam vom Gericht eine 15%ige Reisepreisminderung zugesprochen.

Beispielhaft sei im folgenden auf einige weitere Urteile zur Frage eines Reisemangels hingewiesen:

Bei einer geführten Trekking-Reise begründen die Wahl einer anderen als der vereinbarten Route, das zeitweise Fehlen einer sachkundigen Führung sowie zusätzliche Autotransporte einen Reisemangel (OLG Düsseldorf, NJW-RR 95, S. 522).

Bei einer Kreta-Reise kann nicht erwartet werden, daß der dortige Sandstrand ähnlich feinsandig ist wie ein Nord- oder Ostseestrand (OLG Düsseldorf NJW-RR 95, S. 623). Außerdem ist es dem Urlauber zumutbar, einige Schritte seitwärts des steinigen Hotelstrandes zu gehen, wenn dort bereits der vertraglich geschuldete Sandstrand zu finden ist.

Bei einem Winterurlaub stellt es keinen Reisemangel dar, wenn der Parkplatz der gemieteten Hütte wegen Schnee nicht erreichbar ist und das Auto in 400 m Entfernung geparkt werden muß (AG Offenburg, NJW-RR 96, S. 117). Diese Entscheidung ist im übrigen ein Beispiel dafür, auf welch abwegige Ideen mancher Reisende kommt. Denn das Gericht mußte sich auch mit der Frage befassen, ob das Fehlen von Sektgläsern – in einer Skihütte (!) – zu einer Reisepreisminderung berechtigt. Der Richter findet hier klare Worte: „Das Fehlen von Sektgläsern stellt keinen Fehler der Reise dar. Es ist gerichtsbekannt, das Sekt auch in Saftgläsern seinen vollen Geschmack entfaltet."

Nach einer Entscheidung des AG Düsseldorf (MDR 91, S. 839) sind im Charterflugverkehr Verspätungen im dort gegebenen Rahmen (beim Hinflug waren es 3, beim Rückflug sogar 7 Stunden) hinzunehmen. Ob 7 Stunden tatsächlich noch hinnehmbar sind, ist allerdings nach Ansicht des Autors dieses Ratgebers zu bezweifeln. Die Frankfurter Tabelle (siehe „A. 17. Frankfurter Tabelle", dort Pos. IV.1.) gibt ab 4 Stunden Wartezeit für jede weitere Stunde 5% des auf den Tag entfallenden Reisepreises.

Der Rest der soeben genannten Entscheidung des Amtsgerichts Düsseldorf verdient allerdings Zustimmung: Daß Tavernen am Urlaubsort geschlossen sind, muß der Urlauber hinnehmen.

Bedenklich ist dagegen die Entscheidung des LG Frankfurt/M.

(NJW 83, S. 237), wonach kein Reisemangel vorliegt, wenn bei einer Athenreise wegen Streiks des Museumspersonals sämtliche archäologischen Stätten und Museen geschlossen sind. Jedenfalls wird auch in solchen Fällen anders zu entscheiden sein, wenn der Reiseveranstalter von dem Streik vor Reiseantritt erfahren, die Reisenden aber nicht informiert hat.

Auch wackelige Kinderstühle sind kein Minderungsgrund, sondern eine hinzunehmende Unannehmlichkeit (LG Köln NJW 91, S. 840).

Eine knifflige Frage wird in einem vom LG Hannover (NJW-RR 89, S. 633, 635) entschiedenen Fall behandelt. Dort war die erste Urlaubshälfte in Ordnung. Dann jedoch erkrankten die Urlauber an einer Salmonellenvergiftung durch verdorbenes Hotelessen, mußten das Bett hüten und kamen schließlich kränker wieder nach Hause, als sie abgereist waren. Daher könnte man den Standpunkt vertreten, daß der *gesamte* Urlaub nichts mehr wert war. Das Gericht stellt hier aber klar, daß sich der Anspruch auf Minderung des Reisepreises – in diesem schwerwiegenden Fall auf 100% des auf den Tag entfallenden Anteils- (und auf Schadensersatz für nutzlos vertane Urlaubszeit) nur auf die zweite, tatsächlich von der Salmonellenvergiftung der Reisenden betroffene Urlaubshälfte beschränkt.

Bei einer Einzelzimmerbuchung spricht das AG Königstein (NJW-RR 96, S. 179) – über den vom Reiseveranstalter bereits vergüteten Einzelzimmerzuschlag hinaus – eine Minderung von 25% pro Tag zu, wenn der Reisende die Nächte in einem Doppelzimmer mit einem schnarchenden Bettgenossen verbringen muß.

Wird dem Reisenden statt eines gebuchten Einzelhauses eine Doppelhaushälfte zugewiesen, dann berechtigt das zu einer Reisepreisminderung von 10% (LG Freiburg, NJW-RR 94, S. 125).

Beim Fehlen einer im Katalog angebotenen Kindergartenbetreuung bei einem Cluburlaub ist eine Reisepreisminderung von 25% gerechtfertigt (LG Frankfurt/M. NJW-RR 97, S. 820). Im übrigen kann ohne Hinweis im Katalog auch nicht von starren Altersbeschränkungen für den Kindergarten ausgegangen werden. Denn der „durchschnittlich verständige Reisende, von dessen Verständnis bei der Auslegung der Prospektbeschreibungen auszugehen ist", geht davon bei einem Cluburlaub nicht aus. Es muß also ausdrücklich darauf hingewiesen werden, wenn der Kindergarten z.B. erst für Kinder ab 3 Jahren zugänglich ist.

In einem schlimmen Fall von Baulärm im gegenüberliegenden

Hotelzimmer (dort wurden jeden Tag von 7.15 h bis 17.00 h „mittels Vorschlaghammer, Hammer, Meißel und Schlagbohrmaschine Fensteröffnungen herausgeschlagen sowie die Wände für die Verlegung von Wasser- und Elektroleitungen aufgestemmt) kann der Reisepreis in Anlehnung an Nr. I. 8. a) der Frankfurter Tabelle (siehe sogleich unten) um 25% gemindert werden (AG Bad Homburg, NJW 97, S. 819).

Eine durchfeuchtete Hotelunterkunft und nasse Bettwäsche berechtigt zu einer 60%igen Reisepreisminderung (und daneben zu einem Anspruch wegen nutzlos aufgewendeter Urlaubszeit, AG Bad Homburg, NJW 97, S. 818).

Auch die Abweichung der Höhenlage bei einem Urlaub in den Bergen ist ein zur Minderung berechtigender Reisemangel (LG Offenburg, NJW-RR 97, S. 626; laut Prospekt 1200 m, tatsächlich aber nur 700 m, Minderung 15%), denn „ebenso wie bei Ferienunterkünften am Meer die Nähe zur Küste einen für die Preisbestimmung und die Auswahlentscheidung von Urlaubern verkehrswesentlichen Umstand darstellt, ist die Höhenlage von Unterkünften im Gerbirge – hier den Alpen – ein für das Reisevertragsrecht wichtiges Beschaffenheitsmerkmal."

Keine Minderung steht einem Reisenden zu, wenn er bei einer Ägypten-Reise statt des vorgesehenen Inland-Transfer-Fluges von 2 Stunden Zeitaufwand in einem klimatisierten Reisebus (3 Stunden) befördert wird (AG Bonn, NJW-RR 97, S. 1137).

Bei Barmusik bis 1.00 h morgens aus einer dem gebuchten Appartementhaus benachbarten Bar, durch den auch der Schlaf eines Kleinkindes gestört wird, ist eine Minderung von 20% angemessen, wenn der Reiseprospekt die Appartementanlage beschrieben hat als ruhiges Feriendomizil in ruhiger Umgebung, in der ruhige individuelle Urlaubstage verbracht werden können (LG Kleve, NJW-RR 97, S. 1137).

Bei Unterbringung in einem Doppelzimmer statt im gebuchten Zwei-Zimmer-Appartement, wobei das Doppelzimmer zudem in einem Hotel an einer viel befahrenen Straße und 10 km vom gebuchten Ort entfernt lag, erkannte das AG Bad Homburg (NJW-RR 97, S. 501) bei einer Buchung von Übernachtung ohne Verpflegung auf eine Minderung von 85%.

Dem steigenden Verkaufswert des Öko-Tourismus trägt schließlich das AG Bad Homburg Rechnung (NJW-RR 97, S. 1139): Ein Urlaubsprospekt für einen Urlaub auf einem Malediven-Atoll hatte besonders herausgestellt, daß richtungsweisende Akzente für die Entwicklung des Öko-Tourismus gesetzt worden seien und bei der Entsorgung von Abfällen neueste Techniken angewandt würden. Tatsächlich wurden dann organische und Metallabfälle im Meer versenkt, Plastik wurde verbrannt. Das Gericht sprach dafür eine Minderung von 5% zu. Wenn der Reiseveranstalter bewußt das gestiegene Ökologiebewußtsein der Reisenden und deren Bereitschaft, für umweltverträglichen Tourismus einen höheren Preis zu zahlen, für sich nutzt, dann sind die beschriebenen Öko-Standards als Eigenschaft der Reise anzusehen. Fehlen sie, ist eine Minderung gerechtfertigt.

Außerdem bekamen die Reisenden weitere 10%, weil auf dem bis auf die Ferienanlage unbewohnten Atoll statt der im Prospekt beschriebenen mehreren Restaurants und zweier gemütlicher Bars nur ein einziges, mensaähnliches Restaurant und eine einzige Bar mit lauter Techno-Musik vorhanden war.

Schließlich braucht sich ein Reisender bei als „komfortabel eingerichtet" beschriebenen Bungalows auch nicht mit Toiletten und Duschräumen in gesonderten, zudem teilweise nicht überdachten Gebäuden zufriedenzugeben (weitere Minderung von 5%).

Neben der Minderung besteht evtl. noch ein Anspruch auf Schadensersatz (siehe „A. 21. Schadensersatz")

▶ siehe auch Mängelanzeige am Urlaubsort Musterbrief B. 20
Minderung des Reisepreises Musterbrief B. 24
Beispiel zu Musterbrief 24: B. 25
Minderung und Schadensersatz wegen nutzlos aufgewendeter Urlaubszeit Musterbrief B. 26

17. Frankfurter Tabelle

I. Unterkunft

	Mängelposition	*Prozentsatz*	*Bemerkungen*
1	Abweichung von dem gebuchten Objekt	10–25	je nach Entfernung
2	Abweichende örtliche Lage (Strandentfernung)	5–15	
3	Abweichende Art der Unterbringung im gebuchten Hotel (Hotel statt Bungalow, abweichendes Stockwerk)	5–10	
4	Abweichende Art der Zimmer		Entscheidend, ob Personen der gleichen Buchung oder unbekannte Reisende zusammengelegt werden
	a) DZ statt EZ	20	
	b) DreibettZ statt EZ	25	
	c) DreibettZ statt DZ	20–25	
	d) VierbettZ statt DZ	20–30	
5	Mängel in der Ausstattung des Zimmers		
	a) zu kleine Fläche	5–10	
	b) fehlender Balkon	5–10	bei Zusage/ je nach Jahreszeit
	c) fehlender Meerblick	5–10	bei Zusage
	d) fehlendes (eigenes) Bad/WC	15–25	bei Buchung
	e) fehlendes (eigenes) WC	15	
	f) fehlende (eigene) Dusche	10	bei Buchung
	g) fehlende Klimaanlage	10–20	bei Zusage/ je nach Jahreszeit
	h) fehlendes Radio/TV	5	bei Zusage
	i) zu geringes Mobiliar	5–15	
	k) Schäden (Risse, Feuchtigkeit etc.)	10–50	
	l) Ungeziefer	10–50	

	Mängelposition	*Prozentsatz*	*Bemerkungen*
6	Ausfall von Versorgungseinrichtungen		
	a) Toilette	15	
	b) Bad/Warmwasserboiler	15	
	c) Stromausfall/Gasausfall	10–20	
	d) Wasser	10	
	e) Klimaanlage	10–20	je nach Jahreszeit
	f) Fahrstuhl	5–10	je nach Stockwerk
7	Service		
	a) vollkommener Ausfall	25	
	b) schlechte Reinigung	10–20	
	c) ungenügender Wäschewechsel (Bettwäsche, Handtücher)	5–10	
8	Beeinträchtigungen		
	a) Lärm am Tage	5–25	
	b) Lärm in der Nacht	10–40	
	c) Gerüche	5–15	
9	Fehlen der (zugesagten) Kureinrichtungen (Thermalbad, Massagen)	20–40	je nach Art der Projektzusage (z.B. „Kurlaub")

II. Verpflegung

	Mängelposition	*Prozentsatz*	*Bemerkungen*
1	Vollkommener Ausfall	50	
2	Inhaltliche Mängel		
	a) Eintöniger Speisenzettel	5	
	b) Nicht genügend warme Speisen	10	
	c) Verdorbene (ungenießbare) Speisen	20–30	
3	Service		
	a) Selbstbedienung (statt Kellner)	10–15	
	b) lange Wartezeiten	5–15	
	c) Essen in Schichten	10	
	d) Verschmutzte Tische	5–10	
	e) Verschmutztes Geschirr, Besteck	10–15	
4	Fehlende Klimaanlage im Speisesaal	5–10	bei Zusage

III. Sonstiges

	Mängelposition	*Prozentsatz*	*Bemerkungen*
1	Fehlender oder verschmutzter Swimmingpool	10–20	bei Zusage
2	Fehlendes Hallenbad a) bei vorhandenem Swimmingpool b) bei nicht vorhandenem Swimmingpool	 10 20	bei Zusage soweit nach Jahreszeit benutzbar
3	Fehlende Sauna	5	bei Zusage
4	Fehlender Tennisplatz	5–10	bei Zusage
5	Fehlendes Mini-Golf	3– 5	bei Zusage
6	Fehlende Segelschule, Surfschule, Tauchschule	5–10	bei Zusage
7	Fehlende Möglichkeit zum Reiten	5–10	bei Zusage
8	Fehlende Kinderbetreuung	5–10	bei Zusage
9	Unmöglichkeit des Badens im Meer	10–20	je nach Prospektbeschreibung und zumutbarer Ausweichmöglichkeit
10	Verschmutzter Strand	10–20	
11	Fehlende Strandliegen, Sonnenschirme	5–10	bei Zusage
12	Fehlende Snack- oder Strandbar	0– 5	je nach Ersatzmöglichkeit
13	Fehlender FKK-Strand	10–20	bei Zusage
14	Fehlendes Restaurant oder Supermarkt a) bei Hotelverpflegung b) bei Selbstverpflegung	 0– 5 10–20	bei Zusage/je nach Ausweichmöglichkeit
15	Fehlende Vergnügungseinrichtungen (Disco, Nightclub, Kino, Animateure)	5–15	bei Zusage
16	Fehlende Boutique oder Ladenstraße	0– 5	je nach Ausweichmöglichkeit

	Mängelposition	*Prozentsatz*	*Bemerkungen*
17	Ausfall von Landausflügen bei Kreuzfahrten	20–30	des anteiligen Reisepreises je Tag des Landausfluges
18	Fehlende Reiseleitung		
	a) bloße Organisation	0– 5	
	b) bei Besichtigungsreisen	10–20	
	c) bei Studienreisen mit wissenschaftlicher Führung	20–30	bei Zusage
19	Zeitverlust durch notwendigen Umzug		anteiliger Reisepreis für
	a) im gleichen Hotel		1/2 Tag
	b) in anderes Hotel		1 Tag

IV. Transport

	Mängelposition	*Prozentsatz*	*Bemerkungen*
1	Zeitlich verschobener Abflug über 4 Stunden hinaus	5	des anteiligen Reisepreises für einen Tag für jede weitere Stunde
2	Ausstattungsmängel		
	a) Niedrigere Klasse	10–15	
	b) Erhebliche Abweichung vom normalen Standard	5–10	
3	Service		
	a) Verpflegung	5	
	b) Fehlen der in der Flugklasse üblichen Unterhaltung (Radio, Film, etc.)	5	
4	Auswechslung des Transportmittels		der auf die Transportverzögerung entfallende anteilige Reisepreis
5	Fehlender Transfer vom Flugplatz (Bahnhof) zum Hotel		Kosten des Ersatztransportmittels

Erläuterungen zur Tabelle

1. Geringfügige Beeinträchtigungen bleiben außer Betracht.

2. Die Höhe des Prozentsatzes richtet sich bei Rahmensätzen nach der Intensität der Beeinträchtigung. Diese ist in der Regel unabhängig von den Eigenschaften des einzelnen Reisenden (Alter, Geschlecht, besondere Empfindlichkeit, besondere Unempfindlichkeit).

Ausnahmen:

a) Bei besonderen Eigenschaften oder Gebrechen eines Reisenden, die dem Reiseveranstalter bei Buchung bekannt waren, kann bei besonders erheblicher Beeinträchtigung der einzelne Tabellensatz und der Höchstprozentsatz um 50% erhöht werden.

b) Bei Mängeln der Gruppe III unterbleibt eine Minderung, wenn eine Beeinträchtigung für den Reisenden offenkundig oder nachweisbar nicht gegeben war.

3. Der Prozentsatz wird grundsätzlich vom Gesamtreisepreis (also einschließlich Transportkosten) erhoben.

a) Soweit Beeinträchtigungen während der Reisedauer nur zeitweilig auftreten, wird für die Minderung der auf die entsprechende Zeit umgelegte Gesamtreisepreis der Minderung zugrundegelegt. Gleiches gilt, wenn die Gewährleistung des Reiseveranstalters wegen schuldhaft unterlassener Anzeige des Mangels (§ 651 d Abs. 2 BGB) oder wegen Nichtannahme eines zumutbaren Ersatzangebots entfällt.

b) In Ausnahmefällen (kleinere Mängel bis höchstens 10%) kann der Prozentsatz dem (anteiligen) Aufenthaltspreis entnommen werden, wenn durch die Mängel der Gesamtzuschnitt der Reise nicht wesentlich verändert worden ist.

c) Bei zusammengesetzten Reisen (z.B. Rundreise mit anschließendem Erholungsaufenthalt), von denen mindestens ein Reiseteil getrennt gebucht werden kann, ist die Minderung in der Regel aus dem Preis für den Reiseteil zu berechnen, auf den die Mängel entfallen. Ziff. 3.b und Ziff. 5 bleiben unberührt.

4. Bei Vorliegen mehrerer Mängelpositionen werden die Prozentsätze addiert.

a) Ist Gegenstand des Vertrags die Leistung von Unterkunft und Vollpension, so dürfen folgende Gesamtprozentsätze innerhalb einer Leistungsgruppe nicht überschritten werden:

Gruppe I	(Unterkunft)	50%
Gruppe II	(Verpflegung)	50%
Gruppe III	(Sonstiges)	30%
Gruppe IV	(Transport)	20%

b) Ist Gegenstand des Vertrags die Leistung von Unterkunft und Halbpension, so erhöhen sich die Tabellensätze der Gruppe I (mit Ausnahme von Position I/1) um $^1/_4$ = 25% und vermindern sich die Tabellensätze der Gruppe II um $^1/_4$ = 25%. Dabei dürfen folgende Gesamtprozentsätze innerhalb einer Leistungsgruppe nicht überschritten werden:

Gruppe I	(Unterkunft)	62,5%
Gruppe II	(Verpflegung)	37,5%
Gruppe III	(Sonstiges)	30%
Gruppe IV	(Transport)	20%

c) Ist Gegenstand des Vertrags die Leistung von Unterkunft mit Frühstück, so erhöhen sich die Tabellensätze der Gruppe I (mit Ausnahme der Position I/1) um $^2/_3$ = 66,6% und vermindern sich die Tabellensätze der Gruppe II um $^2/_3$ = 66,6%. Dabei dürfen folgende Gesamtprozentsätze innerhalb einer Leistungsgruppe nicht überschritten werden:

Gruppe I	(Unterkunft)	83,3%
Gruppe II	(Verpflegung)	16,7%
Gruppe III	(Sonstiges)	30%
Gruppe IV	(Transport)	20%

d) Ist Gegenstand des Vertrags nur die Leistung von Unterkunft (ohne Verpflegung), so erhöhen sich die Tabellensätze der Gruppe I (mit Ausnahme von Position I/1) um 100%; im Einzelfall kann der Gesamtprozentsatz der Gruppe I bis 100% gehen. Für die Gruppe III verbleibt es beim Gesamtprozentsatz von 30%, für die Gruppe IV beim Gesamtprozentsatz von 20%.

5. Ist die Reise in ihrer Gesamtheit durch Mängel einzelner Reiseleistungen oder durch Pflichtverletzungen des Reiseveranstalters schuldhaft erheblich beeinträchtigt worden, so kann dem Reisenden über die Minderungssätze der Tabelle nach Ziff. 2 und über die in Ziff. 3.a vorgesehene Begrenzung auf den betroffenen Zeitraum hinaus der Reisepreis ganz oder teilweise als nutzlose Aufwendung gem. § 651 f Abs. 2 BGB erstattet werden.

6. a) Eine Kündigung nach § 651 e Abs. 1 BGB kommt in der Regel nur in Betracht, wenn Mängel mit einem Gesamtgewicht von mindestens 20% vorliegen. Hierbei ist bei einer Kündigung nach Fristsetzung (§ 651 e Abs. 2 S. 1 BGB) auf die nicht fristgerecht behobenen Mängel, bei einer sofortigen Kündigung (§ 651 e Abs. 2 S. 2 BGB) auf die bei Abgabe der Kündigungserklärung vorliegenden Mängel abzustellen.

b) Ein Schadensersatzanspruch nach § 651 f Abs. 2 BGB in Form der Kosten für einen Ersatzurlaub kommt in der Regel nur in Betracht, wenn – nicht fristgerecht behobene – Mängel mit einem Gesamtgewicht von mindestens 50% vorliegen.

c) Eine Reiseleistung ist ohne Interesse für den Reisenden i. S. des § 651 e Abs. 3 S. 3 BGB, wenn – nicht fristgerecht behobene – Mängel im Gesamtgewicht von mindestens 50% vorgelegen haben.

d) Im Rahmen dieser Ziff. 6.a–c bleiben die in Ziff. 4.b–d vorgesehene Erhöhung und Verminderung der Prozentsätze außer Betracht."

Anmerkung:

Die vom Landgericht Frankfurt/M. angewandte Tabelle zur Reisepreisminderung nebst den Erläuterungen gibt für alle Reisemängel einen detaillierten Anhaltspunkt, was an prozentualer Minderung angemessen ist. Bedenken Sie aber, daß nicht alle Gerichte diese Tabelle verwenden.

Siehe dazu A. 16. Minderung des Reisepreises

Das LG Frankfurt/M. selber hat die obigen Erläuterungen zur Frankfurter Tabelle im Laufe der Zeit geringfügig modifiziert. Nach einer Entscheidung (LG Frankurt NJW-RR 92, S. 51) ist bei der Berechnung der Minderung (anders als oben Ziff. 3.c) auf den Gesamtreisepreis, jedoch ohne Nebenleistungen wie z. B. Reiseversicherungen, abzustellen.

Auch Komfort-Zuschläge, z.B. erster Klasse, werden nicht berücksichtigt (LG Frankfurt/M., NJW-RR 92, S. 890).

Schließlich werden auch Kosten für zusätzliche Zwischenübernachtungen (wenn diese Leistungen an sich mangelfrei sind) nicht bei der Berechnung des Ausgangsbetrages, von dem prozentual zu mindern ist, mitgerechnet (LG Frankfurt/M., NJW-RR 93, S. 952/953).

Bei Reisebausteinen (z.B. erster Teil Flug mit Rundreise, zweiter Teil anschließender Badeaufenthalt) werden jetzt die Transportkosten des einen Teils anteilig auch auf den zweiten Teil umgelegt, maßgeblich ist also der anteilige Gesamtreisepreis (also anders als oben 3.c).

Siehe dazu A. 16. Minderung des Reisepreises

Außerdem – dies ist aber eine eher „juristische" Sache – entnimmt das LG Frankfurt/M. (NJW-RR 89, S. 1213) den Anspruch wegen nutzlos aufgewendeten Reisepreises und auf Ersatz der Kosten für eine Ersatzreise jetzt (anders als oben Ziff. 5.) nicht mehr dem Abs. 2, sondern dem Abs. 1 des § 651 f BGB. Eine praktische Auswirkung besteht darin, daß durch die Änderung der Anspruchsgrundlage die vom Landgericht Frankfurt/M. für den § 651 f Abs. 2 gezogene 50%-Grenze nicht mehr gilt (siehe oben 5. und 6.).

▶ siehe auch Beispiel zu Musterbrief B. 24: B. 25

18. Kündigung des Reisevertrags (§ 651 e BGB)

Ein schweres Geschütz des Reisenden ist sein Recht, den Reisevertrag zu kündigen, wenn die Reise durch einen Mangel oder mehrere Mängel *erheblich* beeinträchtigt wird oder wenn sie deshalb für den Reisenden aus wichtigem, dem Reiseveranstalter erkennbaren Grund *unzumutbar* wird. Dies kann sich (selten) bereits vor Reiseantritt oder (dies ist der häufigere Fall) im Verlauf der Reise herausstellen.

(Nach Ansicht des LG Frankfurt/M., NJW 86, S. 1616, ist die Anwendbarkeit des § 651 e BGB auf Kündigungen nach Reiseantritt beschränkt.)

Faustregel: Erheblich ist eine Beeinträchtigung in jedem Fall, wenn sie bei Fortsetzung der Reise für die verbleibenden Tage zu einer Minderung des Reisepreises von 50% berechtigen würde (OLG Düsseldorf, NJW-RR 95, S. 623; AG Bad Homburg NJW-RR 97, S. 819). Die Gerichte sind sich hier aber nicht einig. Das LG Frankfurt/M. (NJW 94, S. 1762) z.B. sagt: „... Die geschilderten Belästigungen stellen einen Reisemangel dar, der eine Minderung des Reisepreises um mindestens 20% rechtfertigte. Damit war die Klägerin berechtigt, den Reisevertrag gem. § 651 e Abs. 1 BGB vorzeitig zu kündigen und auch vorzeitig zurückzureisen." (Mindestens 20% auch bei LG Frankfurt/M., NJW 85, S. 1475 und NJW-RR 92, S. 1083.) In einer neueren Entscheidung geht aber auch das LG Frankfurt/M. (NJW-RR 97, S. 829) nun von mindestens 50% aus.

Wichtig ist, daß man, gleich welchen Prozentsatz man nun für richtig hält, immer auf den Rest der Reise abstellt. Sonst fände eine Kompensation mit der mangelfreien Zeit statt, die das Kündigungsrecht des Reisenden entwerten würde. „Bei der Frage, ob eine Kündigung berechtigt ist, kann nur darauf abgestellt werden, welche Mängel im Zeitpunkt der Kündigung vorliegen und ob es dem Reisenden zuzumuten ist, sie für die Zukunft hinzunehmen" (LG Frankfurt/M. NJW-RR 92, S. 1083).

Beispiel:
Eine dreißigtägige Reise ist bis zum 25. Tag in Ordnung, danach tritt ein Reisemangel von 50% ein. „Verrechnet“ man das aber auf die gesamte Reisezeit, bleibt nur noch ein Mangel von 8,3% über; der Reisende könnte nicht mehr kündigen, obwohl das Festhalten am Vertrag bei einem so schwerwiegenden Mangel für die restlichen fünf Tage nicht zumutbar ist. Richtigerweise muß man daher für das Kündigungsrecht nur darauf abstellen, wie erheblich der Mangel im Zeitpunkt der Kündigung und für die restliche Urlaubszeit ist.

Auch eine erhebliche Beeinträchtigung berechtigt allerdings möglicherweise dann nicht zur Kündigung des Reisevertrags, wenn von vornherein absehbar ist, daß sie nur temporärer Natur ist.

Beispiel: Bei einer zweiwöchigen Winterreise fällt am 5. Tag der zentrale Heizkessel im Hotel aus. Es wird schnell bitterkalt, auch warmes Wasser zum Duschen oder Baden gibt es nicht mehr. Da für die Reparatur das Gas abgestellt werden muß, bleibt auch noch die Küche kalt. Die Hotelleitung ruft aber sogleich Handwerker herbei, die mitteilen, daß der Schaden spätestens am Abend des 6. Tages behoben sein wird. Hier wird ein Kündigungsrecht zu verneinen sein, obwohl die Beeinträchtigung für sich betrachtet erheblich ist. (Der Reisende kann allerdings Minderung und ggf. Schadensersatz verlangen.)

Abzustellen ist aber auch hier immer auf den Einzelfall, wie er sich nach dem konkreten Reisevertrag ergibt. Ist z.B. eine Reise ganz auf einen bestimmten, groß angepriesenen Höhepunkt ausgerichtet, etwa der Besuch einer Opernaufführung in der Arena di Verona, so kann die Reise schon vor Antritt gekündigt werden, wenn sich herausstellt, daß gerade diese Leistung nicht erbracht werden wird (also auch, wenn alle anderen Leistungen wie Beförderung, Unterkunft, Verpflegung, die möglicherweise 90% des Reisepreises ausmachen, in Ordnung wären).

Auch die geplante Dauer der Reise ist zu berücksichtigen. So hat das LG Frankfurt/M. (NJW-RR 97, S. 821) entschieden, daß bei einer sechstägigen Marokkoreise die Verschiebung des Abflugs von Berlin nach Marokko (von der die Reisenden im übrigen erst am Flughafen erfuhren) um mehr als zwölf Stunden (und damit der Verlust einer Übernachtung) einen solchen Mangel darstellt, daß er zur sofortigen Kündigung berechtigt. Der Reisende konnte gem.

§ 651e Abs. 3 BGB den gesamten Reisepreis zurückerstattet (und zusätzlich Schadensersatz wegen Nichterfüllung) verlangen. Denn der nach Verschiebung des Abflugs noch verbleibende Urlaub stellt sich als derart wesentlich verändert dar, daß dies als eine erhebliche Beeinträchtigung i.S. des § 651e Abs. 1 BGB anzusehen ist.

Nachstehend noch ein Beispiel für die im Gesetz genannte, dem Reiseveranstalter erkennbare Unzumutbarkeit aus wichtigem Grund: Der Reisende ist, was der Reiseveranstalter auch weiß, Rollstuhlfahrer. Im Hotel wird gerade für die nächsten zwei Wochen ein neuer Fahrstuhl eingebaut. Objektiv ist der Ausfall des Fahrstuhls kein *erheblicher* Mangel des Hotels (der Reise), im konkreten Fall aber ist dem Reisenden die Reise unzumutbar geworden.

Bevor der Reisende kündigen kann, muß er dem Reiseveranstalter eine angemessene Frist zur Abhilfe setzen. Was „angemessen" ist, kann wieder nur im Einzelfall entschieden werden. Die Fristsetzung ist ganz entbehrlich, wenn

- die Abhilfe unmöglich ist oder
- die Abhilfe vom Reiseveranstalter verweigert wird oder
- ein besonderes Interesse des Reisenden die sofortige Kündigung rechtfertigt.

In diesen Fällen kann sofort gekündigt werden.

Im soeben beschriebenen Fall der Abflugverschiebung von 12 Stunden bei einer Kurzreise hat das Gericht zum Beispiel ausgeführt, daß es einer Bestimmung einer Frist zur Abhilfe *nicht* bedurfte, „da die sofortige Kündigung angesichts der gesamten Umstände durch die besonderen Interessen" der Reisenden gerechtfertigt war (LG Frankfurt/M. NJW-RR 97, S. 821).

Die Kündigung sollte aus Beweisgründen tunlichst schriftlich erfolgen, z.B. durch Übergabe des Kündigungsschreibens an den örtlichen Reiseleiter. Den Empfang lassen Sie sich durch den Reiseleiter auf einer Abschrift quittieren.

Das LG Frankfurt/M. (NJW-RR 96, S. 889) hat entschieden, daß die Kündigung – ausnahmsweise – auch gegenüber der dem Urlauber einzig bekannten Schlüsselausgabestelle erfolgen kann. Im dortigen Fall hatte der Urlauber eine so mangelhafte und miserabel ausgestattete Ferienwohnung vorgefunden (z.B. für vier Personen nur zwei Teller und keine einzige Tasse), daß eine Nutzung der Ferienwohnung unzumutbar war. Bei der Schlüsselausgabestelle wollte niemand Abhilfe leisten, noch konnte man dem Reisenden sagen, wie er eine örtliche Reiseleitung erreichen könne. Der Reisende konnte in diesem Fall – zu Recht – ohne Fristsetzung zur Abhilfe den Vertrag kündigen, und er konnte dies auch gegenüber der für ihn einzig erreichbaren Schlüsselausgabestelle erklären.

Die Frage, was der Reisende nach Kündigung noch zahlen muß oder was er zurückbekommt, ist in § 651e Abs. 3 BGB recht juristisch formuliert. Unter dem Strich kommt Folgendes heraus: der Reisende muß für die tatsächlich erbrachten Reiseleistungen zahlen, aber nur insoweit, *als sie von Interesse für ihn waren.*

Da Reisepreise in der Regel im voraus vollständig bezahlt sind, hat der Reisende einen (Teil)rückforderungsanspruch.

Beispiel: Der Reisende steigt aus dem Flugzeug aus und muß feststellen, daß das vertraglich vorgesehene Hotel noch gar nicht gebaut ist. Der Reisende kündigt sofort. Einer Fristsetzung zur Abhilfe bedarf es hier nicht, da in diesem Fall die Abhilfe unmöglich ist. Der Reiseveranstalter kann auch nicht die Flugkosten verlangen. Die Flugleistung hat er zwar erbracht, aber sie war für den Reisenden so – wie das Gesetz treffend formuliert – nicht von Interesse. Der Reiseveranstalter muß sogar noch den Reisenden auf seine (also des Reiseveranstalters) Kosten zurückbefördern (siehe sogleich unten) und dem Reisenden ggf. noch Schadensersatz für nutzlos aufgewendete Urlaubszeit zahlen (siehe „A. 21. Schadensersatz")

Nach LG Frankfurt/M. (NJW-RR 92, S. 1083/1084) haben Reisetage, die mit Mängeln von mehr als 50% behaftet sind, in der Regel kein Interesse mehr für den Reisenden; mit der Folge, daß er für diese Tage gem. § 651e Abs. 3 Satz 3 BGB im Falle der Kündigung keine Entschädigung an den Reiseveranstalter zu zahlen braucht.

Bei mehrtägigen Pauschalreisen ist in der Regel ein Leistungsteil die Beförderung. Wenn nun der Reisende am Urlaubsort kündigt, ist damit der Vertrag genaugenommen beseitigt. Deshalb bestimmt § 651e Abs. 4 BGB ausdrücklich, daß der Reiseveranstalter die Rückbeförderung sowie alle anderen infolge der Aufhebung des Vertrags notwendigen Maßnahmen *ohne Berechnung von Mehrkosten* noch durchzuführen hat.

Beispiel: Sie kündigen einen vierwöchigen Badeaufenthalt wegen einer erheblichen Beeinträchtigung (und nach Verstreichen der von Ihnen gesetzten Abhilfefrist) nach zwei Wochen. Die Mehrkosten, die dem Reiseveranstalter nun dadurch entstehen, daß er Sie außerplanmäßig mit Linie zurückfliegen muß anstelle bei Reiseende planmäßig mit Charter, darf er Ihnen nicht berechnen.

▶ siehe auch Fristsetzung und Androhung der Kündigung am Urlaubsort Musterbrief B. 21
Mängelliste mit Fristsetzung und Kündigungsandrohung Musterbrief B. 23

19. Kündigung bei höherer Gewalt (§ 651 j BGB)

Sowohl der Reisende als auch der Reiseveranstalter können den Reisevertrag kündigen, wenn die Reise wegen *nicht voraussehbarer* höherer Gewalt *erheblich* erschwert, gefährdet oder beeinträchtigt wird. Die Kündigung kann in diesem Fall sofort erklärt werden. Einer vorherigen Fristsetzung bedarf es nicht.

Der Reisende muß dann nur die tatsächlich erbrachten Reiseleistungen bezahlen. Dies gilt allerdings selbst dann, wenn die erbrachten Leistungen kein Interesse mehr für den Reisenden hatten. Insoweit ist § 651 j also ungünstiger für den Reisenden als § 651 e.

Der Reiseveranstalter bleibt, wenn die Rückbeförderung zum ursprünglichen Vertragsinhalt gehörte, zur Rückbeforderung – und zu sonstigen, infolge der Aufhebung des Vertrags notwendigen Maßnahmen – verpflichtet. Die Mehrkosten der planwidrigen Rückbeförderung (z.B. Linie statt wie geplant am Ende der Reise mit Charter) tragen Reisender und Reiseveranstalter je zur Hälfte. Im übrigen trägt die Mehrkosten der Reisende allein.

Die von jedem der beiden Vertragspartner mögliche Kündigung wegen höherer Gewalt nach § 651 j BGB kann den Reisenden also unter dem Strich teurer kommen als die nur vom Reisenden mögliche Kündigung wegen eines die Reise erheblich beeinträchtigenden Mangels nach § 651 e BGB (siehe „A. 18. Kündigung des Reisevertrags“). Wenn eine Kündigung nach § 651 e BGB möglich ist, steht der Reisende damit also besser. Dabei kann die Abgrenzung im Einzelfall durchaus schwierig sein. Faustregel: Ist es ein von außen kommendes Ereignis oder irgendwie mit der vom Reiseveranstalter zu erbringenden Leistung verknüpft?

Beispiel: Streik des Hotelpersonals = Mangel der Reise, Fall des § 651 e BGB. Streik der Fluglotsen = höhere Gewalt, Fall des § 651 j BGB.

Weitere Beispiele für höhere Gewalt: Ausbruch von Seuchen, Ausbruch eines Bürgerkrieges, Vulkanausbruch, Hurrican usw.

Nach einer Entscheidung des AG Stuttgart-Bad Cannstatt (NJW-RR 92, S. 312) begründete die Golfkriegsgefahr eine Kündigung wegen höherer Gewalt. Keine höhere Gewalt (und demgemäß kein Kündigungsrecht des Reisenden gem. § 651 j BGB) lag nach Auffassung des AG Ludwigsburg (NJW-RR 94, S. 311) vor, als Reisende nach einem Terroranschlag auf einen Bus mit deutschen Touristen in Ägypten eine Ägyptenreise kündigten. Ähnlich entschied das AG Charlottenburg (NJW-RR 94, S. 312) im Falle von Terroranschlägen in der Türkei im Jahre 1993. In beiden Fällen stellten die Richter darauf ab, daß es sich bei solchen Anschlägen letztlich um Einzelakte handelt, die überall – auch in klassischen westlichen Urlaubsländern – auftreten können und damit zum allgemeinen Lebensrisiko gehören.

Der Bundesgerichtshof hatte zur Frage der Kündigung des Reisevertrags in einer nicht unumstrittenen Entscheidung den Anwendungsbereich des dem Reisenden wesentlich günstigeren § 651 e BGB zulasten des dem Reisenden ungünstigeren § 651 j BGB so weit ausgeweitet, daß der Reisende praktisch ein Wahlrecht hatte, ob er nach § 651 e oder nach § 651 j kündigt (BGH NJW 83, S. 33). Der BGH formulierte sehr verbraucherfreundlich: „Der Reisende kann nach § 651 e BGB in den Fällen kündigen, in denen der Reiseveranstalter – und sei es auch infolge nicht voraussehbarer höherer Gewalt – seinen Leistungspflichten aus dem Reisevertrag nicht nachkommt“ (BGH NJW 83, S. 34). *Dieses in Büchern und Beiträgen älteren Datums möglicherweise noch aufgeführte* ***„Wahlrecht“*** *des Reisenden ist aufgrund einer Gesetzesnovelle seit dem 1. 11. 1994* ***nicht mehr gegeben!*** Der Gesetzgeber hat durch die Einfügung der Worte „allein nach Maßgabe dieser Vorschrift“ in § 651 j klargestellt, daß in Fällen bei Vertragsabschluß nicht voraussehbarer höherer Gewalt die Reise *nur* nach § 651 j und nicht auch nach § 651 e gekündigt werden kann; also nur mit der für den Reisenden ungünstigeren (aber im Ergebnis ausgewogeneren), oben dargestellten Kostenfolge.

Die Verweisung des § 651 j Abs. 2 Satz 1 auf § 651 e Abs. 3 Satz 2 führt auf den ersten Blick dazu, daß der Reiseveranstalter im Falle einer Kündigung wegen höherer Gewalt für die bereits „erbrachten“ Leistungen eine Entschädigung verlangen kann. Was aber, wenn dem Reiseveranstalter Kosten entstanden sind, ohne daß er bereits eine Leistung gegenüber dem Reisenden „erbracht“ hat? Wichtig in diesem Zusammenhang ist eine Entscheidung des Bundesgerichtshofs (NJW 90, S. 572), die sich mit der Frage befaßt, wer die Stornokosten trägt, die der Reiseveranstalter an den Hotelier bezahlen muß, wenn der Reisende die Reise gegenüber dem Reiseveranstalter wegen höherer Gewalt (im Fall des BGH war es „Tschernobyl") *vor* Reisebeginn kündigt. Der BGH hat diese Kosten je zur Hälfte dem Reisenden und dem Reiseveranstalter auferlegt (und damit die eingangs dieses Absatzes aufgezeigte Gesetzeslücke geschlossen).

► siehe auch Kündigung des Reisevertrags vor Reiseantritt wegen höherer Gewalt Musterbrief B. 17

20. Kündigung aus wichtigem Grund

In der Rechtsordnung der Bundesrepublik Deutschland gilt der Grundsatz, daß man Verträge bei Vorliegen eines „wichtigen Grundes“ in der Regel kündigen kann. Im Gesetz – z.B. im Mietrecht – wird der wichtige Grund vom Gesetzgeber oft näher konkretisiert; allerdings ist das nicht immer so. Wo es keine gesetzliche Konkretisierung gibt, stellen die Gerichte zu Recht sehr strenge Anforderungen an eine Vertragskündigung wegen wichtigen Grundes.

Das LG Frankfurt/M. (NJW 91, S. 498/499) hat eine Kündigung des Reisevertrags aus wichtigem Grund als rechtens in einem Fall angesehen, in dem bei einem Ehepaar auf der Reise ein Ehepartner verstorben war, worauf auch der andere die Reise nicht mehr fortsetzen wollte. So traurig so etwas ist, bleibt die Frage, ob der Reiseveranstalter in solchen Fällen den anteiligen Reisepreis zurückzahlen muß und ob er auf seinen Kosten z.B. gegenüber dem Hotelier sitzenbleibt. Das LG Frankfurt/M. wendet hier § 649 Satz 2 BGB entsprechend an mit der Folge, daß der Reiseveranstalter zwar den Anspruch auf den vollen Reisepreis behält, jedoch ersparte Aufwendungen, z.B. für die nicht mehr eingenommenen Mahlzeiten, zurückerstatten muß. Die Gerichte können diese ersparten Aufwendungen nach § 287 ZPO schätzen. Ein wichtiger Grund für eine Kündigung mit der oben genannten Kostenfolge wäre z.B. auch eine im Urlaub eintretende (schwere) Krankheit des Reisenden.

Der Reisende ist möglicherweise gegen die ihn treffenden Kosten und auch bzgl. der Kosten einer vorzeitigen Rückreise durch eine Reiserücktrittskostenversicherung geschützt, siehe dazu „C. 5. Reiseversicherungen“.

Das Kündigungsrecht aus wichtigem Grund steht auch dem Reiseveranstalter zu. Voraussetzung ist, daß ein Verhalten des Reisenden gegeben ist, wonach dem Reiseveranstalter nach Treu und Glauben eine Fortsetzung des Vertragsverhältnisses nicht zugemutet werden kann (LG Frankfurt/M., NJW-RR 93, S. 1145). Dabei ist aber zu beachten, daß dieses Recht nur dem Reiseveranstalter zusteht. Im vom LG Frankfurt/M. entschiedenen Fall hatte der Hotelier dem Reisenden gekündigt (ihn hinausgeworfen). Das war nicht zulässig, da der Hotelier als Leistungsträger nicht Partei des Reisevertrags ist und deshalb den Reisevertrag – jedenfalls ohne Mitwirkung des Reiseveranstalters – nicht wirksam kündigen kann. Das Gericht sprach dem Reisenden daher Rückerstattungs- und Schadensersatzansprüche gegen den Reiseveranstalter zu. Dabei wurde aber eine „Hintertür" offengelassen für den (Ausnahme)fall, daß sich ein Reisender „absolut rechtswidrig verhält und dem Leistungsträger ein weiteres Abwarten nicht zuzumuten ist". In diesem Fall mag (über § 677 BGB) ggf. auch ausnahmsweise der Hotelier zur sofortigen Kündigung des Reisevertrags berechtigt sein.

21. Schadensersatz (§§ 651f und 651h BGB)

Wenn der Reiseveranstalter einen Reisemangel *verschuldet* (im Gesetz: „zu vertreten") hat, dann haftet er gem. § 651f BGB auf Schadensersatz, und zwar auch neben der vom Reisenden vorgenommenen Kündigung oder Minderung.

Das Verschulden ist in §§ 276 und 278 BGB wie folgt definiert:

§ 276:
„(1) Der Schuldner hat, sofern nicht ein anderes bestimmt ist, Vorsatz und Fahrlässigkeit zu vertreten. Fahrlässig handelt, wer die im Verkehr erforderliche Sorgfalt außer acht läßt. Die Vorschriften der §§ 827, 828 finden Anwendung.
(2) Die Haftung wegen Vorsatzes kann dem Schuldner nicht im voraus erlassen werden."

§ 278:
„Der Schuldner hat ein Verschulden seines gesetzlichen Vertreters und der Personen, deren er sich zur Erfüllung seiner Verbindlichkeiten bedient, in gleichem Umfange zu vertreten wie eigenes Verschulden. Die Vorschrift des § 276 Abs. 2 findet keine Anwendung."

Beispiel für einen sogenannten „Erfüllungsgehilfen" gem. § 278: Der Busunternehmer, der bei einer Pauschalreise den Reisenden zum Urlaubsort bringen soll; oder andere Leistungsträger, die vom Reiseveranstalter zur Erbringung der Pauschalreise eingeschaltet werden.

Wichtig ist in diesem Zusammenhang, daß nicht der Reisende dem Reiseveranstalter beweisen muß, daß dieser schuldhaft gehandelt hat, sondern daß umgekehrt der Reiseveranstalter beweisen muß, daß die schädigenden Umstände nicht von ihm (bzw. seinem „Erfüllungsgehilfen", s. o.) schuldhaft verursacht worden sind.

Allerdings ist es erforderlich, daß der Reisende den Reisemangel dem Reiseveranstalter alsbald angezeigt bzw. Abhilfe verlangt hat, es sei denn, dem Mangel war nicht abzuhelfen, der Schaden war auch bei erfolgreicher Abhilfe nicht zu vermeiden oder der Reisende hat die Unterlassung einer Anzeige den Umständen nach nicht zu vertreten (BGH NJW 85, S. 132). Diese von den Gerichten geforderte Voraussetzung steht nicht im Gesetz, aber, so der BGH: „Es wird für unbillig erachtet, daß der Reiseveranstalter Schadensersatz leisten soll, ohne Gelegenheit zu möglicher Abhilfe erhalten zu haben." Zu Mängelanzeige und Abhilfeverlangen siehe „A. 14. Abhilfeverlangen und Selbsthilfe".

Die Fragen, was und in welcher Höhe ersetzt werden muß, sind auch unter Juristen meist „streitig". Es kommt immer auf den Einzelfall an!

Beispiel für einen Schaden: Bei einer Pauschalreise sind alle Transfers, nicht aber die Eintrittsgelder enthalten. Sie kaufen im Vorverkauf eine teure Opernkarte. Auf dem Transfer zur Oper bleibt der Bus mit leerem Tank liegen, die Karte verfällt. Sie haben Anspruch auf Ersatz des Preises für die Opernkarte; ggf. auch auf Schadensersatz wegen nutzlos aufgewendeter Urlaubszeit (dazu weiter unten).

Ein Schadensersatzanspruch kann außerdem bei der schuldhaften Verletzung von Informations- und Hinweispflichten durch den Reiseveranstalter entstehen. Nach Ansicht des Bundesgerichtshofs handelt es sich hierbei um *Haupt*pflichten des Reiseveranstalters aus dem Reisevertrag.

Seit dem 1. 11. 94 sind die den Reiseveranstalter treffenden Informationspflichten umfassend in § 651a Abs. 5 BGB in Verbindung mit der Verordnung über die Informationspflichten von Reiseveranstaltern (siehe „A. 13. Informationspflichten") gesetzlich geregelt. Bereits vorher hatte die Rechtsprechung bereits Informationspflichten aufgestellt. Die gesetzliche Regelung ist aber umfassender.

Beispiel (nach BGH NJW 85, S. 1165): Der Reisende buchte eine Ägyptenreise, wurde aber bei Ankuft in Kairo nicht ins Land gelassen, da er keinen Reisepaß dabei hatte. Nach einer Übernachtung am Flughafen mußte er zurückfliegen.

Der BGH spricht hier dem Reisenden wegen fehlenden Hinweises auf die Einreisebestimmungen durch den Reiseveranstalter als Schadensersatz zunächst die Rückerstattung des Reisepreises, sodann die Kosten der Übernachtung und schließlich einen Betrag für nutzlos aufgewendete Urlaubszeit zu. Der Fall wies darüber hinaus noch die Besonderheit auf, daß der Veranstalter in seinen Reisebedingungen (dem „Kleingedruckten") eine Klausel hatte, wonach der Reisende für die Einhaltung aller Paß-, Visa-, Zoll, Devisen- und Gesundheitsbestimmungen „selbst verantwortlich" sei. Der BGH hat diese Klausel (gestützt auf das AGBG) als ungültig angesehen.

Schadensersatz kommt z.B. auch in Betracht bei Verstoß gegen andere Informations- und Hinweispflichten, wie sie in der Verordnung über die Informationspflichten von Reiseveranstaltern genannt werden. So muß der Reiseveranstalter z.B. über notwendige Visaerfordernisse, über vorgeschriebene Impfungen usw. umfassend und wahrheitsgemäß informieren.

Der Vollständigkeit halber hier noch ein Hinweis: Nach anderer Ansicht handelt es sich bei der schuldhaften Verletzung von Hinweispflichten um Verstöße gegen vertragliche *Neben*pflichten. Anspruchsgrundlage ist dann die im Gesetz nicht geregelte sogenannte „positive Vertragsverletzung" (pVV). Man kann aber auch wie der BGH gleich den ganzen Schadensersatzanspruch dem § 651f BGB unterstellen. Soweit in der Verordnung über die Informationspflichten von Reiseveranstaltern *vor*vertragliche Informationspflichten festgeschrieben werden, kann auch „Verschulden beim Vertragsschluß" Anspruchsgrundlage sein. Die Unterscheidung ist aber wegen des gleichen Ergebnisses weitgehend akademischer Natur.

Zum Schadensersatz gehören auch – oft vergessene – Kleinpositionen, wie z.B. die Kosten für die zur Beweissicherung angefertigten Fotos der Mängel.

Allerdings darf der Reisende sein Anspruchsdenken auch nicht überspannen. Das OLG Frankfurt/M. (NJW-RR 88, S. 1329) hat z.B. – und zu Recht! – die Schadensersatzklage eines Reisenden abgewiesen, der Schadensersatz begehrte, weil es auf seiner Angelreise im Fluß nicht genug Fische gab, was letztlich auf eine – normalerweise nicht auftretende – temperaturbedingt verspätete Fischwanderung flußaufwärts zurückzuführen war.

Das AG St. Blasien (NJW-RR 88, S. 1332) hat die (Wider)klage zweier Reisender abgewiesen, die allen Ernstes geltend machten, daß in einem typischen Landgasthof im Hochschwarzwald das – darüber hinaus auch noch recht preiswerte – Zimmer „nur" ein 1,90 Meter langes statt ein 2,00 Meter langes Bett hatte.

Das OLG Düsseldorf (NJW-RR 91, S. 879) hat die Schadensersatzklage einer im Urlaub in der Reiseunterkunft überfallenen Reisenden abgewiesen, da die von einem Dritten gegenüber der Reisenden begangene Straftat nicht ein Mangel der Reise ist, für den der Reiseveranstalter gewährleistungspflichtig ist.

Der Reiseveranstalter haftet auch nicht, wenn in einem Winterurlaub kein Schnee liegt und daher das Skifahren nicht möglich ist, es sei denn, er hat die Schneesicherheit – z.B. im Prospekt – zugesichert oder zumindest unrichtige oder mißverständliche Angaben hinsichtlich der Höhe des Zielortes gemacht (LG Frankfurt/M. NJW-RR 91, S. 879; der Zielort lag dort tatsächlich 1046 m statt im Prospekt angegebener 1560 m hoch).

Im übrigen trifft den Reisenden auch eine Schadensminderungspflicht (§ 254 BGB). Das heißt, er darf nicht den Schaden sehenden Auges immer größer werden lassen, nur um dann richtig kräftig Geld kassieren zu können.

Beispiel (nach LG Hildesheim, NJW-RR 88, S. 1333): Der Reisende hatte extra eine Woche vor Antritt einer dreiwöchigen Asienreise bereits Urlaub genommen, um die – im Reisepreis enthaltene – Urlaubsliteratur (Reiseführer) in Ruhe studieren zu können. Als die Literatur eine Woche vor Reiseantritt nicht da war, ging er an drei aufeinanderfolgenden Tagen ins Reisebüro und reklamierte. 2 Tage vor Reiseantritt erhielt er die Bücher. Sodann machte er stolze 1000,– DM Schadensersatz geltend für nutzlos aufgewendete Urlaubszeit, da er ja in der besagten Urlaubswoche die Bücher hätte lesen wollen. Das Gericht sprach dem Reisenden – neben 20,– DM Schadensersatzpauschale für das Abmahnen der Beklagten – ganze 56,40 DM zu mit dem Bemerken, zu diesem Preis hätte er sich unter dem Gesichtspunkt der Schadensminderungspflicht die Bücher selber kaufen und dann während der Woche lesen können.

In manchen Fällen wichtiger als der materielle Schaden ist die Möglichkeit, bei Vereitelung oder erheblicher Beeinträchtigung der Reise zusätzlich auch wegen nutzlos aufgewendeter Urlaubszeit „eine angemessene Entschädigung in Geld" verlangen zu können. Nach einer von den meisten Gerichten verwandten Faustregel ist Schadensersatz wegen nutzlos aufgewendeter Urlaubszeit zu leisten, wenn die Mängel des Urlaubs mindestens eine Minderung von 50% erreichen (so z.B. LG Köln, MDR 91, S. 841; LG Hannover NJW-RR 89, S. 633; OLG Frankfurt/M., NJW-RR 95, S. 1463). Nach anderer Ansicht reichen schon mindestens 20% aus, um eine erhebliche Beeinträchtigung bejahen zu können (LG Frankfurt/M., NJW-RR 95, S. 1522).

Wie hoch die dann vom Reiseveranstalter zu zahlende „angemessene" Entschädigung konkret ausfällt, ist immer Frage des Einzelfalls. Einige Anhaltspunkte: Wie teuer war die Reise? Welchen

Zweck hatte die Reise? Ist sie komplett ausgefallen oder fehlten nur die letzten (wieviele?) Tage? Welcher Aufwand wäre für die Beschaffung eines Ersatzurlaubs erforderlich gewesen? Hat der Reisende die (restlichen) Tage noch anderweitig genutzt oder hätte er sie anderweitig nutzen können? Hatte die statt der Reise zu Hause verbrachte Zeit noch (welchen?) Urlaubswert? Wie hat der Reisende die Zeit zu Hause verbracht? Wie und wo wohnt er zu Hause? Wie schwer war die Beeinträchtigung? Handelte es sich um ein leichtes oder ein schwerwiegendes Verschulden des Reiseveranstalters? Ganz grob gesagt: angemessene Entschädigung = Kosten eines gedachten Ersatzurlaubs abzüglich des vom Gericht geschätzten (in der Regel geringeren) Wertes des „Balkonurlaubs" zu Hause. Nach Auffassung des LG Frankfurt/M. (NJW 82, S. 2452) hat der zu Hause verbrachte Urlaub, wenn keine Anhaltspunkte für eine andere Behandlung gegeben sind, einen Resterholungswert von 50%.

(Beispiele für die Berücksichtigung mehrerer Faktoren bei der Berechnung des Schadensersatzes für nutzlos aufgewendete Urlaubszeit finden sich u.a. in den Entscheidungen OLG München, NJW 84, S. 132; BGH NJW 83, S. 36 und LG Aachen, MDR 89, S. 817.)

Das Abstellen auf den Nettoverdienst sollte allenfalls *ein* Gesichtspunkt unter anderen (siehe oben) bei der Bemessung der Höhe des Schadensersatzes für nutzlos aufgewendete Urlaubszeit sein. Denn das Gesetz spricht eben nicht von einem Ausgleich des Verdienstausfalls, sondern von einer Entschädigung für nutzlos aufgewendete Urlaubszeit. Daher haben auch Hausfrauen, Schulkinder, Arbeitslose, Rentner usw. einen Anpruch. Das OLG München (NJW 84, S. 133) bricht hier eine Lanze speziell für die oft unterbewertete Tätigkeit der Hausfrau: „Für die Ehefrau des Klägers fällt schließlich besonders ins Gewicht, daß sie sich daheim wieder den Hausarbeiten widmen mußte, mit denen sie am Urlaubsort völlig verschont geblieben wäre."

Insgesamt ist eine Tendenz festzustellen, die tatsächlichen Verdienstunterschiede nicht mehr zugrundezulegen. Faustregel: 100,– DM pro nutzlos aufgewendeten Urlaubstag. Davon können ggf. Abzüge vorgenommen werden, wenn der Tag nicht *völlig* vertan war (LG Frankfurt/M., NJW-RR 88, S. 1451, 1453; AG Bad Homburg, NJW-RR 97, S. 818/819). Beispiel: Bei einer Reise erreichen die Beeinträchtigungen einen Grad, der einer täglichen Reisepreisminderung von 65% entspricht. Dann kann zusätlich pro Tag Schadensersatz wegen nutzlos aufgewendeter Urlaubszeit in Höhe von 65,– DM verlangt werden.

Diese – bestechend einfache – Berechnungsmethode steht allerdings so nicht im Gesetz, das keine Zahlen nennt. Auch müssen die Gerichte stets *den Einzelfall* entscheiden. Allerdings ist die genannte Berechnung in hohem Maße praktikabel und auch von den Prozeßparteien leicht kalkulierbar.

Schadensersatz wegen nutzlos aufgewendeter Urlaubszeit kommt auch in Betracht, wenn die Reise *zu lange* dauert.

Beispiel (nach OLG Düsseldorf, NJW-RR 88, S. 637): Als der Reisende zurückfliegen will, sind alle Plätze im Flugzeug wegen Überbuchung besetzt. Erst nach drei Tagen ist für ihn ein Platz frei. Hier hat er einen Anspruch wegen nutzlos aufgewendeter Urlaubszeit für drei Tage.

Ebenfalls wichtig in diesem Zusammenhang: Abfindungsklauseln, die Sie am Urlaubsort unterschrieben haben, sind unzulässig!

Beispiel (nach LG Frankfurt/M., NJW 84, S. 1763, ein lesenswerter Fall, in dem Urlauberinnen belästigt worden sind bis hin zum Anspucken in der Discothek und der Tatsache, daß die Verehrer nachts vor der Hotelzimmertür geschlafen haben): Wenn der Reisende am Urlaubsort – z.B. anläßlich einer Teilrückerstattung des Reisepreises – unterschreibt, daß damit alles erledigt sei und/oder er keine weiteren Ansprüche gegen den Reiseveranstalter geltend machen würde, so ist eine solche Klausel wegen Verstoßes gegen § 651 l BGB unwirksam. Das LG Frankfurt/M. sagt dazu klipp und klar: „Der Gesetzgeber ging wie alle redlichen Vertragspartner davon aus, daß der Reisende nach Beendigung der Reise seine Ansprüche bei dem Reiseveranstalter geltend machen werde und bei deren Zurückweisung Rechtsschutz durch die Gerichte der Bundesrepublik Deutschland in Anspruch nehmen könne."

Der Reisende befindet sich zudem meist in einer Zwangslage.

Beispiel (nach LG Frankfurt/M., NJW 83, S. 233): In einer „Rückgabe-Quittung und Abschluß-Erklärung" soll der Reisende am Urlaubsort den Rückerhalt des Schlüsselpfandes von 100,– DM quittieren. Gleichzeitig steht vor seiner Unterschrift noch gedruckt, daß er von Ansprüchen gegen den Reiseveranstalter oder das Reisebüro absieht. Die Zwangslage des Reisenden – und damit die unzulässige Verknüpfung der (zulässigen) Quittung mit der (unzulässigen) Abfindungserklärung – ist sofort klar: wenn der Reisende nicht unterschreibt, bekommt er seine 100,– DM nicht zurück. Wenn er unterschreibt, verzichtet er gleichzeitig auf Ansprüche. Das ist nach dem AGB-Gesetz unzulässig.

Dies gilt z.B. auch für die Verknüpfung der Verlegung in eine andere Unterkunft mit einem Verzicht; z.B. eine von Ihnen am Urlaubsort unterschriebene Erklärung, wonach Sie sich mit der Verlegung einverstanden und gleichzeitig erklären, daß Sie keine Regreßansprüche mehr stellen (OLG Düsseldorf, NJW 92, S. 245).

Der Reiseveranstalter hat die Möglichkeit, durch Vereinbarung mit dem Reisenden die Haftung der Höhe nach zu beschränken. Meist finden sich solche Haftungsbeschränkungen im Kleingedruckten.

Und zwar kann der Reiseveranstalter gemäß § 651 h Abs. 1 BGB – allerdings nur für solche Schäden, die keine Körperschäden sind, –

1. seine Haftung auf den dreifachen Reisepreis beschränken, soweit sein Verschulden oder das eines Erfüllungsgehilfen (siehe oben) nur einfache Fahrlässigkeit beträgt; nicht also im Falle von Vorsatz oder grober Fahrlässigkeit.

2. seine Haftung auf den dreifachen Reisepreis beschränken, soweit er für einen dem Reisenden entstehenden Schaden allein wegen eines Verschuldens eines Leistungsträgers verantwortlich ist.

Außerdem kann sich der Reiseveranstalter gem. § 651 h Abs. 2 BGB auch *ohne* dahingehende vorherige vertragliche Regelung darauf berufen, daß „für eine von einem Leistungsträger zu erbringende Reiseleistung *internationale Übereinkommen* oder auf solchen beruhende *gesetzliche* Vorschriften, nach denen ein Anspruch auf Schadensersatz nur unter bestimmten Voraussetzungen oder Beschränkungen entsteht oder geltend gemacht werden kann oder unter bestimmten Voraussetzungen ausgeschlossen ist“, bestehen.

So kommt z.B. ein Schadensersatzanspruch wegen nutzlos aufgewendeter Urlaubszeit, der sich auf verspätetes Eintreffen und sogar teilweisen Verlust des Fluggepäcks gründet, nicht in Betracht (OLG Frankfurt/M., NJW-RR 93, S. 1147). Denn für diesen Fall trifft Art. 24 Abs. 1 des Warschauer Abkommens zur Vereinheitlichung von Regeln über die Beförderung im internationalen Luftverkehr eine eigene, abschließende Entschädigungsregelung (Ersatz für den Verlust oder die Beschädigung des aufgegebenen Reisegepäcks, Ersatz des Schadens, der durch die Verspätung bei der Luftbeförderung entsteht). Schadensersatz für vertane Urlaubszeit ist dort aber nicht vorgesehen. (Nicht durch das Warschauer Abkommen ausgeschlossen wird allerdings ein evtl. Anspruch auf Minderung des Reisepreises.)

Zwei Punkte sind in diesem Zusammenhang zu beachten:

Wie die Formulierung des Gesetzes ergibt, kommt es auf eine *vertragliche* Haftungsbegrenzungs-Vereinbarung zwischen Reiseveranstalter und Leistungsträger *nicht* an.

Zum anderen kann eine Haftung des Reiseveranstalters trotzdem noch in Betracht kommen, wenn neben dem Verschulden des Leistungsträgers, der den Schaden unmittelbar verursacht hat, noch ein eigenes Verschulden des Reiseveranstalters vorliegt. Dieser Punkt wird oft vergessen. Standardfall ist das sogenannte „Auswahlverschulden“: Wenn ein Reiseveranstalter z.B. aus vielen Reklamationen oder aus anderen Gründen von der Unzuverlässigkeit eines Leistungsträgers weiß und ihn trotzdem sehenden Auges mit der weiteren Erbringung von Reiseleistungen betraut, so trifft auch den Reiseveranstalter ein Verschulden. Er hätte einen anderen Leistungsträger auswählen müssen.

Zur Klarstellung: § 651f BGB ist nicht abschließend gemeint. Zunächst heißt es dort bereits ausdrücklich, daß das Recht auf Schadensersatz *neben* den Rechten auf Kündigung und Minderung nach dem Reisevertragsgesetz besteht. Neben § 651f können aber auch noch weitere Rechte des Reisenden bestehen, wenn deren jeweilige gesetzliche Voraussetzungen vorliegen. Zu denken wäre etwa an einen sogenannten „deliktischen“ Schadensersatzanspruch aus §§ 823ff. BGB bei vorsätzlicher oder fahrlässiger Verletzung der dort im Gesetz im einzelnen aufgelisteten Rechtsgüter, z.B. Körper, Gesundheit, Eigentum.

Ein Schadensersatzanspruch aus § 823 (i.V.m. § 831) BGB kann auch bei einer „Verletzung der Verkehrssicherungspflicht“ durch den Reiseveranstalter bestehen (OLG Celle, VersR 92, S. 892; NJW-RR 96, S. 372; AG Bonn, NJW-RR 97, S. 502). Dies hat auch das OLG Köln (NJW-RR 92, S. 1184) in einem Fall entschieden, in dem ein Reiseveranstalter weder bei der Aufnahme eines Hotels in sein Reiseprogramm noch durch fortlaufende Kontrollen überprüft hatte, ob das Hotel notwendigen Sicherheitsstandards genügt, und dann Reisende bei einem Hotelbrand erheblich verletzt wurden. Der Bundesgerichtshof hat in diesem Fall die Revision des Reiseveranstalters gegen das Urteil des OLG nicht angenommen, allerdings ergänzend ausgeführt, daß für die einzuhaltenden Sicherheitsstandards nicht deutsche, sondern örtliche Maßstäbe anzulegen sind (über deren Einhaltung sich der Reiseveranstalter aber ebenfalls nicht ausreichend vergewissert hatte). Nach einer Entscheidung des OLG Celle (NJW-RR 96, S. 373) ist der Reiseveranstalter bei im Ausland gelegenen Hotels verpflichtet, regelmäßig durch einen sachkundigen und pflichtbewußten Beauftragten überprüfen zu lassen, daß von Treppen, Aufzügen, elektrischen Anlagen und sonstigen Einrichtungen keine Gefahren für die von ihm unterzubringenden Hotelgäste ausgehen.

Diese „Verkehrssicherungspflicht" endet allerdings dort, wo eine Einflußnahme auf den Zustand einer Einrichtung dem Reiseveranstalter und dem Leistungsträger entzogen ist (LG Bonn, NJW-RR 96, S. 374: Ein Reisender war auf dem Weg zum Nilschiff auf einer nicht mit Handläufen versehenen öffentlichen Hafentreppe gestürzt.). Möglicherweise aber kann den Reiseveranstalter in solchen Fällen eine Hinweispflicht auf ihm bekannte Gefahren treffen. Das ist aber immer Frage des Einzelfalls.

Ebenfalls läßt die Haftung des Reiseveranstalters eventuell daneben bestehende Ansprüche gegen den Leistungsträger selber unberührt! Diese sind allerdings insbesondere bei einem ausländischen Leistungsträger und nach ausländischem Recht, manchmal in der Praxis recht schwer durchzusetzen. Gleichzeitig heißt das auch, daß Sie der Reiseveranstalter nicht zuerst auf diese anderen Ansprüche verweisen darf. Also „Versuchen Sie es doch zuerst beim Hotelbesitzer" ist ein unzulässiges Argument.

Erwähnenswert ist in diesem Zusammenhang noch, daß eine vertragliche Haftungsbeschränkung des Reiseveranstalters (siehe oben) bei entsprechender klarer Fassung der Reisebedingungen in der Regel auf *alle vertraglichen Schadensersatz*ansprüche des Reisenden gegen den Reiseveranstalter durchgreift (LG Frankfurt/M., NJW-RR 86, S. 214/215). Eine Beschränkung der Haftung nach § 651h BGB für die o.g. „deliktischen" Ansprüche ist dagegen nicht möglich, da § 651h BGB nur für vertragliche Schadensersatzansprüche gilt (LG Frankfurt/M., NJW 86, S. 1621; BGH NJW 87, S. 1937/1938). Diese Unterscheidung muß auch von Klauseln in Allgemeinen Reisebedingungen berücksichtigt werden.

Abschließend sei noch auf eine Fallgestaltung hingewiesen, in denen der Reiseveranstalter *keinen* Schadensersatz leisten muß: Dies ist dann der Fall, wenn der Leistungsträger *nicht* als Erfüllungsgehilfe des Reiseveranstalters handelt und der Reiseveranstalter sich das Handeln des Leistungsträgers daher nicht zurechnen lassen muß. Das AG Bad Homburg (NJW-RR 97, S. 821) hatte sich insoweit mit einem Fall zu befassen, in dem ein Flugkapitän einer Reisenden wegen Trunkenheit (und der Sorge um ein Kollabieren während des Flugs) den Mitflug verweigert hatte. Obwohl grundsätzlich die Fluggesellschaft bei der Leistungserbrigung Erfüllungsgehilfin des Reiseveranstalters ist, hatte der Flugkapitän hier (gem. § 29 Abs. 3 Luftverkehrsgesetz) aufgrund seiner „luftpolizeilichen", also hoheitlichen Befugnisse zur Aufrechterhaltung von Sicherheit und Ordnung an Bord gehandelt. Darauf aber hat der Reiseveranstalter keinen Einfluß.

▸ siehe auch Abhilfeverlangen, Fristsetzung und Androhung der Selbsthilfe und der Geltendmachung von Schadensersatz wegen nutzlos aufgewendeter Urlaubszeit Musterbrief B. 19
Minderung und Schadensersatz wegen nutzlos aufgewendeter Urlaubszeit Musterbrief B. 26
Schadensersatz Musterbrief B. 28

22. Fristen (§ 651g BGB)

Wenn der Reisende seine Rechte geltend machen will, muß er sich angesichts knapper gesetzlicher Fristen beeilen:

Zunächst muß er seine Ansprüche nach den §§ 651c bis 651f BGB (siehe dazu „A. 16. Minderung des Reisepreises“ und „A. 21. Schadensersatz“), also auch den Anspruch auf (teilweise) Rückzahlung der Vergütung nach Kündigung des Reisevertrags gem. § 651e BGB (LG Frankfurt/M., NJW 85, S. 146), *innerhalb eines Monats* nach der vertraglich vorgesehenen (nicht: nach der tatsächlichen) Beendigung der Reise *gegenüber dem Reiseveranstalter* geltend machen. Der letzte Reisetag zählt nach der unter Juristen herrschenden (also: es gibt auch eine abweichende) Meinung noch nicht mit (LG Hamburg, NJW-RR 97, S. 302). Beispiel: vertraglich vorgesehenes Reisende 12. 3. 97; Fristablauf 12. 4. 97.

Zur Einhaltung der Monatsfrist kommt es nicht darauf an, wann Sie den Brief abgeschickt haben, sondern daß er dem Reiseveranstalter innerhalb der Monatsfrist *zugegangen* (also bei ihm angekommen) ist. Am besten, Sie verschicken solche Briefe per Einschreiben *mit Rückschein*. Denn das Einschreiben beweist nur die Absendung, der Rückschein – und das ist allein maßgeblich –, daß und wann der Brief angekommen ist.

Bei einer Anmeldung per Telefax muß das Fax spätestens am letzten Tag der Monatsfrist *vor Geschäftsschluß* des Reiseveranstalters bei diesem eingehen (LG Hamburg, NJW-RR 97, S. 500). Denn sonst hat der Reiseveranstalter erst wieder am nächsten Tag die Möglichkeit der Kenntnisnahme, und dann ist die Frist nicht mehr gewahrt.

Aufpassen müssen Sie bei „einer“ Reise, die Sie bei mehreren Reiseveranstaltern gebucht haben; z.B. eine zweiwöchige Rundreise bei Reiseveranstalter A, unmittelbar daran anschließend ein Badeaufenthalt mit Vollpension bei Reiseveranstalter B, und schließlich noch eine Stippvisite zu einer Operngala als Auflockerung der Rückreise bei Reiseveranstalter C. Hier beginnt die Geltendmachungsfrist gegenüber dem jeweiligen Reiseveranstalter nicht erst am Ende der Gesamtreise, sondern mit der vertraglich vorgesehenen Beendigung jedes Reiseteils!

Nach Fristablauf kann die Anspruchsanmeldung nur noch stattfinden, wenn der Reisende ohne Verschulden an der Einhaltung der Frist verhindert war, z.B. wenn er in einem entlegenen Tropenhospital der Rückholung durch den Ambulanzjet entgegendämmerte.

Zur Klarstellung: Die Geltendmachungsfrist gilt nur für Ansprüche nach den §§ 651c bis f. Sie gilt nicht für Ansprüche anderer Art, z.B. sogenannte deliktische Ansprüche (OLG Celle, VersR 92, S. 892) (siehe „A. 21. Schadensersatz").

Die Geltendmachung sollte aus Beweisgründen schriftlich und per Einschreiben mit Rückschein erfolgen. Sie muß unmißverständlich sein und sollte tunlichst die Fehler bzw. Mängel der Reise genau aufzählen und den Anspruch (also was man vom Reiseveranstalter haben will) benennen. Die Gerichte sind dabei zum Teil recht streng. Das OLG Düsseldorf (NJW-RR 85, S. 146) etwa sagt: „Der Reisende wahrt seine Rechte aus dem Reisevertrag nur dadurch, daß er innerhalb der Ausschlußfrist des § 651g Abs. 1 Satz 1 BGB die Mängel im einzelnen beschreibt." Außerdem: „Wenn nach Beendigung einer Gruppenreise (hier einer Vereinsreise nach Mallorca) der „Gruppenleiter" Ansprüche anmeldet, müssen die Namen der Mitreisenden spätestens innerhalb der Frist des § 651g Abs. 1 BGB dem Reiseveranstalter bekanntgegeben werden."

Ihr Schreiben an den Reiseveranstalter muß unmißverständlich sein. Es muß insbesondere die einzelnen Reisemängel konkret benennen. Überzogene Anforderungen dürfen aber auch nicht gestellt werden, da der Reisende in der Regel juristischer Laie ist. Es ist daher – so das LG Frankfurt/M. (NJW-RR 91, S. 318) – unschädlich, wenn der Reisende nicht ausdrücklich erklärt, er mache Ansprüche geltend, sondern nur schreibt, er warte auf eine Stellungnahme. Ob diese Auffassung von allen Gerichten geteilt wird, ist zweifelhaft. Besser ist es, Sie machen vorsorglich ganz konkret Ansprüche geltend.

Möglicherweise haben auch ungenauer oder schwächer formulierte Briefe, insbesondere, wenn sie auf eine bereits am Urlaubsort erfolgte detaillierte Reklamation Bezug nehmen, vor Gericht Bestand. So hat das LG Frankfurt/M. (NJW-RR 92, S. 504) sogar eine der örtlichen Reiseleitung übergebene Mängelliste als fristwahrend angesehen, die mit den Worten endete „Wir bitten um Stellungnahme Ihrerseits zu unseren Ausführungen bis zum ... Gegebenenfalls werden wir dann entscheiden, ob wir einen Rechtsanwalt einschalten werden." Überhaupt läßt das LG Frankfurt/M. „eine am Urlaubsort vor der Rückreise angefertigte förmliche Niederschrift, die von dem Reiseleiter zumindest in einer Ausfertigung an die Zentrale des Reiseveranstalters im Heimatland weitergleitet wird" als Anmeldung im Sinne des § 651g Abs. 1 BGB ausreichen (Tempel, NJW 85, S. 149). Auch der BGH (NJW 88, S. 488) hat eine noch während der Reise abgegebene Anspruchsanmeldung als ausreichend angesehen; immerhin aber war diese vom Urlaubsort aus an den Reiseveranstalter in Deutschland gerichtet gewesen und im Erklärungsgehalt eindeutig (unmißverständlicher Hinweis auf gerichtliches Vorgehen nach Reiseende).

Ob diese weitreichende Auslegung des Gesetzes aber zu teilen ist, erscheint zweifelhaft. Denn das Gesetz verlangt – im Wortlaut eindeutig – eine Anmeldung „gegenüber dem Reiseveranstalter" binnen Monatsfrist „nach" dem vertraglich vorgesehenen Ende der Reise. Auf diesen Gesichtspunkt weist das OLG Düsseldorf, NJW 85, S. 148 auch ausdrücklich hin. Auch das AG Bad Homburg (NJW-RR 96, S. 117) läßt eine bloße Bezugnahme im Anspruchsschreiben auf eine am Urlaubsort abgegebene Mängelrüge ausdrücklich *nicht* als ordnungsgemäße Anmeldung von Ansprüchen nach Reiseende ausreichen.

Besser ist es auf jeden Fall, Sie gehen kein Risiko ein und machen es nach Rückkehr von der Ruhe Ihres heimischen Schreibtisches aus innerhalb der Monatsfrist nach vertraglich vorgesehenem Reisende formvollendet und (lieber zu) gründlich.

Obwohl das Gesetz Geltendmachung gegenüber dem Reiseveranstalter verlangt, läßt der Bundesgerichtshof auch die Geltendmachung gegenüber dem Reisebüro in den Fällen genügen, in denen das Reisebüro vom Reiseveranstalter ständig mit der Vermittlung von Vertragsschlüssen betraut ist (BGH BB 88, S. 1070 bzw. NJW 88, S. 488). Die Entscheidung ist allerdings nicht sehr lebensnah. Woher soll der Reisende im Einzelfall wissen, ob es sich um ein Reisebüro handelt, das nur gelegentlich für diesen Veranstalter Verträge vermittelt oder das dies ständig macht? Wenn Sie auf Nummer sicher gehen wollen, richten Sie Ihre Erklärung also lieber gleich an den Reiseveranstalter, wie es auch im Gesetz steht.

Gem. § 3 Abs. 2 Buchstabe h der Verordnung über die Informationspflichten von Reiseveranstaltern muß Sie der Reiseveranstalter mit der Reisebestätigung (unter anderem) informieren „über die nach § 651g BGB einzuhaltenden Fristen, unter namentlicher Angabe der Stelle, gegenüber der Ansprüche geltend zu machen sind". In der Regel wird dies der Reiseveranstalter selber sein.

Nach der Geltendmachung ihres Anspruchs gegenüber dem Reiseveranstalter ist aber noch eine weitere Frist zu beachten: die Ansprüche aus §§ 651c bis 651f BGB verjähren in sechs Monaten, gerechnet ebenfalls ab dem Tag, an dem die Reise nach dem Vertrag enden sollte.

Der letzte vertragsmäßige Reisetag selber wird dabei – ebenso wie bei der Geltendmachungsfrist – nicht mitgezählt. Die Tage zwischen der Geltendmachung und dem Zugang der schriftlichen Zurückweisung der geltend gemachten Ansprüche durch den Reiseveranstalter beim Reisenden werden bei der Berechnung der sechsmonatigen Verjährungsfrist nicht mitgezählt. Die Erklärung des Reiseveranstalters, daß er eine Zahlung ganz oder teilweise ablehnt, muß eindeutig und gerade auch für den juristischen Laien unmißverständlich sein (LG Frankfurt/M., NJW 85, S. 147). Sie braucht aber nicht begründet zu werden (BGH Z 88, S. 178).

Also beachten: wenn der Reiseveranstalter Ihnen z.B. geschrieben hat, daß er nichts zurückzahlen will, ist damit die bis dahin angehaltene „Verjährungsuhr" wieder angelaufen. Das heißt, die Frist läuft weiter, auch wenn Sie dann nochmal einen Brief schreiben, um den Reiseveranstalter doch noch umzustimmen.

Das OLG Düsseldorf (NJW-RR 90, S. 825) sagt dazu: „Der Folgekorrespondenz kann jedoch nur ganz ausnahmsweise eine weitere den Lauf der Verjährung hemmende Wirkung zukommen. Nur wenn der Reiseveranstalter nach erster Zurückweisung in eine neuerliche Prüfung der Ansprüche eintritt, ist die Verjährung ein zweites Mal gehemmt." Ähnlich streng sieht es auch das OLG Celle (NJW-RR 96, S. 373): „Dementsprechend ist im Reisevertragsrecht für eine erneute Hemmung nach Ablehnung zumindest zu fordern, daß der Reiseveranstalter dem Reisenden dem Sinne nach mitteilt, er prüfe die Angelegenheit erneut und werde das Ergebnis dieser Prüfung mitteilen." Selbst wenn Sie auf Ihren zweiten Brief nochmal eine Antwort bekommen, wird der Reiseveranstalter in der Regel aber nur noch Bezug auf die Ablehnung im ersten Ablehnungsschreiben nehmen, so daß eine erneute sachliche Prüfung gerade nicht stattgefunden hat. Sie verhindern die drohende Verjährung Ihrer Ansprüche z.B. durch Mahnbescheid oder Klage gegen den Reiseveranstalter.

Auch hier müssen Sie aber aufpassen. Wenn der Reiseveranstalter gegen den Mahnbescheid Widerspruch eingelegt hat, hat er damit unmißverständlich zum Ausdruck gebracht, daß er Ihre Forderung ablehnt. Die Sechsmonatsfrist beginnt dann wieder zu laufen, so daß Sie zur Vermeidung des Verjährungseintritts innerhalb dieser Frist (den weiteren Gerichtskostenvorschuß einzahlen) und Ihren Anspruch gegenüber dem Gericht begründen müssen (BGH Z 88, S. 174).

Ansonsten gelten die allgemeinen Bestimmungen der §§ 202ff. BGB bzgl. Fristberechnung, Hemmung und Unterbrechung der Verjährung; eine Darstellung des Verjährungsrechts im einzelnen würde allerdings den Rahmen dieses Werkes sprengen.

Ausnahmsweise gilt statt der sechsmonatigen eine dreißigjährige Verjährungsfrist, wenn der Reiseveranstalter „arglistig" gehandelt hat. Dies ist auch in der Form des arglistigen Verschweigens möglich. Es „liegt ein arglistiges Verschweigen vor, wenn der Reiseveranstalter die erheblichen Mängel vor Reiseantritt des Urlaubers kannte und ihm hiervon keine Mitteilung machte, obwohl er sich darüber im klaren war, daß der Urlaubsreisende bei Kenntnis der Mängel Konsequenzen gezogen hätte" (LG Frankfurt/M., NJW-RR 91, S. 318).

B.
Musterbriefe

1. Angebots- und Kataloganforderung bei konkreten Reiseplänen

Betr.: Reise nach ....
hier: Kataloge

Sehr geehrte Damen und Herren,

ich beabsichtige, folgende Reise durchzuführen:

Reiseziel: ....
Reisezeit: ....
Personen : ....
gewünschte Unterkunft: ....
gewünschte Verpflegung: ....
gewünschte Reiseart: ....

Bitte unterbreiten Sie mir dazu einige alternative Angebote bzw. schicken Sie mir Kataloge verschiedener Reiseveranstalter, die die von mir gewünschte Reise anbieten.

Für Ihre Mühe vielen Dank im voraus.

Mit freundlichen Grüßen

2. Angebots- und Kataloganforderung für Rundreise

Betr.: Rundreise ....
hier: Kataloge

Sehr geehrte Damen und Herren,

ich würde gerne auf einer Busrundreise ....
kennenlernen. Reisezeit sollte ....
sein.

Im Anschluß an die Rundreise würde ich gerne noch einen x-wöchigen Erholungsurlaub am Strand verbringen / möglichst in ....

Bitte unterbreiten Sie mir dazu einige alternative Angebote bzw. schicken Sie mir Kataloge verschiedener Reiseveranstalter, die die von mir gewünschte Reise anbieten.

Für Ihre Mühe vielen Dank im voraus.
Mit freundlichen Grüßen

3. Allgemeine Kataloganforderung

An den
Reiseveranstalter

Betr.: ....katalog

Sehr geehrte Damen und Herren,

könnten Sie mir bitte Ihren neuen ....katalog zusenden?

Für Ihre Mühe vielen Dank im voraus.

Mit freundlichen Grüßen

4. Informationsanforderung vom Fremdenverkehrsverein

An das / den
Fremdenverkehrsamt / Fremdenverkehrsverein

Betr.: Informationsmaterial

Sehr geehrte Damen und Herren,
möglicherweise werde ich meinen nächsten Urlaub in Ihrem Ort / in Ihrer Region verbringen.

Könnten Sie mir bitte allgemeine Informationen (Ortsbeschreibung(en), Aktivitätenprogramm, Unterkunftsverzeichnis mit Preisliste usw.) zusenden?

Für Ihre Mühe vielen Dank im voraus.

Mit freundlichen Grüßen

▸ siehe auch 15. Liste ausländischer Fremdenverkehrsämter
C. 11. Liste deutscher Fremdenverkehrsämter

5. Informationsanforderung vom (ausländischen) Fremdenverkehrsamt

An das
.... Fremdenverkehrsamt

Betr.: Informationsmaterial

Sehr geehrte Damen und Herren,
möglicherweise werde ich meinen nächsten Urlaub in Ihrem Land verbringen.

Könnten Sie mir bitte allgemeine Informationen zusenden?

Mich interessiert insbesondere die Region / die Stadt ....

Für Ihre Mühe vielen Dank im voraus.

Mit freundlichen Grüßen

▸ siehe auch 15. Liste ausländischer Fremdenverkehrsämter
C. 11. Liste deutscher Fremdenverkehrsämter

6. Informationsanforderung mit speziellen Fragen und Bitte um Angabe weiterer Anschriften

An das
.... Fremdenverkehrsamt

Betr.: Informationsmaterial

Sehr geehrte Damen und Herren,

meinen nächsten Urlaub werde ich in Ihrem Land verbringen.

Ich habe eine Rundreise durch die Region .... gebucht.
/ Ich habe einen Aufenthalt in .... gebucht.

Zur Reisevorbereitung würde ich mich gerne näher mit meinem Urlaubsziel vertraut machen. Mich interessieren insbesondere folgende Fragen: ....
....

Für eine kurze Beantwortung bzw. Übersendung entsprechenden Informationsmaterials wäre ich dankbar.

Auch allgemeine Informationen über das Zielgebiet/die Stadt .... sind von Interesse.

/ Darüber hinaus wäre ich Ihnen dankbar, wenn Sie mir mitteilen könnten, ob es ggf. für das von mir anvisierte Zielgebiet ein (weiteres) regionales oder überregionales Fremdenverkehrsbüro gibt, bei dem ich ergänzende Informationen erhalten könnte.

/ Ggf. bitte ich Sie, meinen Brief sogleich dorthin weiterzuleiten.

/ Bitte teilen Sie mir ergänzend die Anschrift des Fremdenverkehrsbüros in .... mit.

Für Ihre Mühe vielen Dank im voraus.

Mit freundlichen Grüßen

▸ siehe auch 15. Liste ausländischer Fremdenverkehrsämter
C. 11. Liste deutscher Fremdenverkehrsämter

7. Buchung

Betr.: Reise nach ....
Bezug: Ihr Angebot vom / Ihr Katalog
hier: Buchung

Sehr geehrte Damen und Herren,

hiermit buche ich folgende Reise:

Reiseziel: ....
Reisezeit: ....
Personen : ....
Unterkunft: ....
Verpflegung: ....
Reiseart: ....

/ Außerdem möchte ich einen Mietwagen buchen:
Wagentyp: ....
Mietzeit: ....

/ Ferner möchte ich folgende Ausflüge buchen: ....
....

Senden Sie mir bitte eine entsprechende Buchungsbestätigung und teilen Sie mir die Höhe einer eventuell erforderlichen Anzahlung mit.

Für Ihre Mühe vielen Dank im voraus.

Mit freundlichen Grüßen

8. Beispiel zu 7.

Reisebüro Frohsinn
Urlaubsstr. 19

51234 Köln

Betr.: Reise nach Mallorca
Bezug: Ihr Angebot vom 12. 3. 97 aus dem Schnellmann-Reisekatalog
hier: Buchung

Sehr geehrte Damen und Herren,

hiermit buche ich folgende Reise:

Reiseziel: Mallorca, El Arenal
Reisezeit: 10. 8. – 30. 8. 97
Personen: 2
Unterkunft: Doppelzimmer Hotel Helios Sol
Verpflegung: Halbpension
Reiseart: Flug ab Düsseldorf

Außerdem möchte ich einen Mietwagen buchen:
Wagentyp: Raserati Buggy SX
Mietzeit: 12. – 14. 8. 97

Fener möchte ich folgende Ausflüge buchen:
Busrundfahrt Mallorcas Süden am 16. 8. 97
Stadtführung Palma de Mallorca am 19. 8. 97

Senden Sie mir bitte eine entsprechende Buchungsbestätigung und teilen Sie mir die Höhe einer eventuell erforderlichen Anzahlung mit.

Für Ihre Mühe vielen Dank im voraus.

Mit freundlichen Grüßen

9. Umbuchung

Betr.: Reise nach .... vom .... bis ....
hier: Umbuchung

Sehr geehrte Damen und Herren,

die oben genannte Reise möchte ich gerne wie folgt umbuchen:

Statt .... nunmehr ....

Bitte senden Sie mir eine entsprechende Umbuchungsbestätigung.

Wenn eine eventuell zusätzlich zum neuen Reisepreis entstehende Umbuchungsgebühr mehr als .... DM beträgt, teilen Sie mir dies bitte vorher mit, da ich mir die Sache dann noch einmal überlegen würde.

Falls die von mir gewünschte Umbuchung z.B. wegen Ausbuchung nicht möglich sein sollte, teilen Sie mir dies bitte umgehend mit, damit ich ggf. einen anderen Umbuchungswunsch äußern kann.

Falls die Umbuchung überhaupt nicht möglich sein sollte, bitte ich ebenfalls um umgehende Mitteilung, da ich mich dann ggf. um eine Ersatzperson bemühen müßte, die an meiner Stelle die Reise antritt.

Für Ihre Mühe vielen Dank im voraus.

Mit freundlichen Grüßen

10. Rücktritt von der Reise

Einschreiben mit Rückschein

Betr.: Reise nach .... vom .... bis ....
hier: Rücktritt

Sehr geehrte Damen und Herren,

hiermit erkläre ich den Rücktritt von der im Betreff genannten Reise.

Mit freundlichen Grüßen

▸ siehe auch A. 8. Rücktritt vom Reisevertrag

11. Schreiben an Reiserücktrittskostenversicherung

Klaglos-Versicherung
Schadensstr. 3

12345 Musterstadt

Betr.: Reiserücktrittskostenversicherung Nr. 1234567/97

Sehr geehrte Damen und Herren,

wegen der aus beigefügtem Attest ersichtlichen Krankheit mußte ich von der Adonistours-Reise nach Mallorca zurücktreten. Adonistours hat mir daraufhin mit in Kopie beigefügter Stornoabrechnung 245,67 DM in Rechnung gestellt.

Der Reiserücktritt ist mit der von mir bei Ihnen abgeschlossenen Reiserücktrittskostenversicherung abgesichert.

Ich bitte um Überweisung der Versicherungsleistung auf mein Konto 333 444 555 bei der Treubank, BLZ 666 777 00.

Für Ihre Mühe vielen Dank im voraus.

Mit freundlichen Grüßen

▸ siehe auch A. 8. Rücktritt vom Reisevertrag
C. 5. Reiseversicherungen

12. Reiserücktritt wegen Krankheit

An den
Reiseveranstalter

Einschreiben mit Rückschein

Betr.: Reise nach .... vom .... bis ....

hier: Rücktritt

Sehr geehrte Damen und Herren,

wegen einer plötzlichen und unerwarteten Krankheit muß ich leider sofort von der oben genannten Reise zurücktreten.
Ein ärztliches Attest ist beigefügt.

Im Reisepreis war eine Reiserücktrittskostenversicherung enthalten.

Bitte teilen Sie mir mit, ob Sie zur Verfahrens- und Zahlungsvereinfachung die versicherungstechnische Abwicklung übernehmen, oder ob ich dies selbst erledigen soll.

Für Ihre Mühe vielen Dank im voraus.
Mit freundlichen Grüßen

▸ siehe auch A. 8. Rücktritt vom Reisevertrag
C. 5. Reiseversicherungen

13. Reiserücktritt wegen Krankheit mit Abwicklungsvollmacht

An den
Reiseveranstalter

Einschreiben mit Rückschein

Betr.: Reise nach .... vom .... bis ....
hier: Rücktritt

Sehr geehrte Damen und Herren,

wegen einer plötzlichen und unerwarteten Krankheit muß ich leider sofort von der oben genannten Reise zurücktreten.
Ein ärztliches Attest ist beigefügt.

Im Reisepreis war eine Reiserücktrittskostenversicherung enthalten. / Ich habe am .... eine Reiserücktrittskostenversicherung abgeschlossen bei der ....-Versicherung.
Eine Kopie der Versicherungspolice ist ebenfalls beigefügt.

Bitte teilen Sie mir mit, ob Sie zur Verfahrens- und Zahlungsvereinfachung die versicherungstechnische Abwicklung übernehmen.
Falls ja, gilt dieses Schreiben gegenüber der Versicherung als Vollmacht zur Abwicklung der Versicherungsangelegenheit und zur Empfangnahme der Versicherungssumme.
Falls nein, bitte ich um eine kurze entsprechende Mitteilung.

Für Ihre Mühe vielen Dank im voraus.

Mit freundlichen Grüßen

▸ siehe auch A. 8. Rücktritt vom Reisevertrag
C. 5. Reiseversicherungen

14. Nachweis eines geringeren Schadens

Betr.: Reise nach .... vom .... bis ....
mein Rücktritt vom ....
Bezug: Ihre Stornopauschale
hier: Nachweis eines geringeren Schadens

Sehr geehrte Damen und Herren,

mit Schreiben vom .... erklärte ich den Rücktritt von der im Betreff genannten Reise.

Daraufhin berechneten Sie mir mit Abrechnung vom .... gemäß Ihren Allgemeinen Reisebedingungen eine Stornopauschale von ....% bzw. .... DM.

Diesen Betrag habe ich allerdings nicht an Sie überwiesen.

Denn ich habe nun erfahren, daß tatsächlich die Reise / jedenfalls der Flug / jedenfalls das Hotel / .... trotz meines Rücktritts bis auf den letzten Platz ausgebucht war. Das heißt, daß auch der durch meinen Rücktritt freigewordene Platz wieder verkauft worden ist. Daher ist in diesem konkreten Fall durch meinen Rücktritt ein geringerer Schaden eingetreten als die Stornopauschale.

Ich bitte daher um Erteilung einer neuen Abrechnung.

/ Nur vorsorglich weise ich auf folgendes hin: Sollte in Ihren Allgemeinen Reisebedingungen eine Klausel enthalten sein, nach der in jedem Fall auf Basis der in Ihren Allgemeinen Reisebedingungen enthaltenen Pauschalen abzurechnen ist bzw. nach der der Nachweis eines im Einzelfall geringeren Schadens ausgeschlossen ist, dürfte eine solche Klausel wegen Verstoßes gegen das AGBG unwirksam sein.

Mit freundlichen Grüßen

▸ siehe auch A. 8. Rücktritt vom Reisevertrag

15. Auswechseln des Reiseteilnehmers

Einschreiben mit Rückschein

Betr.: Reise nach .... vom .... bis ....
hier: Austausch der Reiseteilnehmer

Sehr geehrte Damen und Herren,

leider kann ich / können meine Frau und ich / ....
die oben genannte Reise nicht selber antreten.

Zur Vermeidung von Storno- bzw. Reiserücktrittskosten wird / werden an meiner / unserer Stelle die Reise antreten:

Frau / Herr bestätigt / bestätigen sein / ihr Einverständnis dadurch, daß er / sie diesen Brief mitunterzeichnet / mitunterzeichnen.

Eine eventuelle Gebühr für das Auswechseln der Reiseteilnehmer stellen Sie mir bitte in Rechnung, ggf. nach Abzug der von mir bereits geleisteten Anzahlung in Höhe von .... DM. Den Rest der Anzahlung überweisen Sie bitte auf mein Konto Nr. .... bei .... Bankleitzahl ....
Die von mir bereits geleistete Anzahlung kann – abzüglich einer eventuellen Gebühr für das Auswechseln der Reiseteilnehmer – zugunsten der neuen Reiseteilnehmer stehenbleiben. Wir werden das untereinander privat abrechnen.

Bitte senden Sie mir und dem neuen Reiseteilnehmer eine Bestätigung.

Für Ihre Mühe vielen Dank im voraus.

Mit freundlichen Grüßen

▸ siehe auch A. 7. Ersetzungsbefugnis

16. Beispiel zu 15.

Reiseveranstalter Einsichtig
Urlaubsstr. 19

51234 Köln

Einschreiben mit Rückschein

Betr.: Reise nach Kreta vom 10. 3. 98 bis 25. 3. 98
hier : Auswechseln der Reiseteilnehmer

Sehr geehrte Damen und Herren,

leider können meine Frau und ich die obengenannte Reise nicht selber antreten.

Zur Vermeidung von Storno- bzw. Reiserücktrittskosten werden an unserer Stelle die Reise antreten:

Eheleute Fritz und Gerda Ersatzleute
Austauschstraße 12
44229 Dortmund
Tel.: 0231/5678943

Frau und Herr Ersatzleute bestätigen ihr Einverständnis dadurch, daß sie diesen Brief mitunterzeichnen.

Die von mir bereits geleistete Anzahlung kann – abzüglich einer eventuellen Gebühr für das Auswechseln der Reiseteilnehmer – zugunsten der neuen Reiseteilnehmer stehenbleiben. Wir werden das untereinander privat abrechnen.

Bitte senden Sie mir und den neuen Reiseteilnehmern eine Bestätigung.

Für Ihre Mühe vielen Dank im voraus.

Mit freundlichen Grüßen

17. Kündigung des Reisevertrags vor Reiseantritt wegen höherer Gewalt

Reiseveranstalter Adonistours
Sonnenscheinstr. 3

12345 Musterstadt

Einschreiben mit Rückschein

Betr.: Reise vom 12. 8. 98 bis 20. 8. 98 nach Punta Dröna, Hotel Da Capo, Buchungsnr. 3456/98
hier: Kündigung wegen erheblicher Reisebeeinträchtigung durch höhere Gewalt

Sehr geehrte Damen und Herren,

wie ich aus dem Fernsehen erfahren habe, ist aufgrund des Hurricans Hilda in Punta Dröna die Wasser- und Stromversorgung zusammengebrochen. Der Strand ist verwüstet. Mein geplanter Reiseantritt (12. 8.) wäre schon in acht Tagen. Nach Auskunft der Botschaft von San Urlauba wird die Katastrophenlage in Punta Dröna bis dahin auf keinen Fall beseitigt sein.

Deshalb muß ich leider die bei Ihnen gebuchte Reise hiermit gemäß § 651 j BGB kündigen.

Die von mir geleistete Anzahlung von 100,– DM überweisen Sie bitte bis zum 20. 8. 98 zurück auf mein Konto 123 456 789 bei der Treubank BLZ 222 333 00.

Mit freundlichen Grüßen

▸ siehe auch A. 18. Kündigung des Reisevertrags
A. 19. Kündigung bei höherer Gewalt
A. 20. Kündigung aus wichtigem Grund

18. Abhilfeverlangen, Fristsetzung und Androhung der Selbsthilfe am Urlaubsort

An die Reiseleitung
von Adonistours

Sehr geehrte Frau Reiseleiterin Schönwetter,

bei meiner Ankuft gestern abend wurde mir ein Zimmer zur achtspurigen Straße zugewiesen. Unmittelbar unter dem Zimmer ist die Hoteldiskothek. Gebucht hatte ich mit Meerblick (lt. Buchungsbestätigung), „in einer besonders wegen der ruhigen Lage bei den Gästen beliebten Anlage" (lt. Reiseprospekt).

Ich fordere Sie auf, bis morgen früh mir ein entsprechendes Zimmer zuzuweisen, andernfalls werde ich mir auf Kosten von Adonistours ein der Buchung entsprechendes Zimmer suchen.

Punta Dröna, den 12. 7. 98

(Rudi Reisender)
Empfangsbekenntnis:
Das Original des o. g. Schreibens habe ich heute erhalten.

Punta Dröna, den 12. 7. 98

(Susi Schönwetter)

▸ siehe auch A. 14. Abhilfeverlangen und Selbsthilfe

19. Abhilfeverlangen, Fristsetzung, Androhung der Selbsthilfe und der Geltendmachung von Schadensersatz wegen nutzlos aufgewendeter Urlaubszeit

An die Reiseleitung
von Adonistours

Sehr geehrte Frau Reiseleiterin Schönwetter,

seit gestern abend sind in unserem Hotelzimmer im Hotel Da Capo sämtliche Glühbirnen kaputt. Ab Sonnenuntergang (17.30 h) sitzen wir komplett im Dunkeln.

Bitte sorgen Sie bis morgen früh für Abhilfe, andernfalls müßten wir die Glühbirnen auf Kosten von Adonistours selbst kaufen und auswechseln. Vorsorglich weisen wir darauf hin, daß wir für die damit verbrachte Zeit einen Schadensersatzanspruch für $^1/_2$ Tag nutzlos aufgewendeter Urlaubszeit geltend machen würden.

Punta Dröna, den 12. 7. 98
(Rudi Reisender)

Empfangsbekenntnis:
Das Original des o. g. Schreibens habe ich heute erhalten.

Punta Dröna, den 12. 7. 98

(Susi Schönwetter)

▸ siehe auch A. 14. Abhilfeverlangen und Selbsthilfe
A. 15. Mängelbeweise
A. 21. Schadensersatz

20. Mängelanzeige am Urlaubsort

An die Reiseleitung
von Adonistours

Sehr geehrte Frau Reiseleiterin Schönwetter,

seit gestern abend sind in unserem Hotelzimmer im Hotel Da Capo sämtliche Glühbirnen kaputt. Ab Sonnenuntergang (17.30 h) sitzen wir komplett im Dunkeln.

Dies ist eine Mängelanzeige im Hinblick darauf, daß meine Frau und ich wegen der angezeigten Mängel Minderungsansprüche geltend machen werden.

Punta Dröna, den 12.7.98

(Rudi Reisender)

Empfangsbekenntnis:
Das Original des o.g. Schreibens habe ich heute erhalten.

Punta Dröna, den 12.7.98

(Susi Schönwetter)

▸ siehe auch A. 16. Minderung des Reisepreises
A. 17. Frankfurter Tabelle
A. 15. Mängelbeweise
A. 14. Abhilfeverlangen und Selbsthilfe

21. Fristsetzung und Androhung der Kündigung am Urlaubsort

An die Reiseleitung
von Adonistours

Betr.: Reisemängel
hier : Fristsetzung, Androhung der Kündigung des Reisevertrags

Sehr geehrte Frau Reiseleiterin Schönwetter,

bei unserer Ankunft gestern abend wurde meiner Frau und mir ein Appartement mit Blick zur achtspurigen Straße zugewiesen. Unter dem Appartement befindet sich die Hoteldiskothek. Im Kühlschrank schimmelt Obst und Brot, das die vorherigen Bewohner wohl dort gelassen haben. Die Bettwäsche ist augenscheinlich benutzt. In der Mitte des rechten Bettes ist ein Fleck aus getrocknetem Blut. Auf dem Teppich wimmeln die Kakerlaken. Auf dem Flur vor dem Zimmer wird gerade der Fliesenbelag ausgewechselt, die Bauarbeiten – im Moment wird der alte Belag aufgestemmt – sind in vollem Gange.

Gebucht hatten wir ein Vier-Sterne-Hotel mit Meerblick.

Wenn Sie nicht bis heute abend, 19.00 Uhr, für ein der Buchung entsprechendes, sauberes Appartement gesorgt haben, werden wir den Reisevertrag kündigen und abreisen.

Vorsorglich weisen wir darauf hin, daß wir dann zusätzlich Schadensersatzansprüche, u. a. für nutzlos aufgewendete Urlaubszeit, geltend machen werden.

Hochachtungsvoll

Punta Dröna, den 12. 7. 98

(Rudi Reisender)

Empfangsbekenntnis:
Das Original des o.g. Schreibens habe ich heute um 11.00 Uhr erhalten.

Punta Dröna, den 12.7.98

(Susi Schönwetter)

▸ siehe auch A.18. Kündigung des Reisevertrags
A.15. Mängelbeweise
A.21. Schadensersatz

22. Mängelliste zur Beweissicherung

Mängelliste

Am 12. 8. 98 traten im Zimmer der Reisenden Müller, Hotel Da Capo Zimmernr. 333 in Punta Dröna, folgende Mängel auf:

Durch die Decke tropft es aus einem ca. 40 cm durchmessenden Fleck in stetiger Folge auf das Bett. Ein darauf abgestellter kleiner Eimer (5-Liter-Mülleimer aus dem Badezimmer) füllt sich innerhalb $^1/_2$ Stunde.

Im Bad ist das Wasser abgestellt. Auch die Toilettenspülung funktioniert nicht.

Um 14.00 wurde vor dem Zimmer auf der Straße mit dem Aufreißen des Belages begonnen. Der Lärm der Preßlufthämmer ist auch bei geschlossenem Fenster deutlich hörbar.

Bei geöffnetem Fenster dringt in großen Mengen Staub durch die Straßenbauarbeiten ein.

Bei deshalb geschlossenem Fenster wird es im Zimmer innerhalb $^1/_2$ Stunde 30 Grad heiß.

Die Handtücher sind jetzt um 15.00 Uhr noch nicht gewechselt worden.

Punta Dröna, den 12. 8. 98

Rudi Müller
Mizi Müller

Die oben genannten Mängel werden aufgrund eigener Wahrnehmung bestätigt. Ich habe mich von 14.00 bis 15.00 Uhr in dem Zimmer der Eheleute Müller aufgehalten.

Punta Dröna, den 12. 8. 98

Manfred Mitreisender

Ich bestätige, daß ich dabei war, wie Herr Rudi Müller heute morgen um 8.00 Uhr das durch die Decke seines Zimmers dringende Wasser bei der Hotelrezeption reklamiert hat. Sodann habe ich mitbekommen, wie Herr Müller von der Rezeption aus vergeblich versucht hat, bei der Reiseleiterin anzurufen. Dort ging niemand an das Telefon.

Punta Dröna, den 12. 8. 98

Arno Aufmerksam

▸ siehe auch A. 15. Mängelbeweise
A. 14. Abhilfeverlangen und Selbsthilfe
Mängelliste mit Fristsetzung und Kündigungsandrohung Musterbrief B. 23

23. Mängelliste mit Fristsetzung und Kündigungsandrohung

Mängelliste

Am 12.8.98 traten im Zimmer der Reisenden Müller, Hotel Da Capo Zimmernr. 333 in Punta Dröna, folgende Mängel auf:

Durch die Decke tropft es aus einem ca. 40 cm durchmessenden Fleck in stetiger Folge auf das Bett. Ein darauf abgestellter kleiner Eimer (5 Liter-Mülleimer aus dem Badezimmer) füllt sich innerhalb $^1/_2$ Stunde.

Im Bad ist das Wasser abgestellt. Auch die Toilettenspülung funktioniert nicht.

Um 14.00 wurde vor dem Zimmer auf der Straße mit dem Aufreißen des Belages begonnen. Der Lärm der Preßlufthämmer ist auch bei geschlossenem Fenster deutlich hörbar.

Bei geöffnetem Fenster dringt in großen Mengen Staub durch die Straßenbauarbeiten ein.

Bei deshalb geschlossenem Fenster wird es im Zimmer innerhalb $^1/_2$ Stunde 30 Grad heiß.

Die Handtücher sind jetzt um 15.00 Uhr noch nicht gewechselt worden.

Punta Dröna, den 12.8.98

Rudi Müller
Mizi Müller

Sehr geehrter Herr Reiseleiter,

die obenstehende Mängelliste überreichen wir mit der Aufforderung zur Abhilfe – sinnvollerweise durch Zuweisung eines anderen, der Buchung entsprechenden Zimmers – bis heute abend, 19.00 Uhr. Sollte bis dahin keine Abhilfe erfolgt sein, werden wir den Reisevertrag kündigen und Schadensersatz geltend machen oder uns auf Kosten von Adonistours ein anderes, der Buchung entsprechendes und mangelfreies Zimmer besorgen.

Punta Dröna, den 12. 8. 98

Rudi Müller
Mizi Müller

Empfangsbekenntnis:
Das Original des obigen Schreibens habe ich heute um 15.30 Uhr erhalten.

Punta Dröna, den 12. 8. 98

Ralf Reiseleiter

▸ siehe auch A. 15. Mängelbeweise
Mängelliste zur Beweissicherung Musterbrief B. 22
A. 18. Kündigung des Reisevertrags
A. 14. Abhilfeverlangen und Selbsthilfe

24. Minderung des Reisepreises

Reiseveranstalter

Einschreiben mit Rückschein

Betr.: Reise nach .... vom .... bis ....
hier: Minderung des Reisepreises

Sehr geehrte Damen und Herren,

vom .... bis .... hatte ich aus Ihrem Reisekatalog ....
gebucht, mit ....zimmer, ...pension / Frühstück
zu .... DM / incl. Flug.

Im Katalog war .... als .... gelegen beschrieben.

Tatsächlich ....

Darüber hinaus ....
....

Meine mehrfachen Reklamationen (am ....) bei Ihrer örtlichen Reiseleitung, Frau / Herrn .... blieben leider ohne Erfolg. Frau / Herr .... sagte vielmehr, ...

Aus den genannten Gründen liegt ein Minderwert der Reise von ....%
= .... DM vor.

Die .... DM wollen Sie bitte bis zum .... auf mein Konto Nr. .... bei .... Bankleitzahl .... überweisen.

Bei Fristüberschreitung müßte ich Klage erheben.

/ Nur vorsorglich weise ich darauf hin, daß ich im Falle einer gerichtlichen Auseinandersetzung in der Lage sein werde, die von mir gerügten Reisemängel, die Reklamationen bei Ihrer örtlichen Reiseleitung / und deren oben widergegebene Antwort, durch Fotos und Zeugenaussagen anderer Reisender zu beweisen.

/ Nur vorsorglich weise ich darauf hin, daß ich im Falle einer gerichtlichen Auseinandersetzung in der Lage sein werde, die von mir gerügten Reisemängel durch Fotos und Zeugenaussagen anderer Reisender zu beweisen.
Meine schriftliche Mängelanzeige vom .... füge ich in Kopie bei. Unten auf der Seite hat Ihre örtliche Reiseleitung den Empfang bestätigt.

Hochachtungsvoll

▸ siehe auch A. 16. Minderung des Reisepreises
A. 17. Frankfurter Tabelle
A. 15. Mängelbeweise
Mängelanzeige am Urlaubsort Musterbrief B. 20
Mängelliste zur Beweissicherung Musterbrief B. 22
A. 14. Abhilfeverlangen und Selbsthilfe
A. 22. Fristen
Minderung des Reisepreises Musterbrief B. 24

25. Beispiel zu 24.

Reiseveranstalter Schnellmann-Reisen
Zum Preßlufthammer 18

12345 Musterstadt

Einschreiben mit Rückschein

Betr.: Reise nach Punta Dröna vom 12. 8. 97 bis 12. 9. 97
hier: Minderung des Reisepreises

Sehr geehrte Damen und Herren,

vom 12. 8. 97 bis 12. 9. 97 hatte ich aus Ihrem Reisekatalog das Hotel „Marina blanca" in Punta Dröna gebucht, mit Einzelzimmer und Vollpension zu 3000,– DM incl. Flug. Im Katalog war das Hotel als ruhig gelegen beschrieben.

Tatsächlich befand sich unmittelbar neben dem Hotel eine Großbaustelle. Unablässg dröhnten die Bagger und die Preßlufthämmer. Am Hotelpool war man zudem ständig von einer grauen Staub- und Zementschicht überzogen, das Wasser war entsprechend schmutzig.

Meine mehrfachen Reklamationen (am 12. 8., 20. 8. und 1. 9. 97) bei Ihrer örtlichen Reiseleitung, Frau Untätig, blieben leider ohne Erfolg. Frau Untätig sagte, die ganze Insel sei ausgebucht, da könne ja jeder kommen.

Aus den genannten Gründen liegt ein Minderwert der Reise vor, den ich in Anlehnung an die „Frankfurter Tabelle" wie folgt berechne:
Erheblicher Lärm am Tage als Mangel der Unterkunft (Position I.8.a) mit 20%; verschmutzter Swimmingpool (Position III.1.) mit 10% (damit bin ich bereits am unteren Rand des in der Frankfurter Tabelle genannten Rahmens geblieben); zusammen also 30% = 900,– DM.

Ich fordere Sie auf, die 900,– DM bis zum 14. 10. 97 auf mein Konto Nr. 123 456 789 bei der Treubank Bankleitzahl 222 333 00 zu überweisen.

Bei Fristüberschreitung müßte ich Klage erheben.
Nur vorsorglich weise ich darauf hin, daß ich im Falle einer gerichtlichen Auseinandersetzung in der Lage sein werde, die von mir gerügten Reisemängel, die Reklamationen bei Ihrer örtlichen Reiseleitung und deren oben widergegebene Antwort, durch Fotos und Zeugenaussagen anderer Reisender zu beweisen.

Hochachtungsvoll

▸ siehe auch A. 16. Minderung des Reisepreises
A. 17. Frankfurter Tabelle
A. 15. Mängelbeweise
Mängelanzeige am Urlaubsort Musterbrief B. 20
Mängelliste zur Beweissicherung Musterbrief B. 22
A. 14. Abhilfeverlangen und Selbsthilfe
Minderung des Reisepreises Musterbrief B. 24
A. 22. Fristen

26. Minderung und Schadensersatz wegen nutzlos aufgewendeter Urlaubszeit

Reiseveranstalter ....

Einschreiben mit Rückschein

Betr.: Reise nach .... vom .... bis ....
hier: Minderung des Reisepreises und Schadensersatz

Sehr geehrte Damen und Herren,

vom .... bis .... hatte ich aus Ihrem Reisekatalog ....
gebucht, mit ....zimmer, ...pension / Frühstück
zu .... DM / incl. Flug.

Im Katalog war .... als .... gelegen beschrieben.

Tatsächlich...

Darüber hinaus ....
....
....

Mit in der Anlage in Kopie beigefügtem Schreiben habe ich die vorgenannten Mängel bei Ihrer örtlichen Reiseleitung gerügt und eine Frist zur Abhilfe bis zum .... gesetzt. Gleichzeitig hatte ich in meinem Schreiben bereits darauf hingewiesen, daß ich im Falle der Nichtabhilfe Minderung und Schadensersatz geltend machen würde. Abhilfe ist jedoch nicht erfolgt.
Aus den genannten Gründen liegt
/ in Anlehnung an die „Frankfurter Tabelle"
zunächst ein Minderwert der Reise von ....% = ... DM vor.

Darüber hinaus war der „Urlaub" aus den oben genannten Gründen dermaßen unmöglich, daß es sich um nutzlos aufgewendete Urlaubszeit handelt. Hierfür mache ich als Schadensersatz weitere .... DM geltend, also .... DM pro Tag.

Die insgesamt .... DM wollen Sie bitte bis zum .... auf mein Konto Nr. .... bei .... Bankleitzahl .... überweisen.

Bei Fristüberschreitung müßte ich Klage erheben.
Nur vorsorglich weise ich darauf hin, daß ich im Falle einer gerichtlichen Auseinandersetzung in der Lage sein werde, die von mir gerügten Reisemängel durch Fotos und Zeugenaussagen anderer Reisender zu beweisen.

Hochachtungsvoll

▸ siehe auch A. 16. Minderung des Reisepreises
A. 17. Frankfurter Tabelle
A. 21. Schadensersatz
A. 22. Fristen
A. 15. Mängelbeweise
Mängelanzeige am Urlaubsort Musterbrief B. 20
Mängelliste zur Beweissicherung Musterbrief B. 22
A. 14. Abhilfeverlangen und Selbsthilfe
Minderung des Reisepreises Musterbrief B. 24
Beispiel zu Musterbrief B. 24: B. 25

27. Beispiel zu 26.

Reiseveranstalter Schnellmann-Reisen
Zum Preßlufthammer 18
12345 Musterstadt

Einschreiben mit Rückschein

Betr.: Reise nach Punta Dröna vom 12. 8. 97 bis 12. 9. 97
hier: Minderung des Reisepreises und Schadensersatz

Sehr geehrte Damen und Herren,

vom 12. 8. 97 bis 12. 9. 97 hatte ich aus Ihrem Reisekatalog das Hotel „Marina blanca" in Punta Dröna gebucht, mit Einzelzimmer, Vollpension zu 3000,– DM incl. Flug. Im Katalog war das Hotel als ruhig gelegen beschrieben.

Tatsächlich befand sich unmittelbar neben dem Hotel eine Großbaustelle. Unablässig dröhnten die Bagger und die Preßlufthämmer. Am Hotelpool war man zudem ständig von einer grauen Staub- und Zementschicht überzogen.
Das Einzelzimmer, obwohl bereits erheblich teurer als ein halbes Doppelzimmer, hatte kein Fenster. Tatsächlich handelte es sich um ein wegen Überbuchung notfallmäßig möbliertes Abstellzimmer (Feldbett, Stahlspind und Nagel in der Wand).
Außerdem hatte ich Vollpension gebucht, tatsächlich aber nur Halbpension bekommen. Über Mittag blieb die Küche geschlossen.

Mit in der Anlage als Kopie beigefügtem Schreiben vom 13. 8. habe ich die vorgenannten Mängel bei Ihrer örtlichen Reiseleitung gerügt und eine Frist zur Abhilfe bis zum 14. 8., 19.00 Uhr gesetzt. Gleichzeitig hatte ich in meinem Schreiben bereits darauf hingewiesen, daß ich im Falle der Nichtabhilfe Minderung und Schadensersatz geltend machen würde. Ihre örtliche Reiseleitung hat, wie Sie aus der beigefügten Kopie ersehen können, den Empfang meines Schreibens bestätigt. Abhilfe ist jedoch nicht erfolgt.

Aus den genannten Gründen liegt zunächst ein Minderwert der Reise von 2000,– DM vor.

Darüber hinaus war der „Urlaub“ aus den oben genannten Gründen dermaßen unmöglich, daß es sich um nutzlos aufgewendete Urlaubszeit handelt. Hierfür mache ich als Schadensersatz weitere 2000,– DM geltend.

Die 4000,– DM wollen Sie bitte bis zum 14. 10. 97 auf mein Konto Nr. 123 456 789 bei der Treubank Bankleitzahl 222 333 00 überweisen.

Bei Fristüberschreitung müßte ich Klage erheben.
Nur vorsorglich weise ich darauf hin, daß ich im Falle einer gerichtlichen Auseinandersetzung in der Lage sein werde, die von mir gerügten Reisemängel durch Fotos und Zeugenaussagen anderer Reisender zu beweisen.

Hochachtungsvoll

28. Schadensersatz

Reiseveranstalter Schnellmann-Reisen
Zum Preßlufthammer 18

12345 Musterstadt

Einschreiben mit Rückschein

Betr.: Reise nach Punta Dröna vom 12. 8. 97 bis 12. 9. 97
hier: Rückzahlung des Reisepreises und Schadensersatz

Sehr geehrte Damen und Herren,

vom 12. 8. 97 bis 12. 9. 97 hatte ich aus Ihrem Reisekatalog das Hotel „Marina blanca" in Punta Dröna gebucht, mit Einzelzimmer, Vollpension zu 3000,– DM incl. Flug.

Nach meiner Ankunft mußte ich feststellen, daß das Hotel sich noch im Bau befindet; d. h. es war noch gar nicht eröffnet. Eine örtliche Reiseleitung, die laut Ihrem Katalog in Punta Dröna mich bereits hätte am Flughafen abholen sollen, war in ganz Punta Dröna nicht aufzutreiben. Ich mußte daher noch am gleichen Tage mit Linie zurückfliegen.

Ich mache nunmehr geltend:

Rückzahlung des Reisepreises	3000,– DM
Rückflugkosten als Schadensersatz	700,– DM
Schadensersatz für nutzlos aufgewendete Urlaubszeit	2800,– DM

Vorsorglich weise ich bzgl. der begehrten vollständigen Rückzahlung des Reisepreises darauf hin, daß Sie zwar in Düsseldorf die Transferleistung zum Flughafen und sodann auch den Hinflug erbracht haben, diese beiden Leistungen aber aus den oben genannten Gründen für mich kein Interesse hatten und somit nicht vom Reisepreis in Abzug gebracht werden dürfen.

Ich fordere Sie auf, die 6500,– DM bis zum 14. 10. 97 auf mein Konto Nr. 123 456 789 bei der Treubank BLZ 222 333 00 zu überweisen.

Nach Fristablauf werde ich ohne weitere Nachricht Klage erheben.

Hochachtungsvoll

▸ siehe auch A. 18. Kündigung des Reisevertrags
A. 21. Schadensersatz
A. 22. Fristen

C. Zusatzinformationen zum Thema Reisen

1. Sparmöglichkeiten
(ohne Anspruch auf Vollständigkeit)

Sogenannten Frühbucherrabatt genutzt? Achtung: vergewissern Sie sich, ob und bis wann Sie gegebenenfalls noch ohne Kosten von der Reise zurücktreten können. Denn wie der Name schon sagt: Ein „Frühbucher" muß sich lange im voraus festlegen.

Nach individuell ausgehandeltem Mengenrabatt bei Buchung für mehrere Personen gefragt?

Kataloge verschiedener Veranstalter verglichen? Hier ergeben sich beim gleichen Hotel oft erhebliche Preiunterschiede!

Beim Preisvergleich Nebenleistungen mitberücksichtigt? Z.B. kann bei einem Anbieter im Preis eine Reiserücktrittskostenversicherung oder ein Busausflug am Urlaubsort oder Tischwein beim Abendessen usw. enthalten sein, was bei einem vermeintlich billigeren Angebot fehlt.

Kinderermäßigungen der Anbieter verglichen?

An die Möglichkeit gedacht, den Reisetermin zu verschieben? Möglicherweise rutschen Sie dadurch in die preiswertere Vor- oder Nachsaison. Auch hier lohnt der Vergleich unterschiedlicher Angebote: in dem einen Katalog kann ein Abflugtermin usw. noch Vorsaison sein, der in einem anderen Katalog schon zur Hauptsaison zählt.

Außerdem gelangt man durch Terminverschiebungen manchmal auf Sondertermine mit Angeboten wie „14 Tage reisen, 10 Tage bezahlen" oder „drei für zwei Wochen" usw.

Denken Sie vor Reiseantritt daran, daß Sie auch alles Benötigte eingepackt haben. Fehlende Dinge am Urlaubsort nachkaufen oder von zu Hause nachsenden lassen belastet die Urlaubskasse.

Was sollten Sie schon zu Hause kaufen? Insbesondere Filme sind in

Deutschland preiswerter als in anderen Ländern; Diafilme sind mancherorts gar nicht erhältlich!

▸ **Tip:** Für Eltern mit Kindern gibt es eine *kostenlose,* über 100 Seiten starke Broschüre „Familien-Ferien", die Sie beim
Bundesministerium für Familie, Senioren, Frauen und Jugend
Postfach 201551
53145 Bonn
anfordern können. Auch beim ADAC erhalten Sie diese Broschüre.

2. Checkliste Urlaubsvorbereitungen

Haben Sie gedacht an:

- [ ] Urlaubsantrag rechtzeitig beim Arbeitgeber gestellt?
- [ ] Reiseversicherungen abgeschlossen?
- [ ] Reiseführer, Landkarten, Broschüren usw. besorgt und gelesen?
- [ ] Sprachführer besorgt?
- [ ] Besondere Reisevoraussetzungen abgeklärt (Visum, Impfungen usw.) und erfüllt?
- [ ] Medikamente, vor allem regelmäßig benötigte, für den Urlaub in ausreichender Menge besorgt?
- [ ] Sonnenschutzmittel, Mückenabweiser?
- [ ] Sonnenbrille, Lesebrille usw.?
- [ ] Genug (Dia)filme gekauft?
- [ ] Adressen der Leute, denen man aus dem Urlaub schreiben will?
- [ ] Schmuck, Geld, wichtige Unterlagen in den Banksafe gebracht?
- [ ] Vergewissert, ob im Urlaub fällige Zahlungen zu Hause (Miete, Strom usw.) erfüllt werden?
- [ ] Bei Autofahrten den Wagen durchgecheckt (Kühlwasser, Öl, Batterie, Frostschutz noch ausreichend?, Scheibenwaschanlage aufgefüllt, Verbandskasten, Warndreieck, Feuerlöscher, Abschleppseil, Reifenluftdruck, Bordwerkzeug, Taschenlampe, sogenannte „genehmigte Rückhalteeinrichtungen“ (Kindersitze) für mitreisende Kinder, Reserveglühlampen, -keilriemen, -zündkerzen, Benzinkanister, D-Schild am Wagen)?
- [ ] Gedanken über Ausweichrouten bei Staus gemacht?

- ☐ Zweitschlüssel eingesteckt?
- ☐ Bei langen Fahrten z.B. Bilderbücher für mitreisende Kinder ins Auto gelegt?
- ☐ Geklärt, ob in der Urlaubsunterkunft Bettwäsche und Handtücher vorhanden sein werden, ob dort ein Kinderbett, ein Kinderhochstuhl zur Verfügung stehen wird, (in der Buchungsbestätigung schriftlich bestägigen lassen!)?
- ☐ Vergewissert, ob voraussichtlich während Ihres Urlaubs zu Hause ein Versandhauspaket, eine Möbellieferung, ein Handwerker zu einer vereinbarten Reparatur kommen würde und durch entsprechende Mitteilung den Termin verschoben?
- ☐ Tageszeitung und Zeitschriften abbestellt?
- ☐ Postnachsendeantrag oder Postlagerantrag gestellt?
- ☐ Oder Nachbarn gebeten, Ihre Post aus dem Briefkasten zu nehmen?
- ☐ Nachbarn usw. informiert, auf Einbruchspuren, verdächtige Geräusche während Ihrer Abwesenheit zu achten?
- ☐ Urlaubsadresse mit Telefonnummer *und* Adresse des deutschen Reiseveranstalters mit Telefonnummer bei Nachbarn und/oder Verwandten/Freunden hinterlassen?
- ☐ Wohnungsschlüssel bei Nachbarn, Verwandten oder sonstiger Vertrauensperson abgegeben?
- ☐ Vor allem bei längerer Abwesenheit evtl. den Vermieter informiert, bei wem sich im Notfall (z.B. Wasserrohrbruch) ein Wohnungsschlüssel befindet?
- ☐ Wer gießt die Blumen?
- ☐ Wer füttert die Goldfische?
- ☐ Theaterabbonemmentkarten usw. für Vorstellungen während Ihrer Urlaubsabwesenheit weitergegeben oder verschenkt, damit sie nicht verfallen?
- ☐ Kühlschrank und ggf. Gefrierschrank abgetaut?

- ☐ Gas abgestellt?
- ☐ Wasser abgedreht?
- ☐ Fernseh-, Videorecorder-, Radio-, Antennenstecker usw. aus der Steckdose gezogen?
- ☐ Elektrische Nachttischuhr, Geräte mit ständig Strom verbrauchendem Netzteil oder sonstige – während Ihrer Abwesenheit sinnlose – Stromverbraucher aus der Steckdose gezogen?
- ☐ Herd usw. abgestellt?
- ☐ Im Winter Heizung auf Frostwacht geschaltet?
- ☐ Zeitschaltuhren für Lampen, Radio usw. gestellt, damit die Wohnung bewohnt wirkt?
- ☐ Alarmanlage eingeschaltet?

3. Checkliste Reisedokumente

Haben Sie gedacht an:

- ☐ Personalausweis samt vorsorglicher Kopie?
- ☐ Reisepaß samt vorsorglicher Kopie?
- ☐ Führerschein?
- ☐ Internationaler Führerschein?
- ☐ Grüne Versicherungskarte?
- ☐ Visum?
- ☐ Krankenschein?
- ☐ Impfpaß?
- ☐ Auslandsschutzbrief?
- ☐ Versicherungsdokumente?
- ☐ Geld?
- ☐ Travellerschecks?
- ☐ Euroschecks?
- ☐ Euroscheckkarte?
- ☐ Kreditkarte?
- ☐ Hotelgutschein (Hotelvoucher)?
- ☐ Flugticket?
- ☐ Bahnfahrkarte?
- ☐ Katalog mit Beschreibung der gebuchten Reise?
- ☐ Kopie der Versicherungsbedigungen von Reiseversicherungen?

▸ **Tip:** Auch wenn Ihnen noch nie etwas passiert ist und Ihnen das unnötig erscheint: notieren sie auf einem Blatt Papier die Nummern der o.g. Papiere, z.B. die Nummer des Reisepasses, die Nummer des Versicherungsvertrags, die Nummern der Travellerschecks usw., dazu wichtige Anschriften und Telefonnummern wie z.B. Bankverbindung, Stelle, wo Sie Kartenverlust melden können, Name und Telefonnummer der Krankenversicherung, der Rettungsflugambulanz (wenn Sie entsprechend versichert sind), Telefonnummer des Auslandsnotrufs Ihres Automobilclubs usw. Am besten auch noch Name und Anschrift dessen, der benachrichtigt werden soll, z.B. falls Sie nach einem Unfall nicht mehr ansprechbar sind.
Schreiben Sie über den Namen des zu Benachrichtigenden:
„Im Falle eines Unfalls bitte benachrichtigen:
In case of an accident please notify:
En cas d'accident prévenir:"
Am besten, Sie schreiben sich die Telefonnummern bereits hier so auf, wie Sie sie vom Ausland aus wählen müssen!
Und: das alles gut lesbar!
Diesen Zettel tragen Sie ständig bei sich, eine Kopie geben Sie zuhause vor Urlaubsantritt einem Angehörigen oder einer anderen Vertrauensperson.

4. Reisezahlungsmittel

Welche Reisezahlungsmittel sind die besten? Jedes erfüllt seinen speziellen Zweck. Am besten, Sie reisen mit *mindestens* zwei Zahlungsmitteln.

Selbstverständlich wissen Sie schon, daß man Bargeld und Schecks usw. im Hotelsafe lassen sollte (nicht irgendwo im Hotelzimmer „verstecken", ein Dieb kennt wahrscheinlich alle Verstecke). Außerdem wissen Sie, daß man immer nur die Menge an Zahlungsmitteln mit nach draußen nehmen sollte, die man an dem betreffenden Tag voraussichtlich benötigen wird. Und selbstverständlich wissen Sie bereits, daß man z.B. Bargeld auf mehrere Stellen am Körper verteilt (z.B. ein Teil in der Geldbörse, ein Teil im Brustbeutel, einen Schein als Notreserve im Strumpf), bzw. wenn man zu mehreren Personen unterwegs ist, untereinander aufteilt.

Bargeld sollte man in kleinen Mengen immer mitnehmen; schon für kleinere Einkäufe, Trinkgelder usw. Ihr Kreditinstitut sagt Ihnen, ob es günstiger ist, in Deutschland oder im Ausland umzutauschen. Auch wenn es im Ausland ungünstiger ist, sollten Sie aus Sicherheitsgründen bei einem längeren Auslandsaufenthalt dort erst nach und nach Bargeld eintauschen.

Bei Reisen in Länder mit „schwachen" Währungen empfiehlt es sich, zur Sicherheit einen geringen Geldbetrag in „harter" Währung mitzunehmen, am besten sind hier US-Dollar.

Nehmen Sie bei Bargeld lieber viele „kleine" Scheine mit. Dann sind Sie beim Umtausch flexibler und – bei Bargeld in Landeswährung – firmer gegen das beliebte Argument des Verkäufers, Taxifahrers usw.: „Kein Wechselgeld."

Ein Postsparbuch ist eine preiswerte und sichere Urlaubskasse, da Sie in den nachstehenden Ländern bei der jeweiligen Post davon Geld in Landeswährung abheben können:

Belgien, Dänemark, Finnland, Frankreich, Großbritannien, Irland, Island, Italien, Kroatien, Liechtenstein, Luxemburg, Niederlande, Österreich, Portugal, Schweden, Schweiz, Slowenien, Spanien, Ungarn (Stand: Mai 1997).

Sie müssen dazu das Postsparbuch, die Postbank Ausweiskarte und Ihren Reisepaß bzw. Personalausweis vorlegen. In Finnnland, Frankreich, Großbritannien, Irland und Schweden ist die Geldabhebung vom Postsparbuch nur in bestimmten Postämtern möglich, in Finnland zusätzlich bei allen Zweigstellen der Postbank (Stand: Mai 1997). Außerdem gibt es unterschiedliche Tages- und Monatshöchstbeträge.

Gewöhnliche Bankschecks (also keine Euroschecks) sind im Ausland (und meist auch in Deutschland) als Reisezahlungsmittel unbrauchbar.

Euroschecks werden in 40 Ländern akzeptiert (grob gesagt Europa und Mittelmeeranrainerstaaten). Sie werden üblicherweise in Landeswährung ausgefüllt, sonst in DM. Möglicherweise müssen Sie bei größeren Summen mehrere Euroschecks ausstellen, abhängig von den in den jeweiligen Ländern unterschiedlichen Garantiesummen (Beispiel: Deutschland bis 400,– DM, Niederlande bis 300,– Gulden).

Bei der Abbuchung des Euroschecks von Ihrem Konto fallen allerdings Gebühren an: die sogenannte „Fremdgebühr“ der ausländischen Bank plus ggf. die Buchungsgebühr auf Ihrem Konto.

Reiseschecks sind ein probates und weltweit anerkanntes Zahlungsmittel. Ihre Bank verkauft Sie Ihnen gegen eine geringe Gebühr (ca. 1 bis 2% des Verkaufspreises) in vielen Währungen. Es empfiehlt sich, insbesondere in Ländern mit „schwachen“ Währungen, zumindest einige Reiseschecks in US-Dollar mitzunehmen. Reiseschecks sind auch ein sicheres Zahlungsmittel. Beim Kauf unterschreiben Sie in einer Ecke, bei der Einlösung im Urlaubsland in der anderen Ecke. Ohne übereinstimmende Unterschrift können die Schecks nicht eingelöst werden. Bei Diebstahl oder Verlust sind Reiseschecks versichert.

Kreditkarten sind ein sicheres und weit verbreitetes Zahlungsmittel. Die bekanntesten sind VISA, American Express, Eurocard und Diners Club. Bei Verlust und Mißbrauch haften Sie nur bis 100,– DM. Außerdem sind manchmal in der Kreditkarte bestimmte

Versicherungsleistungen eingeschlossen, z. T. aber nur, wenn man die entsprechende Leistung mit der Kreditkarte bezahlt hat. Bei der Abbuchung von Kreditkartenzahlungen nehmen die Kreditkartenorganisationen in der Regel einen Zuschlag zum Umrechnungskurs. Auch das Beschaffen von Bargeld mittels der Kreditkarte kostet in der Regel eine Gebühr.

5. Reiseversicherungen

Es gibt eine ganze Reihe von Reiseversicherungen, die oft auch als „Paket“ angeboten werden und meist unproblematisch zusammen mit der Reise gleich beim Reisebüro gebucht werden können.

Auf drei Punkte sollten Sie dabei generell achten:

1. Vergleichen Sie Preis und Leistung unterschiedlicher Anbieter.

2. Kontrollieren Sie, ob Sie nicht möglicherweise bereits entsprechend versichert sind. So ist z.B. eine Reisekrankenversicherung in manchen Versicherungstarifen privater Krankenversicherungen ganz regulär bereits enthalten. Bei Versicherungspaketen, die aus mehreren Versicherungen zusammengesetzt sind, ist die „Chance“ besonders groß, eine Versicherung zu entdecken, die man längst hat.

3. Kontrollieren Sie, ob nicht bestimmte Versicherungsleistungen bereits im Reisepreis Ihrer Pauschalreise enthalten sind. Dies ist insbesondere bei der Reiserücktrittskostenversicherung häufig der Fall.

Nachstehend finden Sie, ohne Anspruch auf Vollständigkeit, eine Übersicht möglicher Reiseversicherungen:

Reisekrankenversicherung

Wenn Sie *nicht* privat versichert sind, dann besorgen Sie sich von Ihrer Krankenkasse vor der Urlaubsreise einen „Auslandskrankenschein“. Auch dann sind in der Regel aber nicht alle Risiken einer Erkrankung im Ausland abgedeckt. Zunächst gilt der Schein nur in EU-Ländern, den Ländern des Abkommens über den Europäischen Wirtschaftsraum oder solchen Ländern, mit denen ein Sozialversicherungsabkommen besteht. Die Behandlungskosten werden dort nach den dortigen Vorschriften übernommen. Wenn also in Ihrem Urlaubsland die einheimischen Kassenpatienten auf z.B. eine Arztrechnung eine Selbstbeteiligung zahlen müssen, müssen Sie das als Tourist auch. Rücktransportkosten, insbesondere im Ambulanzjet, sind nicht versichert. Auch ist selbst im EG-Ausland nicht jeder

Arzt bereit, einen Touristen „auf Krankenschein“ zu behandeln. Wie weit Ihr Versicherungsschutz in Ihrem anvisierten Urlaubsland tatsächlich reicht, erfragen Sie am besten vor Urlaubsantritt bei Ihrer Krankenkasse. Wenn Ihnen der Schutz nicht ausreichend erscheint, empfiehlt sich der Abschluß einer privaten Reisekrankenversicherung. So kann mit einem meist recht geringen Beitrag ein ganz erhebliches Kostenrisiko ausgeschlossen werden.

Wenn Sie privat krankenversichert sind, sind Auslandsreisen in unterschiedlichem Umfang meist mitversichert. Erkundigen Sie sich einfach bei Ihrer privaten Krankenversicherung.

Die private Reisekrankenversicherung versichert Medikamenten-, Arzt- und Krankenhauskosten im Ausland. Die Einzelheiten sind im Versicherungsvertrag geregelt, z.B. Altersbegrenzungen, Ausschlüsse bestimmter schon vor Reiseantritt gegebener Krankheiten, Selbstbeteiligungen usw. Je nach Ausgestaltung des Versicherungsvertrags kann auch der Rücktransport im Ambulanzjet und ein Betrag für Bergungskosten mitversichert sein; in manchen Fällen auch Beträge für Überführungkosten Verstorbener oder Bestattungskosten im Urlaubsland.

Achten Sie darauf, daß die Reisekrankenversicherung auch die gesamte Länge Ihres Auslandsaufenthalts abdeckt. Es gibt hier große Unterschiede, z.B. Versicherungen für einen einmaligen Auslandsaufenthalt von bis zu 6 Wochen (sozusagen für „Otto Normalreisende“) oder auch bis zu 24 Monaten „an einem Stück“; Versicherungen, die für jeden Auslandsaufenthalt innerhalb eines Jahres für jeweils eine bestimmte Zeitspanne pro Aufenthalt gelten usw.

Achten Sie auch darauf, ob es sich um eine Versicherung handelt, die sich automatisch um ein weiteres Jahr verlängert, wenn Sie nicht innerhalb bestimmter Fristen kündigen. Dies wird dann nach dem Urlaub oft vergessen.

Manchmal übersehene Unterschiede bestehen auch in der Anzahl der versicherten Länder. Es gibt z.B. Reisekrankenversicherungen für das europäische Ausland, andere gelten weltweit, und dazwischen die unterschiedlichsten „Ländermischungen“. Das heißt, wenn Sie ohnehin nur z.B. nach Italien fahren, ist der oft teurere „weltweite“ Schutz überflüssig.

Die Reisekrankenversicherung darf schließlich nicht verwechselt werden mit der Reiseunfallversicherung.

Reiseunfallversicherung

Die Reiseunfallversicherung zahlt bei Verletzung und Tod Geldbeträge. Oft ist eine – relativ geringe – Summe für Bergungskosten eingeschlossen.

Die Reiseunfallversicherung zahlt nicht die Arztrechnungen usw. Dafür ist die Reisekrankenversicherung zuständig.

Reiserücktrittskostenversicherung

Die Reiserücktrittskostenversicherung schützt vor den Stornokosten und – das ist kaum bekannt – auch vor den Kosten, insbesondere durch eine vorzeitige Rückreise oder bei Reiseabbruch aus einem der im Versicherungsvertrag genannten Gründe. Vielfach sind hier Selbstbeteiligungen zu bezahlen, ein Angebotsvergleich lohnt sich also. Und: Vergleichen Sie auch die Fälle, in denen der jeweilige Anbieter für die Reiserücktrittskosten einstehen will. Beispiel: Anbieter A tritt nur im Falle eines Reiserücktritts wegen schwerer Krankheit des Reisenden ein, Anbieter B zusätzlich auch im Falle der Schwangerschaft, Anbieter C zusätzlich auch noch im Falle des Rücktritts, wenn nicht der Reisende selber, sondern ein Angehöriger schwer erkrankt ist und der Reisende deshalb zu Hause bleiben möchte usw. Oft tritt die Reiserücktrittskostenversicherung auch ein, wenn der Urlaub wegen „Schaden am Eigentum des Versicherers", z.B. einem Brand in der heimischen Wohnung, storniert wird oder abgebrochen werden muß. Einzelheiten regeln auch hier wieder die jeweiligen Versicherungsbedingungen.

Reisegepäckversicherung

Die Reisegepäckversicherung ist wahrscheinlich die am meisten von gewissenlosen Reisenden mit vorgetäuschten Schadensfällen gemolkene Versicherung überhaupt. Sie schützt vor den finanziellen Risiken des Verlustes oder der Beschädigung des Reisegepäcks; de facto wird fast immer ein Diebstahl zum Versicherungsfall führen. Bei der Reisegepäckversicherung richtet sich der Versicherungsbeitrag meist nach der Anzahl der Reisetage und der Höhe der Versicherungssumme. In der Regel lohnt es sich bei der Reisegepäckversicherung ganz besonders, die Vertragsbedingungen durchzulesen, insb. auf die Frage, ob und inwieweit und bis zu welchen Höchstbeträgen und in welcher Aufbewahrungform welches Reisegepäck versichert ist. Beispiel: Ist im Versicherungsvertrag der Fotoapparat im

Kofferraum versichert, wenn der Wagen nachts am Straßenrand steht?

Bargeld ist kein Reisegepäck.

Beachten Sie im Versicherungsvertrag auch den in der Regel von Ihnen verlangten Nachweis einer Anzeige des Diebstahls bei der örtlichen Polizei. Auch wenn Sie meinen, daß das sowieso nichts bringt und Sie nur Urlaubszeit kostet: Sie müssen diese Diebstahlsanzeige erstatten, wenn Sie nicht Ihren Versicherungsschutz verlieren wollen!

Reisehaftpflichtversicherung

Die Reisehaftpflichtversicherung schützt Sie vor der Inanspruchnahme durch Dritte bei Schäden, die Sie angerichtet haben. Die Versicherung schützt Sie in der Regel nicht, wenn Sie den Schaden vorsätzlich oder grob fahrlässig angerichtet haben.

Daneben gibt es noch eine ganze Reihe von – z.T. auf bestimmte Urlaubsarten zugeschnittenen – Versicherungspaketen.

Z.B. eine Wintersportversicherung bestehend aus einer Unfall-, Haftpflicht-, Wintersportgeräte- und Rechtsschutzversicherung; alles jedoch nur für Schadensfälle, die bei Ausübung des Wintersports entstehen.

Es gibt Versicherungspakete, die z.B. Reiserücktrittskosten-, Reisegepäck-, Reiseunfall-, Reisekranken- und Reisehaftpflichtversicherungen kombinieren.

Im Ausland sind Miet- oder Leihwagen oft mit erheblich niedrigeren Summen versichert als in Deutschland; d.h., bei einem vom Fahrer mit dem Mietwagen verschuldeten Unfall muß er möglicherweise einen (erheblichen) Teil des angerichteten Schadens selbst zahlen.

Für Miet- oder Leihwagen kann eine Kraftfahrzeug-Auslands-Haftpflichtversicherung abgeschlossen werden. Auch hier gibt es wieder viele Kombinationen, die sich nach Laufzeit, versicherten Ländern usw. unterscheiden.

Automobilclubs und Versicherungen bieten Auslands„schutzbriefe" an, die besondere mit dem Autofahren im Urlaub verbundene Risiken versichern, z.B. Abschleppkosten (ggf. auf bestimmte Kilometer oder Abschleppziele begrenzt), Kosten der Ersatzteilversendung ins Ausland (Achtung: nicht die Kosten des Ersatzteils selbst), Krankenrücktransport, Mietwagen- oder Bahnkosten (im Rahmen bestimmter Zeitlimits und Höchstbeträge), Übernachtungskosten usw. Die Schutzbriefe enthalten meistens noch weitere, hier nicht im einzelnen aufgezählte Versicherungsleistungen. Enthalten sind auch oft Kreditbriefe, mit denen Sie am Urlaubsort z.B. Reparaturen, Anwälte, Ärzte usw. bezahlen können (das Geld müssen Sie aber zu Hause wieder zurückzahlen).

Ganz wichtig: *Bei allen Reiseversicherungen empfiehlt sich das genaueste Durchlesen der Vertragsbedingungen und am besten auch noch die Mitnahme einer Kopie derselben an den Urlaubsort. Im Schadensfall können Sie das dann wie eine Checkliste hinsichtlich der Dinge benutzen, die Sie zum Erhalt der Versicherungsleistung erledigen müssen. Dadurch vermeiden Sie die Verletzung von sogenannten „Obliegenheiten", z.B. Versäumung von Anzeige- oder Meldefristen, die sogar zum Ausschluß der Versicherungsleistung führen können (§ 6 Versicherungsvertragsgesetz).*

▸ siehe auch A. 8. Rücktritt vom Reisevertrag
Schreiben an Reiserücktrittskostenversicherung Musterbrief B. 11
Reiserücktritt wegen Krankheit mit Abwicklungsvollmacht Musterbrief B. 12

6. Reisen und Zoll

(Stand: April 1996; bei Redaktionsschluß dieses Buches neueste verfügbare Fassung)

Der nachstehende Text wurde mit freundlicher Genehmigung des Bundesministeriums der Finanzen der Publikation „Tips für Ihre Ferienreise 1996/97“ (dort Seiten 80 bis 94) entnommen.

Wenn Sie zurückfahren

Was Sie aus Ihrem Gastland nicht ausführen dürfen

Nicht aus jedem Urlaubsland dürfen Sie unbesehen mit nach Hause nehmen, was Sie als Souvenir gekauft haben. Das gilt vor allem für Antiquitäten und Kunstgegenstände. In vielen Ländern unterliegen solche Waren Ausfuhrbeschränkungen oder -verboten. Fragen Sie deshalb vorher den Zoll im Urlaubsland, ob Sie die Amphore, die Ikone oder den antiken Teppich auch ausführen dürfen. Achten Sie darauf, daß auch Familienerbstücke, die Sie im Urlaubsland von dort lebenden Verwandten erhalten haben, möglicherweise Ausfuhrbeschränkungen unterliegen.

Wohin mit dem ausländischen Geld?

Der Deutsche Zoll hat nichts dagegen, wenn Sie Restdevisen in die Heimat mitnehmen. Anders sieht es bei vielen Urlaubsländern aus. Länder mit strenger Devisenbewirtschaftung gestatten entweder überhaupt nicht oder nur in sehr engen Grenzen die Ausfuhr der Landeswährung. Sie müssen dann Ihr Geld im Gastland zurücktauschen. Häufig müssen Sie am Bankschalter nachweisen können, daß Sie rechtmäßig an diese Devisen gekommen sind. Bewahren Sie also alle Umtauschquittungen sorgfältig auf.

Das ist vor allem dann wichtig, wenn Sie bei der Einreise die Höhe Ihrer mitgeführten Gelder angeben (deklarieren) mußten.

Manchmal gibt es Geld zurück

In einigen Ländern besteht die Möglichkeit, eine Umsatzsteuererstattung für Waren zu erhalten, die dort mit Steuer belastet erworben und anschließend ausgeführt werden. Das Verfahren ist in den einzelnen Ländern unterschiedlich. Erkundigen Sie sich deshalb im Ausfuhrland – bei dem Verkäufer der Ware, bei einer für die Erhebung der Umsatzsteuer zuständigen Behörde oder bei einer Zollstelle – nach den jeweiligen Voraussetzungen.

Beachten Sie bitte: Auch für diese Waren sind – wenn die Reisefreigrenzen überschritten werden – bei der Einfuhr Abgaben zu entrichten. Vergessen Sie deshalb nicht, sie dem Zollbeamten anzumelden.

Wenn Sie an unsere Grenzen kommen

Seit 1993 haben Sie es einfacher, wenn Sie aus einem Mitgliedstaat der Europäischen Union (EU) nach Deutschland zurückkehren: Die Zollkontrollen zwischen den Ländern der EU sind seit dem 1. Januar 1993 weggefallen. Das bringt erhebliche Vorteile für alle, die innerhalb der EU-Staaten reisen. Sie können nunmehr aus jedem Land der EU – von wenigen Ausnahmen (zum Beispiel den Kanarischen Inseln) abgesehen – ohne mengen- und wertmäßige Beschränkungen Waren für Ihren persönlichen Bedarf mitbringen. Voraussetzung ist also, daß die Waren weder zum Handel, noch zur gewerblichen Verwendung bestimmt sind.

- Das Mitbringen bestimmter Waren (zum Beispiel Betäubungsmittel, Waffen, Sprengstoffe, artengeschützte Tiere und Pflanzen, Teile davon sowie daraus hergestellte Erzeugnisse) ist allerdings weiterhin verboten oder eingeschränkt. Die Einhaltung dieser Verbote und Beschränkungen kann im innergemeinschaftlichen Reiseverkehr auch nach der Verwirklichung des Binnenmarkts und des damit verbundenen Wegfalls der bisherigen Grenzkontrollen durch die Zollverwaltung überwacht werden. Daneben können im Einzelfall auch noch grenzpolizeiliche Kontrollen vorgenommen werden.
- Voraussetzung für das abgabenfreie Mitbringen von Waren im Reiseverkehr aus anderen Mitgliedstaaten der EU ist, daß sie zu den Bedingungen des Binnenmarkts erworben worden sind. Das bedeutet, daß sie aus dem zoll- und steuerrechtlich freien Verkehr der EU stammen müssen. Nicht alle im Zollgebiet der EU erworbenen Waren erfüllen diese Voraussetzung.

• Für den privaten Eigenbedarf in einem Land der EU erworbene Waren unterliegen ausschließlich der Umsatzsteuer und gegebenenfalls den Verbrauchssteuern in diesem Land, das heißt im Erwerbsland. Waren hingegen, die gewerblichen Zwecken dienen, sind im Bestimmungsland anzumelden und zu versteuern.

• Zur Abgrenzung des gewerblichen Verkehrs vom privaten Reiseverkehr wird neben anderen Kriterien ein Mengenkatalog herangezogen, der folgende Werte umfaßt:

a) Tabakwaren

Zigaretten	800 Stück
Zigarillos	(Zigarren mit einem Höchstgewicht von 3 g/Stück) 400 Stück
Zigarren	200 Stück
Rauchtabak	1 kg

b) Alkoholische Getränke

Spirituosen	10 Liter
Zwischenerzeugnisse (z.B. Likörwein, Wermutwein)	20 Liter
Wein (davon höchstens 60 Liter Schaumwein)	90 Liter
Bier	110 Liter

Größere als die vorstehenden Mengen sind ein Indiz für eine gewerbliche Bestimmung der Waren. Aber auch bei kleineren Mengen kann unter entsprechenden Umständen ein gewerblicher Zweck gegeben sein. Eine Besteuerung in Deutschland vermeiden Sie, wenn Sie – insbesondere bei Überschreitung der oben angeführten Mengen – eine Verwendung zu privaten Zwecken nachweisen (siehe hierzu auch weiter unten).

• Bei Reisen aus sogenannten Drittländern, also Staaten, die nicht der EU angehören, ändert sich hinsichtlich der Abgabenfreiheit im Reiseverkehr nichts. Bei Einfuhren aus solchen Staaten können Steuern und Zölle anfallen, so daß Zollkontrollen nach wie vor nötig sind. Allerdings ist der Deutsche Zoll großzügiger als Sie denken. Wenn Sie an der Grenze sagen, was Sie mit sich führen, bleibt die Urlaubsfreude ungetrübt. Beachten Sie auf jeden Fall die folgenden grundsätzlichen Hinweise für die Zollabfertigung:

• Schmuggeln macht vielleicht Spaß, lohnt sich aber nicht. Denn: Wenn Sie erwischt werden, zahlen Sie nicht nur die fälligen Einfuhrabgaben, sondern unter Umständen auch einen Zollzuschlag in gleicher Höhe. Gegebenenfalls droht sogar ein Strafverfahren. Geben Sie also bitte dem Zollbeamten die mitgeführten Waren an, auch die, die abgabenfrei sind oder die Sie für abgabenfrei halten.

• Reagieren Sie bitte nicht ungehalten, wenn Ihr Fahrzeug, Ihr Gepäck oder Sie selbst einmal eingehend durchsucht werden. Bedenken Sie: Der Beamte tut nur seine Pflicht, denn stichprobenweise Kontrollen müssen sein, um sicherzustellen, daß die einschlägigen Bestimmungen beachtet werden. Insbesondere der Kampf gegen die Rauschgiftkriminalität erfordert auch an den Grenzen einen erhöhten Einsatz. Angesichts der raffinierten Schmuggelmethoden der Rauschgifthändler müssen die Kontrollen sehr intensiv sein, sie hätten sonst keinen Sinn. Übrigens: Auf Verlangen des Abfertigungsbeamten müssen Sie ihm Hilfe leisten: Die mitgeführten Waren sind von Ihnen so „darzulegen", daß Sie ordnungsgemäß abgefertigt werden können. Wenn nötig, müssen Sie ohne Entschädigung die Prüfung der Waren und in dem dafür unerläßlichen Umfang auch die Entnahme von Mustern und Proben akzeptieren.

• Wenn Sie nach einer Flugreise aus einem Drittland in die Bundesrepublik Deutschland zurückkehren, beachten Sie das sogenannte Zweikanal-Abfertigungsverfahren, das zur schnelleren und reibungslosen Zollabfertigung auf den meisten Deutschen Verkehrsflughäfen angewendet wird. Bei diesem Verfahren werden Sie durch Hinweistafeln über die zollrechtlichen Bestimmungen informiert und aufgefordert, zwischen zwei Durchgängen zu wählen, von denen einer als Durchgang für Reisende mit anmeldefreien Waren (grüner Kanal), der andere Durchgang für Reisende mit anmeldepflichtigen Waren (roter Kanal) gekennzeichnet ist. Mit Ihrer Wahl übernehmen Sie die gleiche Verantwortung wie mit Ihrer Antwort auf die Befragung durch Zollbeamte. Wenn Sie den grünen Kanal benutzen, können Sie in der Regel ungehindert passieren. Um Mißbräuche zu vermeiden, wird das Gepäck dort jedoch stichprobenweise überprüft. Wenn dann abgabenpflichtige Waren gefunden werden, sind diese so zu behandeln, wie wenn Sie sie geschmuggelt hätten.

Kehren Sie nach einer Flugreise unmittelbar aus einem Mitgliedstaat der EU in die Bundesrepublik Deutschland zurück, so benutzen Sie bitte den mit dem Europa-Piktogramm (12 goldfarbene Sterne im Kreis auf blauem Grund) gekennzeichneten Kanal, es sei denn, Sie führen Waren mit sich, die nicht aus dem zoll- und steuerlich freien Verkehr der EU stammen (über den Rahmen der Freimengenregelung für Drittländer hinaus vgl. weiter unten). In diesen Fällen ist der rote Kanal zu wählen.

Was ist abgabenfrei?

Grundsätzliche Hinweise für den Drittlandreiseverkehr

• Die Abgabenfreiheit kann nur gewährt werden für Waren, die Sie selbst mitführen, also nicht für Waren, die Sie mit der Post an Ihre Heimatadresse schicken.

Personen mit gemeinsamem Gepäck können nur dann die Freimengen – jeder für sich – beanspruchen, wenn sie das Zollamt gleichzeitig passieren.

• Abgabenfrei sind nur Waren, die ausschließlich zu Ihrem persönlichen Gebrauch oder Verbrauch, für Ihren Haushalt oder als Geschenk bestimmt sind. Im allgemeinen wird ohne besonderen Nachweis davon ausgegangen, daß diese Voraussetzungen gegeben sind. Die Abgabenfreiheit ist allerdings ausgeschlossen, wenn zu vermuten ist, daß die Einfuhr aus geschäftlichen Gründen erfolgt. Das kann z.B. dann in Betracht kommen, wenn die Freimengen auffallend oft in Anspruch genommen werden oder Waren, die im Rahmen der Wertgrenze abgabenfrei wären, in solchen Mengen eingeführt werden, die den Eigenbedarf des Reisenden offensichtlich übersteigen.

• Die Freimengen werden grundsätzlich bei jeder Einreise aus dem Ausland gewährt. Jede Reise muß jedoch für sich abgeschlossen sein, d.h. sie muß im allgemeinen wieder zum inländischen Wohnort bzw. zur Unterkunft am Urlaubsort zurückführen. Unmittelbar aufeinanderfolgendes Passieren der Grenze – Weg bis kurz hinter das Zollamt, Rückkehr ins Ausland, Wiederkehr mit neuen Einkäufen – berechtigt nicht zu mehrfacher Inanspruchnahme der Reisefreimengen.

Sonderregelungen

• Die Kanarischen Inseln wie auch die französischen überseeischen Departements und die britischen Kanalinseln gehören zwar zum Zollgebiet der EU, nicht aber zum Steuergebiet für die Verbrauchssteuern und die Mehrwertsteuer. Als Folge dieser steuerlichen Sonderstellung dürfen Waren, die Sie in den vorgenannten Gebieten zu den dort geltenden steuerlichen Bedingungen erworben haben, nur im Rahmen der nachfolgend aufgeführten Mengen- und Wertgrenzen abgabenfrei mitgebracht werden. Dies gilt auch für Waren, die in der EU in einem tax-free-shop oder an Bord eines innerhalb der EU verkehrenden Flugzeugs unversteuert oder von Steuern entlastet erworben worden sind. Besondere Beschränkungen gelten auch für im Seeschiffsverkehr an Bord erworbene Waren (siehe dazu weiter unten).

- Bei der Einreise aus Drittländern sind an Treibstoffen für Ihr Personenkraftfahrzeug der Inhalt des Hauptbehälters und zusätzlich bis zu 10 Liter in Reservekanistern abgabenfrei. Beachten Sie bitte: Der Treibstoff darf nur in dem Fahrzeug verwendet werden, mit dem er eingeführt worden ist.
- Für Bewohner grenznaher Gemeinden zu Drittländern, für Grenzarbeitnehmer sowie für Personen, die beruflich auf gewerblich eingesetzten Beförderungsmitteln tätig sind, gelten besondere Bestimmungen. Sie können bei den Zollstellen an der Grenze erfragt werden (siehe auch weiter unten).

Freigrenzen

Soweit sich aus den vorstehenden Sonderregelungen nichts anderes ergibt, sind folgende Waren im Reiseverkehr aus Drittländern, aus steuerlichen Sondergebieten und von der Insel Helgoland einfuhrabgabenfrei:

1. Tabakwaren,
wenn Sie mindestens 17 Jahre alt sind:
200 Zigaretten oder
100 Zigarillos oder
50 Zigarren oder
250 Gramm Rauchtabak oder
eine anteilige Zusammenstellung dieser Waren;

2. Alkohol und alkoholhaltige Getränke, wenn Sie mindestens 17 Jahre alt sind:
1 Liter Spirituosen mit einem Alkoholgehalt von mehr als 22% vol oder unvergällter Ethylalkohol mit einem Alkoholgehalt von 80% vol oder mehr, oder 2 Liter Spirituosen, Aperitifs aus Wein oder Alkohol, Taffia, Sake oder ähnliche Getränke mit einem Alkoholgehalt von 22% vol oder weniger, oder 2 Liter Schaumweine oder Likörweine, oder eine anteilige Zusammenstellung dieser Waren, und 2 Liter nicht schäumende Weine;

3. Kaffee,
wenn Sie mindestens 15 Jahre alt sind:
500 Gramm Röstkaffee oder 200 Gramm löslicher Kaffee;

4. Parfüms und Toilettewasser
50 Gramm Parfüms und 0,25 Liter Toilettewasser;

5. Arzneimittel
Die dem persönlichen Bedarf des Reisenden entsprechende Menge;

6. Andere Waren
bis zu einem Warenwert von insgesamt 350,- DM, ausgenommen Goldlegierungen und -plattierungen, unbearbeitet oder als Halbzeug. Abweichend hiervon galt für Waren, die auf dem Landweg oder im Küstenseeverkehr aus einem Drittland eingeführt werden, das nicht der Europäischen Freihandelsassoziation (Island, Norwegen, die Schweiz mit Liechtenstein) angehört, bis zum 31. Dezember 1997 eine Wertgrenze von 150,– DM.

Nicht abgabenfrei ist eine unteilbare Ware (zum Beispiel ein Schmuck- oder Kleidungsstück), deren Wert die angegebenen Wertgrenzen übersteigt. Die Einfuhrabgaben werden nicht nur von dem den Freibetrag übersteigenden Wertanteil, sondern vom vollen Wert erhoben. Der Wert einer unteilbaren Ware kann auch nicht auf mehrere Personen umgelegt werden.

Auch Waren, die Sie in einem Drittland aus zwingendem Anlaß gekauft oder dort gegebenenfalls bereits benutzt haben (zum Beispiel Skier, Kleidungsstücke), sind nur im Rahmen der vorstehenden Freigrenzen abgabenfrei.

Freigrenzen überschritten?

Die Abgabenerhebung für Waren, die Ihnen nicht abgabenfrei belassen werden können, geht meist schnell – im sogenannten pauschalierten Verfahren –, und so schrecklich teuer ist es gar nicht: Wenn die Waren weder zum Handel noch zur gewerblichen Verwendung bestimmt sind und ihr Wert 420,– DM nicht übersteigt, werden für Waren aus Drittländern grundsätzlich 20% des Wertes als Abgaben erhoben. Ein Satz von 10% wird auf viele Waren aus Ländern angewendet, mit denen Präferenzabkommen bestehen. Hiervon ausgenommen sind allerdings zahlreiche Agrarwaren aus solchen Ländern, zum Beispiel Wein. Für sie gilt der Abgabensatz von 20%. Präferenzabkommen bestehen unter anderem mit den

Staaten der Europäischen Freihandelsassoziation (EFTA-Staaten), den Mittelmeerländern Türkei, Marokko, Algerien, Tunesien, Ägypten, Israel, Jordanien, Syrien, dem Libanon, Zypern, Malta, sowie mit Polen, der Tschechischen und der Slowakischen Republik, Ungarn und den meisten afrikanischen Ländern.

Die Abgabensätze von 10% bzw. 20% gelten jedoch nicht für einige hochsteuerbare Waren, für die besondere Abgabensätze festgesetzt sind.

Um Ihnen einen Überblick zu geben, mit welcher Abgabenbelastung Sie rechnen müssen, sind nachstehend einige der in Betracht kommenden Waren mit dem für sie derzeit festgesetzten pauschalierten Abgabensatz aufgeführt:

Röstkaffee 7,40 DM je kg
löslicher Kaffee 20,30 DM je kg

Schaumwein 4,80 DM je Liter
Likörwein, Wermutwein und anderer aromatisierter Wein
2,10 DM je Liter
Spirituosen 13,40 DM je Liter

Zigaretten 0,21 DM je Stück
Zigarren und Zigarillos
(in Mengen bis zu 250 Stück) 40% des Wertes*)
Feinschnitt
(in Mengen bis zu 1 kg) 118,- DM je kg*)
Pfeifentabak
(in Mengen bis zu 1 kg) 194,- DM je kg*)
Vergaserkraftstoff 7,20 DM je 5 Liter
Dieselkraftstoff 4,60 DM je 5 Liter

Bei Einfuhr der oben aufgeführten Waren aus Staaten, mit denen Präferenzabkommen bestehen, werden niedrigere Abgaben erhoben.

420,– DM-Grenze überschritten?

Sollte der Wert der Waren, die Sie über die Freimengen hinaus mitführen, die 420,– DM-Grenze überschreiten, so hängt die Höhe der Einfuhrabgaben nicht allein vom Wert, sondern auch von der Art der Waren ab, das heißt, die Abgaben werden nicht mehr „pau-

*) Der Abgabenberechnung wird der inländische Kleinverkaufspreis für Erzeugnisse derselben Marke oder gleichartiger Beschaffenheit zugrunde gelegt.

schal“ erhoben, sondern nach den individuellen Sätzen des Zolltarifs und der einschlägigen Steuergesetze.

Für viele Waren aus Ländern, mit denen Präferenzabkommen bestehen (siehe oben), wird Zollfreiheit gewährt. In diesen Fällen ist nur die Einfuhrumsatzsteuer, ggf. noch eine weitere Verbrauchssteuer, zu zahlen. Die Zollfreiheit kann jedoch nur erlangt werden, wenn nachgewiesen wird, daß die Waren aus einem solchen Land stammen. Als Nachweis genügt eine mündliche Erklärung, wenn die Waren folgende Werte nicht überschreiten:

aus den EFTA-Staaten und Israel 2350,- DM
aus Bulgarien, Polen, Rumänien, der Tschechischen und der Slowakischen Republik, Ungarn 2100,– DM
aus den Baltischen Staaten (Estland, Lettland, Litauen) 1500,– DM
aus der Türkei und Slowenien 1200,– DM
aus anderen Ländern 1200,– DM

In allen anderen Fällen ist als Nachweis ein besonderes Formblatt erforderlich. Der Einfuhrumsatzsteuersatz beträgt 15%; für einige Waren – vor allem aus dem landwirtschaftlichen Bereich, aber zum Beispiel auch für Bücher, Gemälde, Briefmarken – gilt ein ermäßigter Steuersatz von 7%.

Für die Feststellung, ob die Waren nicht mehr als 420,- DM wert sind, und bei der Berechnung der Einfuhrabgaben wird grundsätzlich vom tatsächlich gezahlten oder zu zahlenden Preis ausgegangen. Es ist daher in jedem Fall zweckmäßig, wenn Sie Rechnungen über die im Ausland gekauften Waren vorlegen können. Kann der angemeldete Wert nicht durch Rechnungen belegt werden (zum Beispiel bei Geschenken), so wird von Preisen aus vergleichbaren Einfuhren gekaufter Waren ausgegangen oder – sofern derartige Preise der Zollstelle nicht bekannt sind – der Wert geschätzt.

In „Sonderfällen“ gelten besondere Vorschriften

Im vorstehenden Kapitel ist die Zollbehandlung der „normalen“ Reisemitbringsel abgehandelt. Nun noch einige Hinweise für Fälle, die etwas aus dem Rahmen fallen.

- Eingeschränkte Freimengen für bestimmte Personengruppen:

  Bei Einfuhren durch

  – Bewohner einer grenznahen Gemeinde zu einem Drittland, die an einem Ort einreisen, der weniger als 15 Kilometer Luftlinie von der Grenze ihrer Gemeinde entfernt ist, und deren Reise im Ausland nicht nachweislich über einen Umkreis von 15 Kilometer Luftlinie um den Ort der Einreise hinausgeführt hat,

- Grenzarbeitnehmer, die zur oder nach Ausübung ihrer Erwerbstätigkeit aus einem Drittland einreisen, sowie
- Personen, die beruflich auf gewerblich eingesetzten Beförderungsmitteln oder als Begleiter von Reisegesellschaften oder dergleichen tätig sind und in dieser Eigenschaft üblicherweise mehr als einmal im Kalendermonat aus Drittländern einreisen,

ist die Abgabenfreiheit für bestimmte Reisemitbringsel eingeschränkt. Außerdem kann die Abgabenfreiheit von diesen Personen nur einmal am Tage in Anspruch genommen werden. Im übrigen gelten auch in diesen Fällen die vorstehend genannten Voraussetzungen für die Gewährung der Abgabenfreiheit (so z.B. die Altersgrenzen bei Tabakwaren, alkoholischen Getränken und Kaffee).

Abgabenfrei sind folgende Waren:

Tabakwaren
40 Zigaretten oder
20 Zigarillos oder
10 Zigarren oder
50 Gramm Rauchtabak oder eine anteilige Zusammenstellung dieser Waren;

Kaffee
50 Gramm Röstkaffee oder
20 Gramm löslicher Kaffee;

Parfüms und Toilettewasser
50 Gramm Parfüms und 0,25 Liter Toilettewasser;

Andere Waren
– ausgenommen Goldlegierungen und -plattierungen, unbearbeitet oder als Halbzeug
– bis zu einem Warenwert von insgesamt 60,– DM; davon dürfen nicht mehr als 20,– DM auf Lebensmittel des täglichen Bedarfs entfallen. Die Abgabenfreiheit ist ausgeschlossen für alkoholische Getränke.

Besonderheiten bei der Einreise mit dem Schiff und dem Flugzeug

1. Bei Reisen innerhalb der Europäischen Union können Waren an Bord von Schiffen und Flugzeugen, in manchen Mitgliedstaaten auch an anderen Verkaufsstellen, bis zu einem bestimmten Wert – beziehungsweise bei Alkohol und alkoholischen Getränken, Parfums und Toilettewasser sowie bei Tabakwaren – einer bestimmten Menge unversteuert erworben werden. Die Wertgrenze bzw. Freimenge richtet sich nach dem Recht des Mitgliedstaats, in dem die Reise beginnt. In diesem Rahmen unversteuert erworbene Waren bleiben bei der Einreise nach Deutschland abgabenfrei. Wegen der Abgabenfreiheit bei anderen als den vorgenannten Schiffsreisen siehe nachstehende Ziffer 2.

Bitte beachten Sie:

Waren, die Sie „duty-free", also zollfrei erworben haben, sind im Rahmen der oben unter „Freigrenzen" Ziff. 1 bis 6 aufgeführten Mengen- und Wertgrenzen abgabenfrei, wenn das Schiff aus einem außerhalb der Europäischen Union gelegenen ausländischen Hafen kommt. Voraussetzung für die Gewährung der Abgabenfreiheit ist, daß Sie in dem Hafen an Bord gegangen sind oder daß dort ein Landgang mit Einkaufsgelegenheit möglich war.

Bei der Einreise von Helgoland können die vorhin aufgeführten Mengen abgabenfrei mitgebracht werden.

Im übrigen gelten in allen vorbezeichneten Fällen die weiter oben genannten Voraussetzungen für die Gewährung der Abgabenfreiheit (z.B. die Altersgrenzen bei Tabakwaren, alkoholischen Getränken und Kaffee).

2. Für Reisende, die das Schiff nicht endgültig oder für nicht länger als drei Tage verlassen, bestehen Sonderregelungen.

Auskünfte darüber erteilen die Zollstellen.

- Liebhaber von ausländischem Wein sollten folgendes beachten:

Bei der Einfuhr von Wein sind für Mengen bis zu 100 Litern keine besonderen Dokumente erforderlich.

Wollen Sie Wein in größeren Mengen von Ihrer Reise mitbringen, sollten Sie sich erkundigen, welche Dokumente Sie bei Ihrer Wiedereinreise in die Bundesrepublik Deutschland ggf. vorweisen müssen, um einen längeren Aufenthalt an der Grenze und zusätzliche Formalitäten zu vermeiden. Am besten erledigen Sie dies bereits vor Ihrer Ausreise bei der Deutschen Grenzzollstelle.

• Für Jäger oder für andere „Waffenträger“ ist wichtig:

Melden Sie Ihre Schußwaffen und die Munition bei der Wiedereinreise aus einem Drittland der Deutschen Grenzzollstelle unaufgefordert an. Ihre Berechtigung zur Ausübung der tatsächlichen Gewalt über die Schußwaffen müssen Sie durch Vorlage der Waffenbesitzkarte nachweisen.

Bei Reisen innerhalb der EU-Mitgliedstaaten ist eine zeitlich begrenzte Mitnahme von Jagd- und Sportwaffen sowie der dazugehörenden Munition mit einem „Europäischen Feuerwaffenpaß“ erlaubt, wenn er für das jeweilige Land gültig ist und eine Einladung für eine entsprechende Sport-/Jagdveranstaltung mitgeführt wird. Über nähere Einzelheiten sollten Sie sich vor Reiseantritt bei den zuständigen Behörden (zum Beispiel Ordnungsamt oder auch Polizeidienststellen) erkundigen.

Geweihe, Gehörne, Kruken und andere Jagdtrophäen von Tieren, die nicht unter das Washingtoner Artenschutzübereinkommen oder sonstige artenschutzrechtliche Bestimmungen fallen, dürfen Sie genehmigungsfrei einführen, Hörner jedoch nur, wenn sie vollständig trocken sind. Andere Hörner dürfen als Jagdtrophäen genehmigungsfrei nur aus den Mitgliedstaaten, Bulgarien, Norwegen, Polen, Rumänien, der Schweiz, der Tschechischen Republik, Slowenien und Ungarn sowie aus Australien, Kanada, Neuseeland und den USA eingeführt werden. Klauen können aus allen Ländern (ausgenommen Sardinien, Spanien, Portugal und afrikanische Länder) ohne Genehmigung eingeführt werden, wenn sie vollständig trocken sind.

Genehmigungsfrei können auch Häute und Felle eingeführt werden, wenn diese gegerbt, vollkommen trocken, vollkommen gesalzen oder gekalkt und von Haaren und Fleischteilen befreit sind bzw. wenn es sich um gekalktes Leimleder handelt; ausgenommen sind jedoch Schweinehäute aus Afrika, Portugal und Spanien.

Beachten Sie dazu auch die Hinweise am Ende dieses Kapitels.

Bitte denken Sie daran: Genehmigungsfrei heißt nicht abgabenfrei! Für Ihre Trophäen fallen nur dann keine Einfuhrabgaben an, wenn die angegebenen Wertgrenzen nicht überschritten werden. Wenn Sie beabsichtigen, Wildbret von erlegtem Haarwild oder erlegtes Wildgeflügel aus Drittländern in die Bundesrepublik Deutschland mitzubringen, so sollten Sie sich bei einer Zollstelle nach den für solche Einfuhren geltenden Sondervorschriften erkundigen.

- Pflanzenliebhaber sollten folgendes beachten: Bei Pflanzen und Pflanzenerzeugnissen gibt es in der EU Einfuhrverbote und -beschränkungen zum Schutz gegen die Einschleppung und Ausbreitung von Schadorganismen. Bei der Einfuhr von Pflanzen, Schnittblumen und Pflanzenerzeugnissen bis 10 kg mit Ursprung in Europa und dem angrenzenden Mittelmeerraum sind jedoch zahlreiche Einfuhrerleichterungen vorgesehen. Wenn Sie also ein „grünes Souvenir" aus Ihrem Urlaub mitbringen wollen, erkundigen Sie sich vor Urlaubsantritt bei Ihrem örtlich zuständigen Pflanzenschutzdienst nach eventuell bestehenden Einfuhrverboten oder -beschränkungen.

- Wenn Sie Antiquitäten mitbringen wollen:

Als „Antiquitäten" gelten nach den Bestimmungen des Zolltarifs nur Waren, die mehr als 100 Jahre alt sind. Auch solche Waren können im Rahmen der Wertgrenzen abgabenfrei eingeführt werden. Im übrigen besteht für Antiquitäten – anders als bei Waren geringeren Alters – Zollfreiheit; es wird lediglich Einfuhrumsatzsteuer erhoben.

Es ist deshalb zweckdienlich, das Alter der eingeführten Gegenstände durch Unterlagen (z.B. Sachverständigengutachten) zu belegen. Für die Einfuhr von Antiquitäten gelten im übrigen keine Sondervorschriften. So sind z.B. auch für antiquarische Waffen ggf. die Vorschriften des Waffenrechts zu beachten. Es ist ratsam, die dafür in Betracht kommenden Bestimmungen bereits vor Reiseantritt bei einer Zollstelle zu erfragen.

Helfen Sie der gefährdeten Natur!

Verzichten Sie auf den Kauf von Souvenirs, Tieren und Pflanzen geschützter Arten!

So können Sie dazu beitragen, Schönheit und Vielfalt der Natur auch für kommende Generationen zu erhalten.

Außerdem ersparen Sie sich möglichen Ärger, denn viele Arten stehen unter dem Schutz des Washingtoner Artenschutzübereinkommens, das seit 1976 auch für die Bundesrepublik Deutschland verbindlich ist. Seinen Bestimmungen entsprechend ist die Ein- und Ausfuhr von Tier- und Pflanzenarten, die vom Aussterben bedroht sind, bis auf sehr wenige Ausnahmen streng verboten. Für viele gefährdete Arten bedarf es der vorherigen Einholung von Aus- und Einfuhrdokumenten. Zusätzlich gelten für die Bundesrepublik

Deutschland besondere Ein- und Ausfuhrregelungen nach dem Bundesnaturschutzgesetz.

Werden diese Artenschutzvorschriften nicht beachtet, müssen Sie nicht nur mit der Beschlagnahme der Waren rechnen, sondern auf Sie selbst kann noch eine empfindliche Geldstrafe warten. Deshalb: Gehen Sie kein Risiko ein!

Auskunft über Ein- und Ausfuhrbedingungen erteilt das

Bundesamt für Naturschutz
Konstantinstraße 110
53179 Bonn
Telefon: 0228/84910
Abteilung für Artenschutz
Telefon: 0228/9543451

7. Andere Länder, anderes Recht

Wenn Sie als Tourist in einem fremden Land sind, denken Sie daran, daß nicht nur die Sitten, sondern vor allen Dingen auch das Recht anders als zu Hause sein können. In erster Linie gilt das für das Strafrecht, das vielfach strenger ist als in Deutschland und möglicherweise auch Dinge unter Strafe stellt, die für uns nicht (mehr) strafwürdig erscheinen. Es kann also Verbote geben, an die man hierzulande nicht ohne weiteres denken würde. Dies gilt auch für den Straßenverkehr. So kann es Ihnen bei Unfällen mit Personenschäden in manchen Ländern passieren, daß bis zur Klärung des Vorfalls Ihr Wagen beschlagnahmt wird; ggf. sogar Sie selber verhaftet werden.

Es ist hier nicht möglich, das Recht aller Länder dieser Erde wiederzugeben. Ein paar „klassische" Punkte, über die Sie sich am besten vor Reiseantritt bei der Buchung im Reisebüro oder bei der entsprechenden ausländischen Botschaft erkundigen sollten, seien hier aufgezählt – ohne Anspruch auf Vollständigkeit!

- bei Bargeld: gibt es Beschränkungen für die Ein- und Ausfuhr von Geld in Landeswährung? Müssen Sie für ein späteres Zurücktauschen ggf. die Umtauschquittungen verwahren?
- im Straßenverkehr: insbesondere andere Geschwindigkeitsregelungen und andere Promillegrenzen, Licht auch am Tage eingeschaltet lassen, Mindestalter für das Führen von Fahrzeugen.
- ist das CB-Funkgerät im Auto erlaubt?
- ist das – möglicherweise für die Kinder als Spielzeug mitgenommene – Handfunkgerät („Walkie-Talkie") erlaubt?
- sind bestimmte Bücher oder Schriften erlaubt? Dies gilt besonders für Schriftstücke pornografischen oder politischen Inhalts. Lassen Sie so etwas am besten gleich zu Hause.
- müssen Sie Ihren Fotoapparat, Ihre Tauchausrüstung usw. bei der Einreise deklarieren?

- brauchen Sie für das Betreten besonderer Gebiete, z.B. Reservate, eine behördliche Erlaubnis?
- am Strand: ist Nacktbaden oder „Oben ohne" erlaubt?
- in Gotteshäusern: gibt es bestimmte Mindestanforderungen an die Kleidung beim Betreten einer Kirche, einer Moschee usw.?
- auf der Straße: gibt es bestimmte Mindestanforderungen an die Bekleidung? Dies gilt insbesondere für weibliche Reisende.
- beim Fotografieren: gibt es Beschränkungen, z.B. Brücken, Hafenanlagen, „militärische" Objekte?

Wenn Sie am Urlaubsort konkret darauf aufmerksam gemacht werden, das Fotografieren zu unterlassen, so fangen Sie bloß keine Diskussionen darüber mit dem Polizisten, dem Hafenmeister usw. an!

- führen Sie (Jagd-/Sport-)Waffen mit? Achtung: ein Messer kann unter Umständen schon als Waffe angesehen werden.
- in manchen Ländern ist der Verkauf Ihres aus Deutschland mitgebrachten Fotoapparates, Rasierappates, Radios usw. verboten.
- welche Zollvorschriften gelten in dem jeweiligen Land?
- beim Grenzübertritt mit Gold- und Edelmetallen sind in aller Regel besondere Bestimmungen zu beachten.

▶ siehe auch C. 9. Hilfen durch deutsche Auslandsvertretungen
C. 8. Verhaltenstips

8. Verhaltenstips

Generell sollten Sie ihr Gepäck immer abschließen und auch dann nicht aus den Augen lassen. Dies gilt bei der Hin- wie bei der Rückreise gleichermaßen. Schnell können Sie völlig ahnungslos zu einem Rauschgiftkurier werden, weil Ihnen das Zeug unbemerkt ins Gepäck geschmuggelt worden ist. Sie tragen dann, ohne es zu wissen, das Risiko einer sehr strengen Bestrafung (bis hin zur Todesstrafe) nach dem Recht des Urlaubslandes mit sich herum!

Schmuck läßt man besten gleich zu Hause.

Bargeld und Schecks usw. gehören in den Hotelsafe. Nicht irgendwo im Hotelzimmer „verstecken", ein Dieb kennt wahrscheinlich alle Verstecke. Nur immer die Menge an Zahlungsmitteln mit nach draußen nehmen, die Sie an dem betreffenden Tag voraussichtlich benötigen werden. Bargeld auf mehrere Stellen am Köper verteilen (z.B. ein Teil in der Geldbörse, ein Teil im Brustbeutel, einen Schein als Notreserve im Strumpf) bzw. wenn man zu mehreren Personen unterwegs ist, untereinander aufteilen. Das gleiche gilt auch für Schecks und Scheckkarten, Postbanksparbuch und Sparkarte.

Wenn Sie Reisepaß und Personalausweis in den Urlaub mitgenommen haben, tragen Sie nur ein Dokument bei sich, das andere gehört in den Hotelsafe. Mindestens eine Kopie Ihrer Personalpapiere sollten Sie dort aufbewahren.

Auf dem Flug sollten Sie die Kopie im Koffer lassen. Auch ein Zettel mit der Urlaubsanschrift kann im Koffer hilfreich sein, wenn der Adreßaufkleber oder Adreßanhänger des Koffers sich löst.

In Gruppen hat man nicht nur mehr Spaß, sondern ist auch sicherer. Das gilt vor allem für abendliche Spaziergänge und Discothekenbesuche.

Respektieren Sie die Erfahrung der Einheimischen bei der Planung von Wanderungen und Ausflügen. Hören Sie lokale Wetternachrichten. Warnungen vor drohenden Wetterumstürzen, besonders in den Bergen, sind unbedingt ernst zu nehmen.

Eine banale, aber immer wieder vergessene Weisheit: auch in der Wüste nachts einen Pullover, im Urwald auch in der Hitze festes Schuhwerk und Hose mit langen Beinen, in den Bergen keine Sandalen, sondern knöchelhohe Schuhe, in den Bergen auch bei schönem Wetter Pullover und Windjacke im Rucksack usw. Kurz: Kleiden Sie sich *vorausschauend.*

Seien Sie nicht zu witzig. Humor ist von Land zu Land sehr verschieden, und manche von Ihnen als Witz gemeinte Bemerkung kann als Beleidigung oder Anzüglichkeit mißverstanden werden.

Halten Sie sich mit lautstarkem Schimpfen und Herumbrüllen zurück. In der Regel erreichen Sie damit eher das Gegenteil, während Ihr freundlicher und kulant auftretender Mitreisender längst das begehrte Zimmer mit Meerblick erhalten hat.

Vermeiden Sie Diskussionen mit Polizisten, Soldaten, Beamten usw. Wenn Sie etwas nicht fotografieren sollen, akzeptieren Sie das. In manchen Ländern ist es auch besser, einen ungerechtfertigten Strafmandat zu bezahlen, als das Auto beschlagnahmt zu sehen.

Wenn Sie ein Stadtbild usw. häßlich, einen Strand verdreckt finden, halten Sie sich mit Ihrer Meinung zurück, wenn dort Menschen leben (müssen), die es hören könnten.

Denken Sie allgemein daran, ob unser freizügiges Benehmen, unsere sehr offene und freie Meinungsäußerung, unser ganzes heimisches Auftreten, insbesondere auch im Umgang mit dem jeweils anderen Geschlecht und der Kontaktaufnahme mit anderen Menschen, auch nach den Sitten und Gebräuchen des Urlaubslandes gleichermaßen angemessen ist und nicht mißverstanden werden könnte.

▶ siehe auch C. 9. Hilfen durch deutsche Auslandsvertretungen
C. 7. Andere Länder, anderes Recht

9. Hilfen durch deutsche Auslandsvertretungen (Konsulargesetz)

Über den Aufgabenbereich und die Möglichkeiten der in den deutschen Botschaften, Generalkonsulaten, Konsulaten und Honorarkonsulaten tätigen Konsularbeamten bestehen zum Teil recht diffuse Vorstellungen. Regelmäßig werden die „Zuständigkeiten" der Konsularbeamten dabei überschätzt.

Unter der Überschrift „Reiserecht" interessiert speziell die Frage, was die deutschen Auslandsvertretungen für den Urlauber unternehmen können.

§ 1 des Konsulargesetzes bestimmt u.a.: „Die Konsularbeamten ... sind berufen, ... Deutschen sowie inländischen juristischen Personen nach pflichtgemäßem Ermessen Rat und Beistand zu gewähren."

§ 4 des Konsulargesetzes stellt dann sogleich klar, daß die Konsularbeamten bei Ihrer Tätigkeit die Schranken zu beachten haben, die sich u.a. aus dem im jeweiligen Konsularbezirk geltenden Recht und zwischenstaatlichen Verträgen ergeben. Außerdem müssen Konsularbeamte auch „diplomatisch" vorgehen. In § 3 Abs. 2 des Konsulargesetzes heißt es dazu: „Bei der Wahrnehmung ihrer Aufgaben haben die Konsularbeamten das Ansehen und die Interessen der Bundesrepublik Deutschland nach besten Kräften zu schützen und zu fördern."

Das heißt, die Konsularbeamten sind im Ausland genauso an die Gesetze des jeweiligen Landes gebunden wie die deutschen Urlauber. Ein deutscher Konsularbeamter hat also keine Amtsbefugnisse im Ausland. Er kann insbesondere weder der dortigen Polizei Weisungen erteilen noch gegen einen Hotelier, Gastwirt usw. „einschreiten". Die Konsulate sind auch keine Kreditbüros, die deutschen Urlaubern Reiseverlängerungen finanzieren müssen. Das alles ist auch nicht Aufgabe der Konsularbeamten! Diese sind vielmehr Helfer in der Not, nicht mehr, aber auch nicht weniger:

Nach § 5 des Konsulargesetzes sollen Konsularbeamte Deutschen, die in ihrem Konsularbezirk hilfsbedürftig sind, „die erforderliche Hilfe leisten, wenn die Notlage auf andere Weise nicht behoben werden kann." Das heißt, der Urlauber muß es erst allein versuchen.

Beispiel: Einem Urlauber ist die Brieftasche mit dem unvorsichtigerweise dort verwahrten gesamten Reisegeld gestohlen worden. Wenn der Urlauber z.B. vom Hotel aus mit einem Telefonanruf eine telegrafische Geldanweisung seiner Bank veranlassen kann, so darf er nicht sofort zum Konsulat laufen und dort Geld verlangen.

Art, Form und Maß der Hilfe richten sich *nach den besonderen Verhältnissen des Urlaubslandes* unter Berücksichtigung der notwendigen Lebensbedürfnisse eines *dort* lebenden Deutschen. Die Hilfe *kann* auch in der Gewährung von Rechtsschutz bestehen.

Die Hilfe *kann* auch in der Ermöglichung der Rückreise oder der Reise an einen anderen Ort erfolgen. Die Konsularbeamten haben also hier ein Ermessen bei der Beurteilung der Frage, was im Einzelfall angebracht und zweckmäßig ist.

Viele Urlauber meinen darüber hinaus, die Hilfen seien kostenlos. § 5 Abs. 5 Konsulargesetz bestimmt jedoch klar und eindeutig: „Der Empfänger ist zum Ersatz der Auslagen verpflichtet. Die Ersatzpflicht trifft neben ihm auch seine Verwandten und seinen Ehegatten im Rahmen ihrer Unterhaltspflicht. Die Verpflichtung zum Ersatz geht auf die Erben über. Die Haftung der Erben beschränkt sich auf den Nachlaß." Darüber hinaus kann die Hilfeleistung gem. § 5 Abs. 7 Konsulargesetz sogar ganz abgelehnt werden, wenn festgestellt wird, daß der Hilfesuchende frühere Hilfen mißbraucht hat. Eine Ablehung ist jedoch nicht möglich, wenn dadurch der Hilfesuchende einen *ernsten* Nachteil an Leib, Leben oder Gesundheit erleiden würde.

Beispiel: Urlauber Tunichtgut hat sein ganzes Geld im Spielcasino durchgebracht. Sein Konto zu Hause ist auch blank. Völlig abgebrannt geht er zum Konsulat. Dort erhält er das Geld für die Rückfahrt nach Deutschland mit der Bahn. Diesen Betrag muß er zurückzahlen!

Weiter im Beispiel: Urlauber Tunichtgut verpraßt das Geld gleich wieder im Spielkasino. Danach steht er erneut vor dem Konsularbeamten und hält die Hand auf. Der Konsularbeamte kann jetzt eine weitere Zahlung ablehnen.

Übrigens: „Soweit es im Einzelfall der Billigkeit entspricht, können die Konsularbeamten Hilfe auch nichtdeutschen Familienangehörigen von Deutschen gewähren, wenn sie mit diesen in Haushaltsgemeinschaft leben oder längere Zeit gelebt haben", § 5 Abs. 2 Konsulargesetz.

Einige Beispiele für Hilfe durch die Konsularbeamten:

- Geld für die Rückreise (siehe oben)
- Geld als sogenannte Überbrückungshilfe (muß ebenfalls zurückgezahlt werden) bis zum Eintreffen eigenen Geldes von zu Hause
- Hilfestellung und Vermittlung im Umgang mit Behörden
- bei Verlust des Reisepasses Ausstellung eines sogenannten „Reiseausweises als Paßersatz zur Rückkehr in die Bundesrepublik Deutschland". (Bringen Sie gleich zwei Paßbilder, Durchschrift der von Ihnen vor der Polizei erstatteten Diebstahlsanzeige oder Verlustmeldung und, falls vorhanden, eine zur Sicherheit mit in Urlaub genommene Kopie des Passes mit.)
- *oder* – je nach Lage des Einzelfalles – ein vorläufiger, ein Jahr gültiger Reisepaß
- *oder* ein neuer Reisepaß (letzteres dauert wahrscheinlich länger als Ihr Urlaub!)
- „erforderliche Maßnahmen" für Hilfe und Schutz von Deutschen im Falle von Naturkatastrophen, (Bürger)krieg usw. (§ 6 Konsulargesetz)
- Vermittlung eines Anwalts (die Auslandsvertretungen haben Listen mit deutsch- und/oder englischsprachigen Anwälten)
- Betreuung deutscher Untersuchungs- und Strafgefangener (auf deren Verlangen, § 7 Konsulargesetz)
- Eheschließungen (nur in vom Auswärtigen Amt besonders bezeichneten Konsularbezirken, generell nicht vor Honorarkonsularbeamten), Aufnahme von Geburts- oder Todesanzeigen (§ 8 Konsulargesetz)
- Hilfe bei der Überführung Toter, z.B. durch Kontakt mit ausländischen Behörden, und Fürsorge für den Naßlaß (§ 9 Konsulargesetz)
- Beurkundungen.

Mit das Schlimmste, was man sich vorstellen kann, ist als Urlauber im Ausland in Untersuchungshaft zu gelangen. Im Falle einer Verhaftung sollten Sie die Benachrichtigung der deutschen Auslandsvertretung ausdrücklich verlangen (in höflicher Form). Der Konsularbeamte kann zumindest versuchen, eine Verbesserung der Haftbedingungen (Verpflegung, medizinische Fürsorge usw.) zu erreichen, aber erwarten Sie hier keine Wunder. Auch bei aufopferndem Bemühen des Konsularbeamten kann er aus einem ausländischen kein deutsches Gefängnis machen. Dauert die Untersuchungshaft – oder eine Freiheitsstrafe – länger als zwei Monate, so ist vom Eintritt der Hilfsbedürftigkeit an Hilfe nach dem Bundessozialhilfegesetz oder in entsprechender Anwendung dieses Gesetzes zu gewähren.

▶ siehe auch Berufs- und Honorarkonsularbeamte C. 10
Liste deutscher Auslandsvertretungen C. 11
Andere Länder, anderes Recht C. 7
Verhaltenstips C. 8

10. Berufs- und Honorarkonsularbeamte

Berufskonsularbeamte werden von der Bundesrepublik Deuschland wie andere Beamte auch besoldet. „Honorar"konsularbeamte bekommen nicht etwa ein besonderes Honorar für ihre Tätigkeit. Im Gegenteil: sie erfüllen ihre Aufgaben ehrenhalber („honoris causa"). Honorakonsularbeamte erhalten ggf. einen Verwaltungskostenzuschuß, aber kein festes Gehalt. Selbstverständlich müssen *Sie* Leistungen des Honorarkonsuls, z.B. Beurkundungen, genauso bezahlen wie gegenüber einem Berufskonsul. Der Aufgaben- (Zuständigkeits-)bereich von Honorarkonsularbeamten ist nicht so weit wie der von Berufskonsularbeamten. Wichtig für den Urlauber ist, daß der Berufskonsul immer Deutscher sein muß, der Honorarkonsul aber auch Staatsangehöriger des Urlaubslandes sein kann. Das hat den Vorteil, daß er die Sitten und Gebräuche, das Behördenverhalten und auch einfach nur die Denkweise der Einheimischen besonders gut kennt.

▶ siehe auch Hilfe durch deutsche Auslandsvertretungen C. 9
Liste deutscher Auslandsvertretungen C. 11

11. Liste deutscher Auslandsvertretungen
(Stand: September 1997)

Afghanistan
Kabul (Botschaft)
Achtung! Momentan nicht besetzt!
Wazir Akbar Khan Mena, Kabul
Tel.: 22432, 22433,
FS: 079/24225

Ägypten
Kairo (Botschaft)
8 B, Sharia Hassan Sabri, Cairo-Zamalek
Tel.: 00202/34100,
Fax: 3401076,
FS: 091/92023

Alexandria (Generalkonsulat)
5, Mina Street, Alexandria-Roushdy
Tel.: 00203/54570,
Fax: 5455999,
FS: 091/54341

Albanien
Tirana (Botschaft)
Rruga Skënderbeu Nr. 8, Tirana/Albanien
Tel.: 0033555–42/32048, 32050, 33499, 33375,
Fax: 33497,
FS: 0604/2254740521, 0408/56043

Angola
Luanda (Botschaft)
Avenida 4 de Fevreiro, 120, Luanda
Tel.: 0024 42/334773, 334516,
Fax: 334516,
FS: 0991/2096

Armenien
Eriwan (Botschaft)
Hotel Hrazdan, 7. Stock, Pionerakanstr. 72, Yerevan/Armenien
Tel.: 0037 42/536774,
Fax: 15 11 12,
FS: 064/243138

Argentinien
Buenos Aires (Botschaft)
Villanueva 1055, 1426 Buenos Aires
Tel.: 00541/77825,
Fax: 7782550,
FS: 033/21668

Aserbaidschan
Baku (Botschaft)
Ul. Mamedalieva 15, 370005 Baku
Tel.: 0099412/987819,
Fax: 985419,
FS: 064/142143

Äthiopien
Addis Abeba (Botschaft)
Khabana, Addis Abeba
Tel.: 0025 11/55 04 33,
Fax: 55 13 11,
FS: 09 80/21015

Australien
Canberra (Botschaft)
119 Empire Circuit, Yarralumla
A.C.T. 2600
Tel.: 00612 /62 70 19 11,
Fax: 62 70 19 51,
FS: 071/6 20 35

Melbourne (Generalkonsulat)
480 Punt Road, South Yarra,
Vic. 3141
Tel.: 006 13/98 28 68 88,
Fax: 98 20 24 14,
FS: 071/3 59 11

Sydney (Generalkonsulat)
13 Trelawney Street, Woollahra,
N.S.W. 2025
Tel.: 006 12/93 28 77 33,
Fax: 93 27 96 49,
FS: 0 71/2 59 66

Bahrain
Manama (Botschaft)
Alhasan Building, Sh. Hamad
Causeway, Building No. 668,
Diplomatic Area 317, Manama
Tel.: 009 73/53 02,
Fax: 53 62 82,
FS: 04 90/83 40

Bangladesch
Dhaka (Botschaft)
Gulshan Avenue 178, Dhaka 12
Tel.: 00 88 02/88 47 34-7,
Fax: 88 31 41,
FS: 07 80/64 23 31

Belgien
Brüssel (Botschaft)
Avenue de Tervueren 190,
B-1150 Brüssel
Tel.: 00 3 22/7 74 19,
Fax: 7 72 36 92,
FS: 046/2 13 82

Antwerpen (Generalkonsulat)
De Keyserlei 5,
B-2018 Antwerpen
Tel.: 00 3 23/2 34 89,
Fax: 226 61 23,
FS: 046/3 55 56

Benin
Cotonou (Botschaft)
7, Avenue Jean Paul II, Cotonou
Tel.: 002 29/31 29 67/68,
Fax: 31 29 62,
FS: 09 72/52 24

Birma
siehe Myanmar

Bolivien
La Paz (Botschaft)
Avenida Arce 2395, La Paz
Tel.: 005 912/43 08 50 o. 54,
Fax: 43 12 97,
FS: 03 09/33 03

Bosnien und Herzegowina

Sarajewo (Botschaft)
c/o UNIS-Holding Company,
Trseanska 7, 2. Etage,
71000 Sarajewo,
Tel.: 00387 71/48 31 76,
Fax: 65 29 78,
FS: 00600/41204

Botsuana

Gaborone (Botschaft)
Professional House, Broadhurst,
Segodithsane Way, Gaborone
Tel.: 00267/35 31 43,
Fax: 35 30 38,
FS: 0962/2225

Brasilien

Brasilia (Botschaft)
Avenida des Nacões, lote 25,
Quadra 807,
70415-900 Brasilia-DF
Tel.: 005561/2447273,
Fax: 2446063,
FS: 038/611183

Curitiba (Generalkonsulat)
Av. João Gualberto, 1237,
80030-001 Curitiba-PR
Tel.: 005541/2524244,
Fax: 2522321,
FS: 038/415065

Porto Alegre (Generalkonsulat)
Rua Prof. Annes Dias 112,
118 andar 90020–090
Porto Alegre
Tel.: 005551/2249592,
Fax: 2264909,
FS: 038/511374

Recife (Generalkonsulat)
Av. Dantas Barreto, 191, Edf.
Sto. Antõnio, 48 andar
50010-360 Recife/PE
Tel.: 005581/4243488,
Fax: 4242666,
FS: 038/811382

Rio de Janeiro (Generalkonsulat)
Rua Presidente Carlos de
Campos, 417,
22231–080 Rio de Janeiro-RJ
Tel.: 005521/5536777,
Fax: 5530184,
FS.: 038/212257 9

São Paulo (Generalkonsulat)
Avenida Brigadeiro Faria Lima,
1383, 128 andar Jardim
Paulistano, CEP
01451-000 São Paulo-SP
Tel.: 005511/814-6644,
Fax: 8157538,
FS: 038/1183923

Brunei

Bandar Seri Begawan (Botschaft)
49-50 Jalan Sultan, Bandar Seri
Begawan, 2085, Brunei
Darussalam
Tel.: 006732/225547,
Fax: 225583,
FS: 0809/2742

Bulgarien

Sofia (Botschaft)
Ulica Joliot Curie 25, Sofia
Tel.: 00359 2/9634518,
Fax: 9631658,
FS: 067/22449

Burkina Faso
Ouagadougou (Botschaft)
01, B. P. 600, Ouagadougou,
01 Burkina Faso
Tel.: 00226/306731,
Fax: 313991,
FS: 0978/5217

Burundi
Bujumbura (Botschaft)
22, Rue du 18 Septembre,
Bujumbura
Tel.: 00257/226412/16,
Fax: 221004,
FS: 0903/5068

Chile
Santiago de Chile (Botschaft)
Calle Augustinas 785, 7. Stock,
Santiago de Chile
Tel.: 00562/63350-35,
Fax: 6336119,
FS: 034/240583

China
Peking (Botschaft)
5, Dong Zhi Men Wai Da Jie,
Peking 100600
Tel.: 008610/65322161-65,
Fax: 65325336,
FS: 085/22259

Kanton (Generalkonsulat)
103, Shamian Bei Jie,
Guangzhou 510130
Tel.: 008620/81922566,
Fax: 008620/81922599,
FS: 085/440978, Kennung:
440978 aakan cn

Hongkong (Generalkonsulat)
United Center, 21st floor,
95 Queensway-Central,
Hongkong
Tel.: 00852/2529885 5158,
Fax: 28652033,
FS: 0802/73288

Shanghai (Generalkonsulat)
Young Fu Lu 151 und 181,
Shanghai
Tel.: 008621/4336953,
Fax: 4714448,
FS: 085/33140

Costa Rica
San José (Botschaft)
Barrio Rohrmoser, de la residencia del Embajador de España,
200m al norte y 50m al Oeste,
San José
Tel.: 00506/23255,
Fax: 2316403,
FS: 0376/2183

Côte d'Ivoire (Elfenbeinküste)
Abidjan (Botschaft)
Blvd. Botreau Roussel-Ave.
Nogues, Immeuble-Le Mans,
Abidjan
Tel.: 00225/214727,
Fax: 324729,
FS: 0983/23642

Dänemark
Kopenhagen (Botschaft)
Stockholmsgade 57,
DK-2100 Kopenhagen
Tel.: 0045/35261622,
Fax: 35267105,
FS: 055/27166

Apenrade (Generalkonsulat)
Kystvej 18, DK-6200 Apenrade
Tel.: 0045/74621464 o.
73620200,
Fax: 74629466,
FS: 055/52136

Demokratische Volksrepublik Korea

Pjöngjang
(Schutzmachtvertretung)
c/o Swedish Embassy,
Munsudong District, Pjöngjang
Tel.: 0085 02/817385,
Fax: 817621,
FS: 0899/35045

Dominikanische Republik

Santo Domingo (Botschaft)
Condominio Plaza Intercaribe,
5to Piso Esq. Lope de Vega
con Rafael Aug. Sanchez,
Ensanche, Naco, Santo Domingo
Tel.: 001809/565-8811,
Fax: 5675014,
FS: 0201/4125

Ecuador

Quito (Botschaft)
Edificio Consolidado, 58 piso,
Avenida Patria y 9 de Octubre,
Quito
Tel.: 005932/225660,
Fax: 563697,
FS: 0308/22222

El Salvador

San Salvador (Botschaft)
7a Calle Poniente 3972 esqu.
77a Avenida Norte, Colonia
Escalón, San Salvador
Tel.: 00503/2632088/89,
Fax: 2632091,
FS: 0373/20149

Eritrea

Asmara (Botschaft)
P.O. Box 4974,
Ogaden Street 24
Tel.: 00291/26581,
Fax: 120060

Estland

Tallinn (Botschaft)
Rävala 9, Tallinn
Tel.: 003726/313970,
Fax: 03722/455835,
FS: 0537/173821

Finnland

Helsinki (Botschaft)
Krogiuksentie 2–4, Helsinki
Tel.: 003580/4582355,
Fax: 458 2283,
FS: 057/124568

Frankreich

Paris (Botschaft)
13/15 Avenue Franklin D.
Roosevelt,
F-75008 Paris
Tel.: 00331/53834500,
Fax: 43597418,
FS: 042/651136

Bordeaux (Generalkonsulat)
377, Boulevard du Président Wilson, F-33200 Bordeaux-Caudéran
Tel.: 0033/56171222,
Fax: 56423265,
FS: 042/540662

Lyon (Generalkonsulat)
33, Boulevard des Belges,
F-69458 Lyon Cedex 06
Tel.: 0033/78935473,
Fax: 72430694,
FS: 042/370517

Marseille (Generalkonsulat)
338, Avenue du Prado,
F-13295 Marseille Cedex 8
Tel.: 0033/0491167520,
Fax: 0491167528,
FS: 042/401335

Straßburg (Generalkonsulat)
15, Rue des Francs Bourgeois,
F-67081 Strasbourg Cedex
Tel.: 0033/88326186,
Fax: 88757982,
FS: 042/880390

Gabun

Libreville (Botschaft)
Boulevard de l'Indépendance, Immeuble les Frangipaniers, Libreville
Tel.: 00241/760188,
Fax: 724012,
FS: 0973/5248

Georgien

Tiflis (Botschaft)
David Agmashenebeli Prospekt 166,
GE-380012 Tbilissi, Georgien
Tel.: 0099532/953326,
Fax: 958910,
FS: 064/212973

Ghana

Accra (Botschaft)
No. 4, 7th Avenue Extension, North Ridge, Accra
Tel.: 0023321/221311,
Fax: 221347,
FS: 094/2025

Griechenland

Athen (Botschaft)
Karaoli u. Dimitriou 3,
GR-10675 Athen Kolonaki
Tel.: 00301/72851,
Fax: 7251205,
FS: 0601/215441

Thessaloniki (Generalkonsulat)
Odos Karolou Diehl 4a,
GR-54623 Thessaloniki
Tel.: 003031/236315,
Fax: 240393,
FS: 0601/418299

Großbritannien:

siehe Vereinigtes Königreich

Guatemala

Guatemala-Stadt (Botschaft)
20, Calle 6–20, Edificio Plaza Maritima, Zona 10, Ciudad de Guatemala
Tel.: 005022/370028,
Fax: 370031,
FS: 0372/5209

Guinea

Conakry (Botschaft)
B. P. 540, Conakry, République de Guinée
Tel.: 00224/441508,
Fax: 442218,
FS: 00995/22479

Haiti

Port-au-Prince (Botschaft)
2, 17, Rue Mangones (Barthé), Pétion-Ville,
Tel.: 00509/576131,
Fax: 574131,
FS: 0203/20072

Heiliger Stuhl

Heiliger Stuhl – Rom (Botschaft)
Via di Villa Sacchetti 4–6, I-00197 Roma
Tel.: 00396/809511,
Fax: 80951227,
FS: Über Botschaft Rom 043/610179

Honduras

Tegucigalpa (Botschaft)
Edificio Paysen, Boulevard Morazán, Tegucigalpa
Tel.: 00504/323151,
Fax: 329518,
FS: 0374/1118

Hongkong

siehe: China

Indien

New Delhi (Botschaft)
No. 6, Shantipath, Chanakyapuri, New Delhi-110021
Tel.: 009111/6871831,
Fax: 6873117,
FS: 081/3182077

Chennai (früher: Madras) (Generalkonsulat)
22, Ethiraj Road, Chennai
Tel.: 009144/8271747,
Fax: 8273542,
FS: 081/418214

Kalkutta (Generalkonsulat)
1 Hastings Park Road, Alipore, Kalkutta
Tel.: 009133/4791141/42,
Fax: 4793028,
FS: 081/218082

Mumbai (früher: Bombay) (Generalkonsulat)
„Hoechst House", 10th Floor, Nariman Point, 193 Backbay Reclamation, Mumbai 400021
Tel.: 009122/2382422,
Fax: 2025493,
FS: 081/1182900

Indonesien

Jarkarta (Botschaft)
Jalan M.H. Thamrin Nr. 1, Jarkarta 10310,
Tel.: 006221/3901750,
Fax: 3901757,
FS: 073/44333

Irak

Bagdad (Botschaft)
Achtung! Momentan nicht besetzt!
House No. 40, Mahála 929,
Zuqaq 2, Hay Bahil, Bagdad
Tel.: 009641/7192037/39,
Fax: 7180340,
FS: 0491/212262

Iran

Teheran (Botschaft)
Ave. Ferdowsi, Teheran
Tel.: 009821/3114111,
Fax: 398474,
FS: 088/212488

Irland

Dublin (Botschaft)
Trimleston Avenue, Booterstown,
Blackrock/Co., Dublin
Tel.: 003531/2693011,
Fax: 2693946,
FS: 0500/93809

Island

Reykjavik (Botschaft)
Laufasvegur 31,
IS-101 Reykjavik
Tel.: 00354/5519531,
Fax.: 5525699,
FS: 0501/2002

Israel

Tel Aviv (Botschaft)
3, Daniel Frisch Street,
19. Stock, Tel Aviv 64731
Tel.: 009723/6931313,
Fax: 6969217,
FS: 0606/33621

Italien

Rom (Botschaft)
Via Po 26c, I-00198 Roma
Tel.: 00396/884741,
Fax: 8547956,
FS: 043/610179

Genua (Generalkonsulat)
Via San Vincenzo 4/28, Genua
Tel.: 003910/5767411,
Fax: 5767426,
FS: 043/271138

Mailand (Generalkonsulat)
Via Solferino 40,
I-20121 Milano
Tel.: 00392/65544,
Fax: 6554213,
FS: 043/31244

Neapel (Generalkonsulat)
Via Crispi, 69,
I-80121 Napoli
Tel.: 003981/7613393,
Fax: 7614687,
FS: 043/710064

Jamaika

Kingston (Botschaft)
10 Waterloo Road, Kingston 10
Tel.: 001876/9265665,
9266728,
Fax: 9298282,
FS: 0291/2146

Japan

Tokyo (Botschaft)
5-10, 4-chome Minami Azabu,
Minato-ku, Tokyo 106
Tel.: 00813/3473-0151,
Fax: 3473-4244,
FS: 072/22292

Osaka-Kobe (Generalkonsulat)
Umeda Sky Building Tower East,
35. Etage, 1-1-88-3600, Oyodo-naka, Kita-ku, Osaka 531
Tel.: 00816/4405070,
Fax: 4405080,
FS: 072/63130

Jemen

Sanaa (Botschaft)
Near Hadda Road/
Outer Ring Road, Sanaa
Tel.: 0096 71/41 31 74,
Fax: 41 31 79,
FS: 0895/2245

Aden (Außenstelle)
Achtung! Momentan nicht besetzt!
Radfan Street, Khormaksan,
Aden
Tel.: 0096 72/23 36 07,
Fax: 232011,
FS: 0895/2287

Jordanien

Amman (Botschaft)
Bengasi Street 31, Jabal Amman
Tel.: 0096 26/68 93 51,
Fax: 685887,
FS: 0493/21235

Jugoslawien, Bundesrepublik

Belgrad (Botschaft)
Ulica Kneza Miloša 74-76,
Y-11000 Belgrad
Tel.: 00381 11/645755,
Fax: 656989,
FS: 062/11107

Kambodscha

Phnom Penh (Botschaft)
No 76-78 Rue Yougoslavie,
Sangkat „Boeung Pralit",
Khan „7 Janvier", Phnom Penh
Tel.: 00855 23/42 63 81,
Fax: 427746

Kamerun

Jaunde (Botschaft)
Rue Charles de Gaulle
Tel.: 00237/210056,
Fax: 207313,
FS: 0970/8238

Duala (Außenstelle)
Immeuble Flatters, sis rue
Flatters, Bonanjo,
B.P. 509, Douala,
Tel.: 00237/428600,
Fax: 432845,
FS 0970/6001

Kanada

Ottawa (Botschaft)
1 Waverley Street, Ottawa,
Ont. K2POT8
Tel.: 001613/232-1101,
Fax: 5949330,
FS: 021/534226

Montreal (Generalkonsulat)
1250, Boulevard Rene-Levesque
Ouest, Suite 4315,
Montreal, Quebec H3B4XL
Tel.: 00 15 14/9 31 22 77,
Fax: 9 31 72 39,
FS: 0 21/05 24 483

Toronto (Generalkonsulat)
77 Admiral Road, Toronto,
Ontario, M5R2L4
Tel.: 00 14 16/9 25-28 13,
9 25-70 21, 9 25-60 50,
Fax: 9 25-28 18,
FS: 0 21/6-2 28 65

Vancouver (Generalkonsulat)
Suite 704 – World Trade Centre,
999 Canada Place,
Vancouver, B.C.
Tel.: 00 16 04/6 84-83 77,
Fax: 6 84-83 34,
FS: 0 21/4-50 77 69

Kap Verde

Praia (Botschaft)
Quartier Prainha,
Tel.: 00 2 38/61 20 76,
Fax: 61 12 85

Kasachstan

Almaty (Botschaft)
Ulitza Furmanowa 173,
480064 Amaty
Tel.: 00 73 2 72/50 61 55,
Fax: 50 62 76,
FS: 0 64/25 14 09

Katar

Doha (Botschaft)
No. 6, Al Azira al Arabiya Street,
Fareej Kholaib Area,
next to American embassy, Doha
Tel.: 0 09 74/87 69 59,
Fax: 87 69 49,
FS: 04 97/45 28

Kenia

Nairobi (Botschaft)
Williamson House,
4th Ngong Avenue,
Tel.: 00 25 42/71 25 27,
Fax: 71 48 86,
FS: 09 87/2 22 21

Kirgisistan

Bischkek (Botschaft)
Ul. Razzakowa 28, Bischkek,
Republik Kyrgyzstan
Tel.: 0 09 96 33 12/22 48 11,
Fax: 62 00 07,
FS: 07 88/24 51 48

Kolumbien

Santafé de Bogotá (Botschaft)
Carrera 4 No. 72–35, Piso 6,
Edificio Sisky, Santafé de Bogotá
Tel.: 0 05 71/2-1 20 5 11,
Fax: 2 10 42 56,
FS: 0 35/4 47 65

Kongo, Demokratische Republik

Kinshasa (Botschaft)
82, Avenue de Trois „Z“,
Kinshasa-Gombe
Tel.: 0 02 43 12/2 77 20,
FS: 0 09 82/2 11 10

Kongo, Republik
Brazzaville (Botschaft)
Villa Marina (l'angle de la rue de Reims et de la rue de Pavie)
Tel.: 00242/832990,
Fax: 837367,
FS: 0981/5235

Korea
Seoul (Botschaft)
4th Floor, Daehan Fire + Marine Insurance Building,
51-1 Namchang-Dong,
Seoul 100
Tel.: 00822/7267114,
Fax: 7577141,
FS: 0801/23620

Kroatien
Zagreb (Botschaft)
Uliza grada Vukovar 64,
HR-10000 Zagreb
Tel.: 0038541/6158105,
Fax: 6158103,
FS: 0599/21378

Kuba
Havanna (Botschaft)
Calle B, No. 652, Esquina a 13,
Vedado, La Habana
Tel.: 00537/332569,
Fax: 331586,
FS: 028/511433

Kuwait
Kuwait (Botschaft)
Abdullah Salem Area, Plot 1,
Street 14, Villa 13, Kuwait
Tel.: 00965/25208,
Fax: 2520763
FS: 0496/22097

Laos
Vientiane (Botschaft)
Rue Sokpalouang 26
(Sisattanak); Vientiane
Tel.: 0085621/312110,
Fax: 314322,
FS: 00804/4309

Lettland
Riga (Botschaft)
Basteja Bulvaris 14,
Riga LV-1050
Tel.: 003717/229096,
Fax: 003717/8820223,
FS: 0538/161210

Libanon
Beirut (Botschaft)
in der Nähe Jesus and Mary
High School, Rabieh Mtaileb
Tel.: 009611/406950,
Fax: 405311,
FS: 0494/48040

Libyen
Tripolis (Botschaft)
Sharia Hassan el Mashai, Tripolis
Tel.: 0021821/4448582,
Fax: 4458968,
FS: 0901/20298

Litauen
Wilna (Botschaft)
Sierakausko Gatve 24/8,
2600 Wilna
Tel.: 003702/650272,
Fax: 231812,
FS: 0539/261693

Luxemburg
Luxemburg (Botschaft)
20–22 Av. Emile Reuter,
L-2420 Luxemburg
Tel.: 00352/453445-1,
Fax: 455604,
FS: 0402/3413

Madagaskar
Antananarivo (Botschaft)
101, Rue du Pasteur Rabeony
Hans (Ambodiroto),
Antananarivo
Tel.: 0026 12/2 3802,
Fax: 26627,
FS: 0986/22203

Makedonien
Skopje (Generalkonsulat)
Veljko Vlajovic 26,
9100 Skopje
Tel.: 00389 91/117799,
Fax: 117713,
FS: 0597/51516

Malta
Valletta (Botschaft)
IL-Piazetta, Tower Road, Sliema
Tel.: 00356/336531,
Fax: 333976,
FS: 0406/1224

Malawi
Lilongwe (Botschaft)
P.O. Box 30046, Lilongwe 3,
Malawi
Tel.: 00265/782555,
Fax: 780250,
FS: 0904/44124

Malaysia
Kuala Lumpur (Botschaft)
No. 3 Jalan U Thant,
55000 Kuala Lumpur
Tel.: 00603/24296,
Fax: 2413943

Mali
Bamako (Botschaft)
Badalabougou Zone Est,
Lotissement A 6, Bamako
Tel.: 00223/223299,
Fax: 229650,
FS: 0985/2529

Marokko
Rabat (Botschaft)
7, Zankat Madnine, Rabat
Tel.: 00212 7/709662,
Fax: 706851

Casablanca (Generalkonsulat)
42, Avenue de l'Armée Royale,
Casablanca
Tel.: 00212 2/314872,
Fax: 312047,
FS: 0407/21990

Tanger (Außenstelle)
5, Rue Cavendish (California)
Tel.: 00212 9/938700,
Fax: 330816,
FS: 0407/33767

Mauretanien
Nouakchott (Botschaft)
B.P. 372, Nouakchott
Tel.: 00222/51729,
Fax: 51722,
FS: 00974/5555

Mexiko
Mexiko-Stadt (Botschaft)
Calle Lord Byron No. 737, Col.
Polanco Chapultepec,
11560 Mexiko, D.F.
Tel.: 00525/28322,
Fax: 2832275,
FS: 022/1773089

Moldau
Chisinau (Boschaft)
Hotel Seabeco, Strada M,
Chibotaru Nr. 37, Chisinau
Tel.: 003732/237363,
Fax: 234680,
FS: 0682/163269

Mongolei
Ulan Bator (Botschaft)
P.O. Box 708, Staße der
Vereinten Nationen,
210613 Ulan Bator
Tel.: 009761/323325,
Fax: 323905,
FS: 0800/79242

Mosambik
Maputo (Botschaft)
Rua de Mapulangwene 506,
Maputo
Tel.: 002581/492714,
Fax. 492888,
FS: 0992/6489

Myanmar
Rangun (Yangon) (Botschaft)
32 Nat Mauk Street, Rangoon
(Yangon)
Tel.: 00951/548951–53,
Fax: 548899,
FS: 083/21401

Namibia
Windhuk (Botschaft)
154 Independance Avenue,
Windhuk
Tel.: 0026461/229217,
Fax: 222981,
FS: 0908/482

Nepal
Kathmandu (Botschaft)
Gyaneshwar, Kathmandu
Tel.: 009771/412786,
Fax: 416899,
FS: 0891/2213

Neuseeland
Wellington (Botschaft)
90–92, Hobson Street,
Wellington
Tel.: 00644/47360,
Fax: 4736069,
FS: 074/30131

Nicaragua
Managua (Botschaft)
Bolonia, de la Plaza España,
2 cuadras al Norte (contiguo a
la Optica Nicaragüense),
Managua
Tel.: 00505/663917,
Fax: 667667,
FS: 0375/1070

Niederlande
Den Haag (Botschaft)
Groot Hertoginnelaan 18–20,
NL-2517 EG Den Haag
Tel.: 003170/3420600,
Fax: 3651957,
FS: 044/31012

Amsterdam (Generalkonsulat)
de Lairessestraat 172,
Amsterdam-Z
Tel.: 0031 20/673 62 45,
Fax: 6766951,
FS: 044/1 03 34

Niger

Niamey (Botschaft)
71, Avenue du Général de Gaulle, Niamey
Tel.: 00227/72 25 34,
Fax.: 72 39 85,
FS: 0975/52 23

Nigeria

Lagos (Botschaft)
15, Eleke Crescent, Victoria Island, Lagos
Tel.: 00234 1/2 61 10-11, -82, -73,
Fax: 2 61 77 95,
FS: 0905/2 12 29

Abujay (Außenstelle)
Embassy Office, Europe House, Plat 533, Ususma Street, Maitama, Abuja/FCT
Tel.: 00234 952/3 31 44,
Fax: 3 31 47,
FS: 0905/9 14 84

Norwegen

Oslo (Botschaft)
Oscarsgate 45,
N-0258 Oslo 2
Tel.: 0047/22 55 20 10,
Fax: 22 44 76 72,
FS: 056/7 11 73

Oman

Maskat (Botschaft)
near Al-Nahda Hospital,
Stadtteil Ruwi, Maskat
Tel.: 00968/70 24 82,
Fax: 70 56 90,
FS: 0498/34 40

Österreich

Wien (Botschaft)
Metternichgasse 3,
Wien 3
Tel.: 00431/7 11 54,
Fax: 7 13 83 66,
FS: 047/13 42 61

Graz (Generalkonsulat)
Hamerlinggasse 6/I,
A-8010 Graz
Tel.: 0043 316/82 14 01-0,
Fax: 82 14 01-4,
FS: 047/31 18 15

Innsbruck (Generalkonsulat)
Adamgasse 5/V,
A-6020 Innsbruck
Tel.: 0043 512/5 96 65,
Fax: 5 96 65 85,
FS: 047/53 30 87

Salzburg (Generalkonsulat)
Bürgerspitalplatz 1,
A-5020 Salzburg
Tel.: 0043 662/84 15 91-0,
Fax: 84 15 91 85,
FS: 047/63 28 67

Pakistan
Islamabad (Botschaft)
Ramma 5, Diplomatic Enclave,
Islamabad
Tel.: 0092 51/27 94 30-35,
Fax: 27 94 36,
FS: 082/58 71

Karachi (Generalkonsulat)
F-95, Khayabane-Roomi, Block 7
Clifton, Karachi
Tel.: 00 92 21/5 87 37 82,
Fax: 5 87 40 09,
FS: 082/2 03 49

Palästinensisches Autonomiegebiet
Jericho (Vertretungsbüro der
Bundesrepublik Deutschland)
Palestine Street
Tel.: 00 97 22/9 92 10 44,
9 92 12 97,
Fax: 9 92 22 80

Panama
Panama (Botschaft)
Calle 50 y 53 esquina, Edificio
„Bancomer", Piso 6, El Obarrio,
Panama
Tel.: 00 507/2 63 77,
Fax: 2 23 66 64,
FS: 03 79/29 79

Papua – Neuguinea
Port Moresby (Botschaft)
2nd Floor Pacific View
Appartements, Pruth Street,
3 Mile Hill, Port Moresby
Tel.: 00 675/3 25 29,
Fax: 3 25 10 29,
FS: 07 03/2 30 37

Paraguay
Asunción (Botschaft)
Avda. Venezuela 241, Asunción
Tel.: 00 595 21/21 40 09,
Fax: 21 28 63,
FS: 03 05/2 20 68

Peru
Lima (Botschaft)
Avenida Arequipa 4202-4210,
Lima 18-Miraflores
Tel.: 00 511/4 42 49 19,
Fax: 4 42 64 75,
FS: 036/2 00 39

Philippinen
Manila (Botschaft)
6/F, Solidbank-Bldg., 777, Paseo
de Roxas, Makati, 1226 Metro
Manila
Tel.: 00 632/8 92 49,
Fax: 8 10 47 03,
FS: 075/2 26 55

Polen
Warschau (Botschaft)
Ul. Dabrowiecka 30, 03–932
Warszawa
Tel.: 00 482/617 30 11,
Fax: 6 17 35 82,
FS: 063/81 34 55

Breslau (Generalkonsulat)
Ul. Podwale 76,
50-449 Wroclaw
Tel.: 00 48 71/3 42 41 17,
3 42 52 52, 3 42 41 22,
Fax: 3 42 41 14,
FS: 063/71 22 19

Danzig (Generalkonsulat)
Al. Zwyciestwa 23,
80-219 Gdańsk
Tel.: 00 48 58/41 43 66,
Fax: 41 22 45,
FS: 0 63/51 23 74

Krakau (Generalkonsulat)
Ul. Stolarska 7,
31-043 Kraków
Tel.: 00 48 12/21 84 73,
Fax: 21 76 28,
FS: 0 63/32 56 90

Oppeln (Außenstelle)
Ul. Strzelców Bytomskich 11,
45-084 Opole
Tel.: 00 48 77/53 21 84,
Fax: 53 19 63,
FS: 0 63/73 35 06

Stettin (Generalkonsulat)
Ul. Królowej Korony Polskiej 31,
70-485 Szczecin
Tel.: 00 48 91/22 52 12,
Fax.: 22 51 33,
FS: 0 63/42 24 00

Portugal

Lissabon (Botschaft)
Campo dos Mártires da
Pátria, 38,
1000 Lissabon
Tel.: 00 35 11/8 81 02 10,
Fax: 8 85 38 46,
FS: 04 04/1 25 59

Porto (Generalkonsulat)
Avenida da Boavista 5004,
4100 Porto
Tel.: 00 35 12/6 10 23 36,
Fax: 6 10 28 70,
FS: 04 04/2 53 24

Ruanda

Kigali (Botschaft)
8, Rue de Bugarama, Kigali
Tel.: 002 50/7 52 22,
Fax: 7 72 67,
FS: 09 09/2 25 20

Rumänien

Bukarest (Botschaft)
Strada Rabat 21, Bukarest
Tel.: 0 04 01/2 30 22,
Fax: 3 12 98 46,
FS: 0 65/1 12 92

Hermannstadt (Generalkonsulat)
Strada Lucian Blaga 15–17,
Sibiu (Hermannstadt)
Tel.: 00 40 69/21 11 33,
Fax: 21 41 80,
FS: 0 65/6 93 56

Temesvar (Generalkonsulat)
B'dul Republicii 6,
RO 1900 Timisoara
Tel.: 00 40 56/19 04 95,
Fax: 19 04 87,
FS: 0 65/7 12 89

Russische Föderation

Moskau (Botschaft)
B. Mosfilmowskaja 56,
119285 Moskau
Tel.: 007095/9561080,
Fax: 9382354,
FS: 064/413411
Rechts- und Konsularfragen:
Lenisky Prospekt 95a,
119285 Moskau
Tel.: 007095/9362401,
Fax: 9362143,
FS: 064/414309

Nowosibirsk (Generalkonsulat)
Hotel Centr Rossij, Krasnij
Prospekt 28,
30099 Nowosibirsk
Tel.: 0073832/231411,
Fax: 234417,
FS: 064/133176

Saratow (Generlakonsulat)
Uliza Nemeskaja 34
(Hotel Wolga),
410600 Saratow
Tel.: 0078452/242749,
510699,
Fax: 244939, 246868

St. Petersburg (Generalkonsulat)
Uliza Furschtadtskaja Nr. 39,
St. Petersburg
Tel.: 007812/242749,
Fax: 2793242,
FS: 064/121529

Sambia

Lusaka (Botschaft)
United Nations Avenue, Stand
No. 5209, Lusaka
Tel.: 002601/250644,
Fax: 254014,
FS: 0902/41410

Saudi Arabien

Riad (Botschaft)
Diplomatic Quarter, Riyadh
Tel.: 009661/4880700,
Fax: 4880660,
FS: 0495/402297

Djidda (Generalkonsulat)
Al Hamara'a Dist/6 N 17 W
5 Sector, Al Ibtehal Street
(49) 2, Jeddah
Tel.: 009662/6653344,
Fax: 6675964,
FS: 0495/601013

Schweden

Stockholm (Botschaft)
Skarpögatan 9,
S-11527 Stockholm
Tel.: 00468/67015,
Fax: 6615294,

Göteborg (Generalkonsulat)
Drottninggatan 63, Göteborg
Tel.: 004631/178365,
Fax: 7740878,
FS: 054/27461

Schweiz
Bern (Botschaft)
Willadingweg 83,
CH-3006 Bern
Tel.: 0041 31/3594111,
Fax: 3594444,
FS: 045/911565

Genf (Generalkonsulat)
28 C, chemin du Petit-Saconnex,
CH-120911 Genève
Tel.: 0041 22/7301111,
Fax: 7343043,
FS: 045/412228

Zürich (Generalkonsulat)
Kirchgasse 48, CH-8001 Zürich
Tel.: 00411/265 65,
Fax: 2656500,
FS: 045/817434

Senegal
Dakar (Botschaft)
20, Avenue Pasteur,
Angle Rue Mermoz,
Dakar
Tel.: 00221/234884,
Fax: 225299,
FS: 0906/21686

Sierra Leone
Freetown (Botschaft)
Santanno House,
10 Howe Street,
Freetown
Tel.: 0023222/222511,
Fax: 226213,
FS: 0998/3248

Simbabwe
Harare (Botschaft)
14, Samora Machel Avenue,
Harare
Tel.: 0026 34/731956,
Fax: 790680,
FS: 0907/24609

Singapur
Singapur (Botschaft)
545 Orchard Road, Far East
Shopping Centre, No. 14-01,
Singapore 23882
Tel.: 0065/7371355,
Fax: 7372653,
FS: 087/21312

Slowakische Republik
Preßburg (Botschaft)
Palisády, 47,
81303 Bratislava
Tel.: 00421 7/5319640,
Fax: 5319634,
FS: 0666/92686 AA prsk

Slowenien
Laibach (Botschaft)
Presernowa 27,
61000 Ljubljana
Tel.: 0038661/216166,
Fax: 1254210,
FS: 0598/39180

Spanien
Madrid (Botschaft)
Calle de Fortuny 8,
28010 Madrid
Tel.: 00341/55790,
Fax: 5579001,
FS: 052/27768

Barcelona (Generalkonsulat)
Passeig de Gràcia 111,
08008 Barcelona
Tel.: 0034 3/29210,
Fax: 2921002,
FS: 052/54768

Sevilla (Generalkonsulat)
Avenida de la Palmera, 19,
2. Stock, Edificio Winterthur,
41013 Sevilla
Tel.: 00345/42302,
Fax: 4239552,
FS: 052/72446

Las Palmas de Gran Canaria
(Konsulat – Außenstelle)
Calle Franchy y Roca, 5–2,
35007 Las Palmas de Gran Canaria
Tel.: 003428/275700,
Fax: 262731,
FS: 052/95314

Palma de Mallorca
(Konsulat – Außenstelle)
Passeig des Born, 15, 68,
07012 Palma de Malorca
Tel.: 003471/722997,
Fax: 728089,
FS: 052/68633

Santa Cruz de Tenerife
(Konsulat – Außenstelle)
Avenida Francisco la Roche, 45,
38001 Santa Cruz de Tenerife
Tel.: 003422/284812,
Fax: 247049,
FS: 52/92026

Sri Lanka

Colombo (Botschaft)
40, Alfred House Avenue,
Colombo 3
Tel.: 00941/580431-34,
588325, 587807,
Fax: 580440,
FS: 0803/21119

Sudan

Khartoum (Botschaft)
53, Baladia Street,
Block No. 8D, Plot No. 2,
Khartoum
Tel.: 0024911/777995,
Fax: 777622,
FS: 0984/22211

Südafrika

Pretoria (Botschaft)
180, Blackwood Street Arcadia,
Pretoria 0083
Tel.: 002712/4278900,
Fax: 3439401,
FS: 095/3-21386

Kapstadt (Generalkonsulat)
825, St. Martini Gardens,
Queen Victoria Street
Tel.: 002721/24-2410,
Fax: 800/249403,
FS: 095/527799

Syrien

Damaskus (Botschaft)
Rue Ibrahim Hanano, 53,
Damaskus
Tel.: 0096311/3323800,
Fax: 3323812,
FS: 0492/411065

Tadschikistan
Duschanbe (Botschaft)
2 Projesd Asisbekowa 21,
Duschanbe
Tel.: 0073772/212189,
Fax: 212245,
FS: 064/201118

Tansania
Daressalam (Botschaft)
NIC Investment House, Samora Avenue, Daressalam
Tel.: 00255 51/117409-23,
Fax: 112944,
FS: 0989/41003

Thailand
Bangkok (Botschaft)
9, South Sathorn Road,
Bangkok 10120
Tel.: 00662/28790,
Fax: 2871776,
FS: 086/87348

Togo
Lomé (Botschaft)
Boulevard de la République,
Lomé
Tel: 00228/212370,
Fax: 221888,
FS: 0977/5204

Trinidad und Tobago
Port-of-Spain (Botschaft)
7–9, Marli Street,
Port-of-Spain/Trinidad, W.I.
Tel.: 001809/628-1630,
Fax: 6285278,
FS: 0294/22316

Tschad
N'Djamena (Botschaft)
Avenue Félix Eboué, N'Djamena
Tel.: 00235/515647, 516202,
Fax: 514800,
FS: 0976/5246

Tschechische Republik
Prag (Botschaft)
Vlaská 19,
Prag 1, Malá Strana
Tel.: 004202/57320190,
Fax: 57320043,
FS: 066/122814

Tunesien
Tunis (Botschaft)
1, Rue el Hamra, Mutuelleville,
– Tunis (Belvédère)
Tel.: 00216 1/786455,
Fax: 788242,
FS: 0409/15463

Turkmenistan
Aschgabat (Botschaft)
Ak Altin Plaza, Office Building,
1st floor, Magtumguli
Avenue, Pobedy Park, Hydyr
Derjajew Str., Aschgabat 744000
Tel.: 00993 12/512144-48,
Fax: 510923,
FS: 0789/86110

Türkei
Ankara (Botschaft)
114 Atatürk Bulvari,
TR-06540 Kavaklidere-Ankara
Tel.: 0090312/4265465,
Fax: 4266959,
FS: 0607/44394

Istanbul (Generalkonsulat)
Inönü Caddesi 16–18,
Istanbul
Tel.: 0090212/2515404-08,
Fax: 2499920,
FS: 0607/24234

Izmir (Generalkonsulat)
Atatürk Caddesi 260,
TR-35220 Izmir
Tel.: 00902 32/4216995,
Fax: 4644023,
FS: 0607/51403

Uganda
Kampala (Botschaft)
15 Philip Road, Kololo,
Kampala
Tel.: 00256 41/256768,
Fax: 243136,
FS: 0988/61005

Ukraine
Kiew (Botschaft)
Uliza Tschkalowa 84,
252054 Kiew
Tel.: 0038044/2166794,
Fax: 2169233,
FS: 0680/131109

Ungarn
Budapest (Botschaft)
Stefania ut 101–103,
1143 Budapest XIV
Tel.: 00361/46735,
Fax: 4673505,
FS: 061/225954

Uruguay
Montevideo (Botschaft)
La Cumparsia 1417/1435,
Montevideo
Tel.: 005982/925222,
Fax: 923422,
FS: 032/23764

Usbekistan
Taschkent (Botschaft)
Scharaf-Raschidow-Kutschasi 15,
Taschkent
Tel.: 0073712/346696,
Fax: 406693
FS: 064/116421

Venezuela
Caracas (Botschaft)
Edificio Panaven, II. Stock,
Avenida San Juan Bosco,
Esquina 3a Transversal,
Altamira, Caracas
Tel.: 00582/26101,
Fax: 2610641,
FS: 031/23262

Vereinigte Arabische Emirate
Abu Dhabi (Botschaft)
Al Nahyan Street, Abu Dhabi
Tel.: 00971 2/435630,
Fax: 435625,
FS: 0893/22202

Dubai (Generalkonsulat)
Sharaf Building, Al Mahkhool
Road, opposite Ramada Hotel,
Dubai
Tel.: 00971 4/523352,
Fax: 528138,
FS: 0893/47270

Vereinigte Staaten von Amerika

Washington (Botschaft)
4645 Reservoir Road, N.W.,
Washington D.C.
20007–1998/USA
Tel.: 001-002/298-8140,
Fax: 2984249, 3332653,
FS: 023/64418

Informationsbüro New York
(German Information Center)
950 Third Avenue, New York,
N.Y. 10022/USA
Tel.: 00 1212/8889840,
Fax: 7526691,
FS: 0230/6801465 gic aa uw.

Atlanta (Generalkonsulat)
Marquis Two Tower, Suite 901,
285 Peachtree Center Avenue,
N.E., Atlanta, Georgia
30303–1221/USA
Tel.: 001404/659-4760,
Fax: 6591280

Boston (Generalkonsulat)
Three Copley Place, Suite 500,
Boston Mass. 02116 USA
Tel.: 001617/536-4 4 14,
Fax: 536-8573

Chicago (Generalkonsulat)
676 North Michigan Ave., Suite
3200, Chicago, Illinois
60611/USA
Tel.: 001312/5801199,
Fax: 5800099

Detroit (Generalkonsulat)
Edison Plaza, Suite 2100,
660 Plaza Drive, Detroit, Mich.
48226/USA
Tel.: 001313/962-6526,
Fax: 9627345

Houston (Generalkonsulat)
1330 Post Oak Blvd., Suite
1850, Houston, Texas 77056-
3018/USA
Tel.: 001713/627-7770,
Fax: 6270506,
FS: 023/166383

Los Angeles (Generalkonsulat)
6222 Wilshire Boulevard, Suite
No. 500, Los Angeles,
Californien 90048/USA
Tel.: 001213/930-2703,
Fax: 9302805,
FS: 023/215876

Miami (Generalkonsulat)
100 N. Biscayne Blvd.,
Miami, Florida 33132/USA
Tel.: 001305/358-0290/1,
Fax: 3580307,
FS: 023/153159

New York (Generalkonsulat)
460 Park Avenue, New York,
N.Y. 10022/USA
Tel.: 001212/308-8700,
Fax: 3083422,
FS: 0230/175382

San Francisco (Generalkonsulat)
1960 Jackson Street,
San Francisco CA 94109/USA
Tel.: 001415/775-1061,
Fax: 7750187

Seattle (Generalkonsulat)
One Union Square, Suite 2500,
600 University Street,
Seattle/Washington 98101/USA
Tel.: 001206/682-4312,
Fax: 6823724,
FS: 023/185183

Vereinigtes Königreich

London (Botschaft)
23, Belgrave Square,
London SW1X8PZ
Tel.: 0044171/8241300,
Fax: 8241435,
FS: 051/21650

Edinburgh (Generalkonsulat)
16, Eglinton Crescent,
Edinburgh EH125DG
Tel.: 0044131/3372323,
Fax: 3461578,
FS: 051/727276

Manchester (Generalkonsulat)
Westminster House, 11,
Portland Street,
Manchester M601HY
Tel.: 0044161/2375255,
Fax: 2375244,
FS: 051/668479

Vietnam

Hanoi (Botschaft)
29, Tran Phuh, Hanoi, Vietnam
Tel.: 00844/845 38 o. 37,
Fax: 8453838,
FS: 00805/411428

Ho-Chi-Minh-Stadt
(Generalkonsulat)
126, Nguyen Dinh Chieu-Q. 3,
Ho-Chi-Minh-City, SR Vietnam
Tel.: 00848/291967,
Fax: 231919,
FS: 0805/813025

Weißrußland

Minsk (Botschaft)
Uliza Sacharowa 26, Minsk
Tel.: 0037512/334217,
345754, 332714,
Fax: 368552,
FS: 0681/252273

Zaire

Kinshasa (Botschaft)
82, Avenue des Trois „Z",
Kinshasa-Gombe
Tel.: 0024312/27720,
Fax: 21527,
FS: 00982/21110

Zentralafrikanische Republik

Bangui (Botschaft)
Avenue de Président Gamal
Abdel Nasser,
Bangui/R.CA.
Tel.: 00236/614765,
Fax: 611989,
FS: 0971/5219

Zypern

Nikosia (Botschaft)
10 Nikitaras Str.,
CY 1080 Nicosia
Tel.: 0035 72/44 43 62,
Fax: 36 56 94,
FS: 06 05/24 60

▸ siehe auch C. 9. Hilfen durch deutsche Auslandsvertretungen
C. 10. Berufs- und Honorarkonsularbeamte

12. Notrufnummern

Nachstehend finden Sie eine Liste mit Notrufnummern einiger wichtiger Urlaubsländer:

Land	*Polizei*	*Unfall*	*Feuerwehr*
Deutschland	110	110	112
Frankreich	17	17	wie Polizei
Großbritannien	999	999	wie Polizei
Italien	113	113	wie Polizei
Österreich	133	144	wie Polizei
Schweiz	17 oder 117	144	wie Polizei
Spanien	091	092	wie Polizei

13. Telefonieren von und nach Deutschland

Vorwahlnummern:

Urlaubsland	*von Deutschland*	*nach Deutschland*
Belgien	0032	0049
Dänemark	0045	0049
Finnland	00358	0049
Frankreich	0033	0049
Griechenland	0030	0049
Großbritannien	0044	0049
Italien	0039	0049
Luxemburg	00352	0049
Niederlande	0031	0049
Norwegen	0047	0049
Österreich	0043	0049
Polen	00 48	0049
Portugal	00351	0049
Russische Föderation	007	81049
Schweden	0046	00949
Schweiz	0041	0049
Slowakische Rep.	00421	0049
Spanien	0034	0049
Tschechische Rep.	00420	0049
Ungarn	0036	0049
USA	001	01149

Wenn Sie aus dem Ausland nach Deutschland telefonieren, wählen Sie wie folgt: Landesvorwahl für Deutschland, dann Ortsvorwahl der deutschen Stadt *ohne* die erste Null (Beispiel: Dortmund = 231 statt 0231), dann Teilnehmernummer. Möglicherweise müssen Sie an der einen oder anderen Stelle des Wählvorgangs vor dem Weiterwählen auf einen neuen Ton (Freizeichen) warten.

Nicht vergessen: Telefonieren vom Hotelzimmer ist in der Regel bequem, aber teuer.

▸ **Tip:** Wenn Sie von einem Münzfernsprecher aus telefonieren, immer nur den Mindestbetrag einwerfen und erst dann nachfüttern, wenn sich der Angerufene am anderen Ende meldet. Auch dann nur behutsam nachfüttern, denn in einigen Urlaubsländern geben Münztelefone selbst die nicht vertelefonierten Münzen nicht wieder her.

14. Liste überregionaler deutscher Fremdenverkehrsämter

Die Liste enthält die Anschriften von Dachorganisationen (ohne Anspruch auf Vollständigkeit). Sie können davon ausgehen, daß darüber hinaus in Deutschland (fast) jeder Ort ein Fremdenverkehrsbüro unterhält.

Allgäu
Tourismusverband
Allgäu/Bayerisch-Schwaben eV
Fuggerstr. 9
86150 Augsburg
Tel.: 0821/33335
Fax: 0821/38331

Baden-Württemberg
Landesfremdenverkehrsverband
Baden-Württemberg eV
Esslinger Str. 8
70182 Stuttgart
Tel: 0711/238580
Fax: 0711/2385899

Bayern
Bayerischer Tourismus-
verband eV
Prinzregentenstr. 18
80538 München
Tel: 089/2123970
Fax: 089/293582

Bayern (Ostbayern)
Tourismusverband Ostbayern eV
Landshuter Str. 13
93047 Regensburg
Tel: 0941/585390
Fax: 0941/5853939

Berlin
Berlin-Tourismus Marketing
GmbH
Am Karlsbad 11
10785 Berlin
Tel.: 030/2647480
Fax: 030/26474899

Brandenburg
Landesfremdenverkehrsverband
Brandenburg eV
Schlaatzweg 1
14473 Potsdam
Tel.: 0331/275280
Fax: 0331/2752810

Bremen
Verkehrsverein der Freien
Hansestadt Bremen eV
Hillmannplatz 6
28195 Bremen
Tel: 0421/308000
Fax: 0421/3080030

Bremen
Fremdenverkehrsverband
Nordsee-Niedersachsen-
Bremen eV
Bahnhofstr. 19–20
26104 Oldenburg
Tel: 0441/921710
Fax: 0441/9217190

Deutscher Fremdenverkehrsverband
Bertha von Suttner Platz 13
53111 Bonn
Tel.: 0228/985220
Fax: 0228/698722

Franken
Tourismusverband Franken eV
Am Plärrer 14
90429 Nürnberg
Tel: 0911/264202
Fax: 0911/270547

Hamburg
Tourismus-Zentrale
Hamburg GmbH
Burchardstr. 14
20095 Hamburg
Tel: 040/300510
Fax: 040/30051256

Harz
Harzer Verkehrsverband eV
Marktstr. 45
38640 Goslar
Tel: 05321/34040
Fax: 05321/340466

Hessen
Hessischer
Fremdenverkehrsverband eV
Abraham-Lincoln-Str. 38–42
65189 Wiesbaden
Tel: 0611/778800
Fax: 0611/7788040

Lüneburger Heide
Fremdenverkehrsverband
Lüneburger Heide eV
Barckhausenstr. 35
21335 Lüneburg
Tel: 04131/73730
Fax: 04131/42606

Mecklenburg-Vorpommern
Landesfremdenverkehrsverband
Mecklenburg-Vorpommern eV
Platz der Freundschaft 1
18059 Rostock
Tel.: 0381/448426
Fax: 0381/448423

Niedersachsen
Fremdenverkehrsverband
Nordsee-Niedersachsen-
Bremen eV
Bahnhofstr. 19
26122 Oldenburg
Tel: 0441/921710
Fax: 0441/9217190

Nordsee
Fremdenverkehrsverband Nordsee-Niedersachsen-Bremen eV
Bahnhofstr. 19
2900 Oldenburg
Tel: 0441/921710
Fax: 0441/9217190

Oberbayern
Tourismusverband München-Oberbayern eV
Bodenseestr. 113
81243 München
Tel.: 089/829 2180
Fax: 089/ 82921828

Rheinland
Landesverkehrsverband Rheinland eV
Rheinallee 69
53173 Bonn
Tel.: 0228/362922
Fax: 0228/363929

Rheinland-Pfalz
Fremdenverkehrs- und Heilbäder-Verband Rheinland-Pfalz eV
Löhrstr. 103–105
56068 Koblenz
Tel: 0261/915200
Fax: 0261/9152040

Saarland
Saarland Touristik Landesfremdenverkehrsverband eV
Dudweiler Str. 53
66111 Saarbrücken
Tel: 0681/35376
Fax: 0681/35841

Sachsen
Landesfremdenverkehrsverband Sachsen eV
Friedrichstr. 24
01067 Dresden
Tel: 0351/491700
Fax: 0351/496306

Sachsen-Anhalt
Tourismusverband Sachsen-Anhalt eV
Große Diesdorfer Str. 12
39108 Magdeburg
Tel: 0391/7384300
Fax: 0391/7384302

Schleswig-Holstein
Fremdenverkehrsverband Schleswig-Holstein eV
Niemannsweg 31
24105 Kiel
Tel: 0431/56000
Fax: 0431/5600140

Schleswig-Holstein (Ostseebäder)
Ostseebäderverband Schleswig-Holstein eV
Vorderreihe 57
23570 Lübeck-Travemünde
Tel: 04502/6863
Fax: 04502/4234

Schwarzwald
Tourismusverband Schwarzwand eV
Bertoldstr. 45
79098 Freiburg im Breisgau
Tel.: 0761/31317 und 18
Fax: 0761/36021

Teutoburger Wald
Fremdenverkehrsverband
Teutoburger Wald eV
Felix-Fechenbach-Str. 3
32756 Detmold
Tel.: 05231/623473
Fax: 05231/623478

Thüringen
Thüringer Landes-
fremdenverkehrsverband eV
Stauffenbergallee 18
99085 Erfurt
Tel: 0361/5402212
Fax: 0361/6461475

Weserbergland
Fremdenverkehrsverband
Weserbergland-Mittelweser eV
Inselstr. 3
31787 Hameln
Tel: 05151/24566
Fax: 05151/26832

Westfalen
Landesverkehrsverband
Westfalen eV
Friedensplatz 3
44135 Dortmund
Tel: 0231/527506 und 07
Fax: 0231/524508

▸ siehe auch C. 15. Liste ausländischer Fremdenverkehrsämter
Musterbrief B. 1 Angebots- und Kataloganforderung bei konkreten Reiseplänen
Musterbrief B. 2 Angebots- und Kataloganforderung für Rundreise
Musterbrief B. 3 Allgemeine Kataloganforderung
Musterbrief B. 4 Informationsanforderung vom Fremdenverkehrsverein
Musterbrief B. 5 Informationsanforderung vom (ausländischen) Fremdenverkehrsamt
Musterbrief B. 6 Informationsanforderung mit speziellen Fragen und Bitte um Angabe weiterer Anschriften

15. Liste ausländischer Fremdenverkehrsämter

Die nachstehende Liste enthält die Anschriften von Fremdenverkehrsämtern derjenigen Länder, die häufig Reiseziel deutscher Touristen sind.

Manche Regionen in den nachgenannten Staaten unterhalten zusätzlich noch eigene Fremdenverkehrsämter bzw. Touristikbüros. Es lohnt sich also, bei Anfragen auch danach zu fragen, ob es für das Zielgebiet ein spezielles (weiteres) Touristikbüro in Deutschland gibt, das ggf. mit mehr Vor-Ort-Informationen oder auch mit mehr Informationsmaterial aufwarten kann.

Möglicherweise erteilen einige der Staaten, die nicht in der nachstehenden Liste aufgeführt sind, touristische Informationen nicht durch ein Fremdenverkehrsbüro, sondern durch ihre (General)konsulate oder Botschaften. Jedenfalls können Sie dort erfragen, ob überhaupt und ggf. wo die Möglichkeit besteht, (kostenloses) Informationsmaterial zu erlangen.

Ägypten
Ägyptisches Fremdenverkehrsamt
Kaiserstr. 64a
60329 Frankfurt/Main
Tel: 069/252319 und 252153
Fax: 069/239876

Andorra
Touristik-Delegation für Deutschland
Finsterwalder Str. 28
13435 Berlin
Tel: 030/4154914

Australien
Australian Tourist Commission
Fremdenverkehrsamt
Neue Mainzer Str. 22
60311 Frankfurt/Main
Tel: 069/2740060
Fax: 069/27400640

Belgien
Belgisches Verkehrsamt
Berliner Allee 47
40212 Düsseldorf
Tel: 0211/864840
Fax: 0211/134285

Bulgarien
Bulgarisches
Fremdenverkehrsamt
Stephanstr. 1–3
60313 Frankfurt/Main
Tel: 069/295284
Fax: 069/295286

China
Fremdenverkehrsamt der
Volksrepublik China
Ilkenhansstr. 6
60433 Frankfurt/Main
Tel: 069/520135
Fax: 069/528490

Dänemark
Dänisches Fremdenverkehrsamt
Glockengießerwall 2
20095 Hamburg
Tel.: 040/327803
Fax: 040/337083 und 324329

Estland
Baltische Zentrale für
Fremdenverkehr
Woldsenstr. 36
25821 Husum
Tel: 04841/3004
Fax: 04841/2109

Finnland
Allgemeine Finnland-
Information, Prospekte u.
Auskünfte
Tel: 06102/73520
Fax: 06102/31004

Frankreich
Französisches
Fremdenverkehrsamt Berlin
Keithstr. 2–4,
10787 Berlin
Tel.: 030/2182064
Fax: 030/2141238

Französisches Fremdenverkehrsamt Frankfurt/M.
Westendstr. 47
60325 Frankfurt/Main
Tel: 069/7560830
und 9758010
Fax: 069/752187

Griechenland
Griechische Zentrale für
Fremdenverkehr
Neue Mainzer Str. 22
60311 Frankfurt/Main
Tel: 069/236561–63
Fax: 069/236576

Großbritannien
Britische Zentrale für
Fremdenverkehr
Taunusstr. 52–60
60329 Frankfurt/Main
Tel: 069/2380711
Fax: 069/2380717

Indien
Indisches Fremdenverkehrsamt
Baseler Str. 48
60329 Frankfurt/Main
Tel: 069/2429490
Fax: 069/24294977

Indonesien

Indonesisches
Fremdenverkehrsamt
Wiesenhüttenstr. 17
60329 Frankfurt/Main
Tel: 069/233677
Fax: 069/230840

Irland

Irische Fremdenverkehrszentrale
Untermainanlage 7
60329 Frankfurt/Main
Tel: 069/236492
Fax: 069/234626

Island

Isländisches
Fremdenverkehrsamt
City Center Carl-Ulrich-Str. 11
63263 Neu-Isenburg
Tel: 06102/254484
Fax: 06102/254570

Israel

Israelisches Fremdenverkehrsamt
Bettinastr. 62
60325 Frankfurt/Main
Tel: 069/752085
Fax: 069/746249

Italien

Staatliches Italienisches
Fremdenverkehrsamt ENIT
Kaiserstr. 65
60329 Frankfurt/Main
Tel: 069/237430
Fax: 069/232894

Jamaica

Jamaica Tourist Board
Postfach 900437
60444 Frankfurt/Main
Tel: 06184/90044
Fax: 06184/990046

Japan

Japanische
Fremdenverkehrszentrale
Kaiserstr. 11
60311 Frankfurt/Main
Tel: 069/20353
Fax: 069/284281

Kanada

Kanada-Tourismus
Alte Dorfstr. 21
63477 Maintal
Fax: 06109/61598

Kenia

Kenya Tourist Office
Neue Mainzer Str. 22
60311 Frankfurt/Main
Tel: 069/232017 und 18
Fax: 069/239239

Kroatien

Kroatisches Fremdenverkehrsamt
Karlsruher Str. 18
60329 Frankfurt/Main
Tel.: 069/252045
Fax: 069/252054

Kuba
Kubanisches
Fremdenverkehrsbüro
An der Hauptwache 7
60313 Frankfurt/Main
Tel: 069/288322 und 23
Fax: 069/296664

Lettland
Baltische Zentrale für
Fremdenverkehr
Woldsenstr. 36
25821 Husum
Tel: 04841/3004
Fax: 04841/2109

Litauen
Baltische Zentrale für
Fremdenverkehr
Woldsenstr. 36
25821 Husum
Tel: 04841/3004
Fax: 04841/2109

Luxemburg
Luxemburgisches Verkehrsamt
Bismarckstr. 23–27
41061 Mönchengladbach
Tel: 02161/208888
Fax: 02161/274222

Malaysia
Malaysisches
Fremdenverkehrsbüro
Roßmarkt 11
60311 Frankfurt/Main
Tel: 069/283782
Fax: 069/285215

Malta
Fremdenverkehrsamt Malta
Schillerstr. 30–40
60313 Frankfurt/Main
Tel: 069/285890
Fax: 069/285479

Marokko
Marokkanisches
Fremdenverkehrsamt
Graf-Adolf-Str. 59
40210 Düsseldorf
Tel: 0211/370551 und 52
Fax: 0211/374048

Mexiko
Mexikanisches Verkehrsamt
Wiesenhüttenplatz 26
60329 Frankfurt/Main
Tel: 069/253413 und 253541
Fax: 069/253755

Neuseeland
Neuseeländisches
Fremdenverkehrsamt
Friedrichstr. 10–12
60323 Frankfurt/Main
Tel: 069/9712110
Fax: 069/97121113

Niederlande
Niederländisches Büro für
Tourismus
Postfach 270580
50511 Köln
Tel: 0221/2570383
Fax: 0221/2570381

Norwegen

Norwegisches
Fremdenverkehrsamt
Mundsburger Damm 45
22087 Hamburg
Tel: 040/22710810
Fax: 040/22710815

Österreich

Österreich-Information
Postfach 1231
82019 Taufkirchen
Tel: 089/66670100
Fax: 089/66670200

Philippinen

Philippinisches
Fremdenverkehrsamt
Kaiserstr. 15
60311 Frankfurt/Main
Tel: 069/20893
Fax: 069/285127

Polen

Polnisches Informationszentrum
für Touristik
Waidmarkt 24
50676 Köln
Tel: 0221/230545
Fax: 0221/238990

Portugal

Portugiesisches Touristik Amt
Schäfergasse 17
60313 Frankfurt/Main
Tel: 069/234094
Fax: 069/231433

Rumänien

Rumänisches Touristenamt
Zeil 13
60131 Frankfurt/Main
Tel: 069/295278
Fax: 069/292947

Schweden

Schweden-Werbung für Reisen
und Touristik
Lilienstr. 19
20095 Hamburg
Tel.: 040/330185
Fax: 040/330599

Schweiz

Schweizer Verkehrsbüro
Kaiserstr. 23
60311 Frankfurt/Main
Tel: 069/2560010
Fax: 069/25600138

Singapur

Singapore Tourist Promotion
Board
Hochstr. 35–37
60313 Frankfurt/Main
Tel: 069/9207720
Fax: 069/2978922

Slowakische Republik

Fremdenverkehrsamt Reisebüro
SATUR
Straußberger Platz 8
10243 Berlin
Tel.: 030/4294113 und 35
und 57
Fax: 030/4274756

Slowenien
Fremdenverkehrsamt München
Maximiliansplatz 12a
80333 München
Tel: 089/2283974
Fax: 089/294858

Spanien
Spanisches Fremdenverkehrsamt
Myliusstr. 14
60323 Frankfurt/Main
Tel: 069/725033 und 38 und 34
Fax: 069/725313

Sri Lanka
Fremdenverkehrsamt
Allerheiligentor 2–4
60311 Frankfurt/Main
Tel: 069/287734 und 288216
Fax: 069/288371

Südafrika
South African Tourism Board
An der Hauptwache 11
60313 Frankfurt/Main
Tel: 069/9291290
Fax: 069/280950

Thailand
Thailändisches
Fremdenverkehrsbüro
Bethmannstr. 58
60311 Frankfurt/Main
Tel: 069/295704 und 295804
Fax: 069/281468

Tschechische Republik
Staatliches Reisebüro
Kaiserstr. 54
60329 Frankfurt/Main
Tel.: 069/2740170
Fax: 069/235890

Tunesien
Fremdenverkehrsamt Tunesien
Am Hauptbahnhof 6
60329 Frankfurt/Main
Tel: 069/231891 und 92
Fax: 069/232168

Türkei
Fremdenverkehrsamt
Taunusstr. 52–60
60329 Frankfurt/Main
Tel: 069/233081 und 82
Fax: 069/232751

Ungarn
Ungarisches
Fremdenverkehrsamt
Berliner Str. 72
60311 Frankfurt/Main
Tel: 069/9291190
Fax: 069/92911918

Zypern
Fremdenverkehrszentrale Zypern
Kaiserstr. 50
60329 Frankfurt/Main
Tel: 069/251919
Fax: 069/250288

Stichwortverzeichnis

Zahlen = Seiten

Abfindungsklauseln 111
Abhilfe 21
Abhilfeverlangen 21, 71, 141
abweichende Vereinbarungen 25, 43
Alkohol 180 ff.
Allgemeine Geschäftsbedingungen 36, 47, 63, 67 f.
Androhung der Selbsthilfe 142
Antiquitäten 190
Artenschutz 190 f.
Ausländisches Recht 36, 192
Auslandsvertretungen
– Hilfe durch – 196
– Berufs- und Honorarkonsuln 200
– Adressenliste 201
Ausschlußfrist 22

Bahnfahrkarte 34
Beförderungsleistung, isolierte 34
Beherbergung 31
Behinderte 61
Berechnung des Schadensersatzes 109 ff.
Botschaften s. Auslandsvertretungen
Buchung
– Buchungsbestätigung 58, 67
– Muster 130 f.
– Umbuchung, Muster 132
Busfahrkarte 34

Dienstvertrag 35

Erhöhung des Reisepreises 55
Ersetzungsbefugnis 44

Fälligkeit des Reisepreises 50
Fehlende Leistungen 89 ff.
Fehler 80; s. a. Mängel
Ferienhaus, -wohnung 27, 36, 59
Flugticket 35, 38, 58
Fortuna-Reisen 63 f.
Frankfurter Tabelle zur Reisepreisminderung 89
Fremdenverkehrsämter
– ausländische 232
– deutsche 228
Fremdenverkehrsämter, Schreiben an 126 f.
Fristen 22, 116
Fristsetzung 142

Gastwirt 32
Gelegenheitsreiseveranstalter 54, 69
geringerer Schaden, Nachweis 47, 137

Glücksreisen (Fortuna-Reisen) 63f.

Haftung
– des Gastwirts für eingebrachte Sachen 32
Haftungsbeschränkung 22, 32f., 52, 112
höhere Gewalt 101ff.
Hygiene 62

Informationen
– Anforderung 126ff.
– im Prospekt 66ff.
Informationspflichten des Reiseveranstalters 65ff.
Insekten, Ungeziefer 61f., 89
Insolvenzsicherung 52

Katalog s. Prospekt
Konsulargesetz 146
Konsulate s. Auslandsvertretungen
Krankheit des Reisenden 104
Kündigung des Reisevertrags 21, 49, 96
– wegen höherer Gewalt 23, 102, 140
– wegen Mangels 21
– aus wichtigem Grund 104

landestypische Verhältnisse 61f.
Lärm 90
Leistungsbeschreibung 59ff., 63
Leistungsträger 19

Mängel 58ff., 80, 89ff.
– Anzeige am Urlaubsort 71ff., 143
– Beweise 78, 146
Mängelanzeige 71ff., 143
Mängelliste
– mit Fristsetzung und Ablehnungsandrohung 148
– zur Beweissicherung 146
Mietrecht 27, 31
Minderjährige, Auslandsreisen 68
Minderung des Reisepreises 21, 80ff., 150ff.

nachteilige Abweichung vom Gesetz 25, 43
Nachweis eines geringeren Schadens 47, 137
Notrufnummern 225

Ordnungswidrigkeiten bei Verstoß gegen Reiserecht 53

Paß- und Visumerfordernisse 66f.
Pauschalierung des Schadensersatzes 47
Pauschalreise 26; s.a. „Reise“
Pflichten
– des Reiseteilnehmers
– des Reiseveranstalters 59, 65
Prospekt (Katalog) 66
– Anforderung 123ff.
– Klarheit und Wahrheit 66ff.
– Leistungsbeschreibung 59ff.

Reise (Begriff) 19
Reisebüro 27f., 39
– als Gelegenheitsreiseveranstalter 54
Reisedokumente, Checkliste 168
Reiseleistungen, Gesamtheit 19, 26

Reiseleiter
– als Empfänger einer Mängelanzeige 72 ff.
– fehlender 92
Reisemängel s. Mängel
Reisepreis
– Erhöhung 19 f., 55
– Fälligkeit 50
– Minderung 21, 81, 89
Reiseveranstalter
– Informationspflichten 65
– Pflichten 59
Reisevermittler 27 f., 39
Reiseversicherungen 174
Reisevertrag 19
– Kündigung 21, 23, 49, 96, 102, 104, 140
– Rücktritt 23, 46, 49, 133 ff.
– Schutzwirkung zugunsten Dritter 37
– Übertragung 20
– Vertragsparteien 37 ff.
Reisevertragsrecht des BGB 5 f., 16
– Anwendbarkeit 26
– Ausnahmen 31
– Gesetzestext 19
– Übersicht 16
Reisezahlungsmittel 171
Rücktritt vom Reisevertrag 23, 46, 49
– Muster 133, 135 f.
Rücktrittskostenversicherung
– Schreiben an den Versicherer 134

Salmonellenvergiftung 86
Schadensersatz 22, 106, 158
– Berechnung 109 ff.
– Pauschalierung 47
– wegen nutzlos aufgewendeter Urlaubszeit 22, 154 ff.
Schiffsfahrkarte 34
Schutzwirkung zugunsten Dritter 37
Selbsthilfe 71, 142
Sicherstellung 24
Sicherungsschein 24
Sparmöglichkeiten 163

Tabakwaren 180 ff.
Tagesausflug 29
Telefonieren von und nach Deutschland 226
Terroranschläge 102
Transportmängel 92

Übersicht reiserechtlicher Regelungen 16
Unterkunft, Mängel 89 f.
Urlaubsvorbereitungen, Checkliste 165
Urlaubszeit, nutzlos vertane 22, 154

Verhaltenstips 8 f., 194
Verjährung 22
Verpflegung, Mängel 90
Verwahrung 34

Waffen, Mitführen 189
Wahlrecht (früheres) 102
Warschauer Abkommen 35, 112 f.
Werkvertrag 30, 34

Zoll- und Einfuhrbestimmungen 178